Oktay Kızılkaya

Reel Döviz Kuru DYSY Ekonomik Büyüme İlişkisi

Oktay Kızılkaya

Reel Döviz Kuru DYSY Ekonomik Büyüme İlişkisi

Türkiye Uygulaması

Türkiye Alim Kitapları

Impressum / Künye
Bibliografische Information der Deutschen Nationalbibliothek: Die Deutsche Nationalbibliothek verzeichnet diese Publikation in der Deutschen Nationalbibliografie; detaillierte bibliografische Daten sind im Internet über http://dnb.d-nb.de abrufbar.

Deutsche Nationalbibliothek tarafından yayınlanan bibliyografik bilgiler: Deutsche Nationalbibliothek, bu yayını Deutsche Nationalbibliografie'de listeler; detaylı bibliyografik bilgi İnternet'te http://dnb.d-nb.de sitesinde mevcuttur.

Coverbild / Kitap kapağı resmi: www.ingimage.com

Verlag / Yayıncı:
Türkiye Alim Kitapları
ist ein Imprint der / yayınevinin bir ticari markasıdır
OmniScriptum GmbH & Co. KG
Bahnhofstraße 28, 66111 Saarbrücken, Deutschland / Almanya
Email / E-posta: info@turkiye-alim-kitaplary.com

Herstellung: siehe letzte Seite /
Basım yeri: son sayfaya bakın
ISBN: 978-3-639-81123-0

REEL DÖVİZ KURU-DYSY-EKONOMİK BÜYÜME İLİŞKİSİ: TÜRKİYE UYGULAMASI

Dr. Oktay KIZILKAYA

İÇİNDEKİLER

KISALTMALAR LİSTESİ

AB: Avrupa Birliği
ABD: Amerika Birleşik Devletleri
ADF: Genişletilmiş Dickey-Fuller Birim Kök Testi
AIC: Akaike Bilgi Kriteri
ARDL: Gecikmesi Dağıtılmış Otoregresif Model
DYY: Doğrudan Yabancı Yatırımlar
GSMH: Gayrisafi Milli Hasıla
GSYİH: Gayrisafi Yurtiçi Hasıla
IFS: Uluslararası Finansal İstatistikler
IMF: Uluslararası Para Fonu
MENA: Middle East and North Africa
OECD: Organisation for Economic Co-operation and Development
PP: Phillips-Perron Birim Kök Testi
SCH: Schwarz Bilgi Kriteri
UNCTAD: Birleşmiş Milletler Ticaret ve Kalkınma Konferansı
VAR: Vector Autoregression Model
vd.: ve diğerleri
WDI: Dünya Kalkınma Göstergeleri
YASED: Uluslararası Yatırımcılar Derneği
ZA: Zivot-Andrews Testi

TABLOLAR LİSTESİ

ŞEKİLLER LİSTESİ

GİRİŞ

Azgelişmiş ve gelişmekte olan ülkelerin ekonomik kalkınma hedeflerini gerçekleştirmeleri, özellikle küreselleşme sürecinin hız kazandığı 1980'li yılların ardından bu ülkelerin liberalizasyon reformlarını uygulamaya koymalarını zorunlu kılmıştır. Liberalleşme eğilimlerini kaçınılmaz kılan bu konjonktür, Türkiye'nin de içinde olduğu pekçok ülkede, ülkeler arasındaki sınırları ortadan kaldırarak hem ülkenin dışa açılması ve yabancı sermayenin rahat dolaşımını hem de ulusal paranın yabancı paralarla konvertibilitesi gibi uygulamaları beraberinde getirmiştir.

Yirminci yüzyılın son yıllarında hız kazanan küreselleşme hareketleri, ülkelerin siyasal, sosyal ve iktisadi karar süreçleri üzerinde, etkili olarak iktisat politikalarında ve ekonomik yapılarda köklü değişiklikler getirmiştir. Türkiye bu sürece ayak uydurabilmek için 1980 yıllından itibaren iktisat politikalarını yeniden düzenlemiştir. 1980 yılında uygulamaya konulan 24 Ocak İstikrar Programı ile esas olarak ekonominin dış rekabete açılması, yabancı sermayenin özendirilmesi, ihracatın arttırılması, devletin ekonomideki rolünün azaltılması amaçlanmıştır. Bu program ile ithal ikameci/içe yönelik sanayileşme stratejisi yerine ihracata dayalı/dışa açık sanayileşme stratejisi benimsendiği için program Türkiye ekonomisi açısından tam bir dönüm noktası sayılmaktadır. 1980'li yıllarda ihracata dayalı/dışa açık sanayileşme stratejisine geçen Türkiye'nin yapısal dönüşüm ve uyum süreci boyunca uyguladığı iktisat politikaları ve sonuçları günümüzde halen tartışılmaktadır.

Öte yandan, Türkiye'nin en önemli ekonomik sorunlarının başında sermaye ve teknoloji yetersizliği gelmektedir. Ayrıca reel gelirin düşük olması tasarrufları yetersiz kıldığından, sermaye ihtiyacı iç kaynaklardan sağlanamamaktadır. Bu nedenle gelişmekte olan ülkelerde ekonomik büyüme ve kalkınmanın sağlanabilmesi için yabancı sermaye yatırımlarına ihtiyaç duyulmaktadır. Diğer taraftan doğrudan yabancı sermaye yatırımlarının gelişi ile ilgili kararlarda üretim faktörlerinin bol ve ucuz olduğu, iç piyasa talebinin yüksek olduğu, altyapı tesislerinin sağlandığı ve yatırım teşviklerinin uygulandığı ülkeler tercih edilirken, yatırım yapılacak ülkedeki makroekonomik göstergeler önemli bir şekilde etkili olmaktadır. Kaynak yetersizliği çeken gelişmekte olan ülkelerin ise yabancı sermayeden beklentisi, yurt içi yatırım ve tasarrufları artırarak büyümenin gerçekleştirilmesidir. Ancak yaşanılan deneyimler, makroekonomik göstergeleri bozuk, borçlanma oranları yüksek ve daha çok kısa vadeli sermaye girişlerinin yoğun olarak yaşandığı ülkelerde, bu olumlu beklentilerin gerçekleşmediğini göstermektedir. Özellikle kısa vadeli yabancı fonların, spekülatif nitelikli ve oynaklığının yüksek oluşu nedeniyle, olumsuz beklentilerin artığı dönemlerde hızla ülkeyi terk etmekte ve krizleri etkileyen bir unsur olarak ortaya çıkabilmektedir. Bu durum büyümeyi ve dolayısıyla iktisadi kalkınmayı olumsuz olarak etkilemektedir.

Reel döviz kuru, doğrudan yabancı yatırımların ve ekonomik büyüme arasındaki ilişkinin inceleneceği bu çalışma üç bölümden oluşmaktadır. İlk bölümde temel olarak bu üç makroekonomik değişkene yönelik teorik açıklamalar kapsamlı bir şekilde incelenecektir. Bu bölümde döviz, döviz kuru, döviz piyasası tanımları, reel döviz kurunu etkileyen faktörler, döviz kuru politikaları, yabancı sermaye yatırımları, yabancı sermaye yatırımlarının ülke ekonomisi üzerindeki etkileri ile yabancı yatırımları etkileyen faktörler, ekonomik büyümenin kapsamı ile ekonomik büyümenin kaynaklarına dair bilgilere yer verilecektir. Son olarak birinci bölümde, reel döviz kuru, doğrudan yabancı yatırımlar ve ekonomik büyüme arasındaki etkileme kanalları hakkında açıklamalar yapılacaktır.

İkinci bölümde, bu üç önemli makroekonomik değişkenin Türkiye'deki gelişimine rakamlarla değinilecektir. Bu kapsamda birinci kısımda 1980 öncesi ve sonrası olmak üzere Türkiye'de döviz kuru rejimleri, uygulanan politikalar ve reel döviz kuru hareketleri hakkında bilgi verilecektir. Türkiye'de yabancı sermaye hareketlerinin gelişimi, doğrudan yabancı yatırımların sektörel dağılımı, ülke ekonomisi üzerindeki etkileri, Türkiye'nin doğrudan yabancı yatırım çekme konusundaki avantaj ve dezavantajları, yapılması gereken düzenlemeler konunun önemi açısından bilgi verilmesi uygun görülen konular olacaktır. Son olarak ikinci bölümde Türkiye'de ekonomik büyümenin gelişimi, önemi, kaynakları konularına ve reel döviz kuru, doğrudan yabancı yatırımlar ile ekonomik büyümenin Türkiye'deki seyrine kapsamlı olarak bakılacaktır.

Çalışmanın son bölümü olan üçüncü bölümde ise Türkiye ekonomine ait çeyrek dönemlik veriler yardımıyla reel döviz kuru, doğrudan yabancı yatırımlar ve ekonomik büyüme değişkenleri ile çeşitli kontrol değişkenleri kullanılarak üç farklı model tahmin edilmiştir. Değişkenler arasındaki kısa ve uzun dönemli ilişki ile olası nedensellik ilişkileri, kurulan sınır testi ve ARDL modelleri ile belirlenmeye çalışılacaktır. Çalışma genel bir değerlendirmenin yapıldığı sonuç bölümüyle tamamlanacaktır.

BÖLÜM I
REEL DÖVİZ KURU, YABANCI SERMAYE YATIRIMLARI VE EKONOMİK BÜYÜMEYE İLİŞKİN TEORİK ALTYAPI

1.1. Döviz Piyasası, Döviz, Döviz Kuru Tanımları ve Kapsamı

Reel döviz kurunun, yabancı sermaye yatırımları ile ekonomik büyüme arasındaki ilişkiyi açıklamada önem açısından, öncelikli olarak bu kısımda kavramsal olarak döviz piyasası, döviz, döviz kuru tanımları, reel döviz kurunu etkileyen faktörler ve döviz kuru politikalarına değinilecektir.

1.1.1. Döviz Piyasası

Bir ülkenin parası, ekonomik ve siyasal bağımsızlığın simgesidir. Tedavül zorunluluğunu siyasi iktidarın çıkardığı kanundan yani siyasi iktidarın gücünden alan ulusal para, o ülkenin sınırları dahilinde geçerli olmaktadır. Ancak, ülkelerin birbirleriyle yaptıkları ticari ilişkilerde, milli paraların birbirine çevrilmesi döviz piyasaları aracılığıyla gerçekleştirilmektedir.

O halde, döviz piyasası, ulusal paraların birbirlerine çevrildikleri piyasadır (Dinler, 2008:552). Döviz piyasasını, tam rekabet piyasasına en yakın piyasa tipi olarak nitelemek mümkündür. Zira bu piyasada mal (yabancı para) homojen, haberleşme tam, giriş çıkış serbest ve çok sayıda alıcı ve satıcı bulunmaktadır.

1.1.2. Döviz ve Döviz Kuru Tanımları

Genel itibariyle, bir ülkede ulusal sınırlar içindeki yabancı ülke paralarına veya para yerine ikame edilen her türlü ödeme araçlarına döviz denmektedir. Yabancı ülke paralarının fiyatına ise döviz kuru veya döviz fiyatı denilmektedir. Her ülkenin kendine özgü bir para birimi bulunmaktadır. Şüphesiz bu durum ülkenin siyasi egemenliğin en doğal sonuçlarından birisidir (Seyidoğlu, 2003:290).

Döviz en genel tanımıyla uluslararası ödemelerde geçerli olan yabancı para şeklinde de tanımlanabilir (Dinler, 2008:552). Yabancı paranın nakit şeklinde olmasına efektif döviz denilmektedir. Yabancı para cinsinden düzenlenmiş çek, bono ve poliçe vb. ödeme araçları da döviz olarak nitelendirilebilmektedir.

Döviz kuru, bir ülke parasının, bir diğer ülke parası cinsinden değeri ya da fiyatı olarak da tanımlanabilmektedir. Örneğin: bir Amerikan Doları 1.34 TL ise, döviz kuru 1 Dolar = 1.34 TL şeklinde ifade edilmektedir. Bu şekildeki döviz kuruna düz kur denilmektedir.

Öte yandan, bir ülke, dövizi dolaylı yoldan satın alabilmektedir. Örneğin Türk Lirası ile önce ABD doları satın alınır, daha sonra da ABD doları ile Euro satın alınabilir. Bu şekilde, üçüncü bir ülke parası cinsinden iki ülke parası arasındaki kura, çapraz kur denir. 1 Amerikan Doları 1.34 TL ve 1 Euro 1.65 TL ise 1 Euro = 1.21 Dolar şeklinde gösterilebilir (Dinler, 2008:553).

1.1.2.1. Nominal Döviz Kuru

Nominal döviz kuru iki ülke parasının nispi fiyatıdır. Döviz kuru bir birim diğer parayı elde etmek için bir paradan ödenmesi gereken birim sayısını ifade etmektedir. (Parasız, 1998: 469). İki paranın fiyatları oranı olması itibariyle nominal döviz kuru parasal bir ifade olarak karşımıza çıkmaktadır. Döviz kuru sistematik bir şekilde ilk olarak F. Machlup ve J. Robinson tarafından incelenmiştir (Ciğerlioğlu, 2007:4).

Nominal döviz kuru, bir birim yerli paranın yabancı para birimi cinsinden ifade edilmesi olarak değerlendirildiğinde (ER=Ulusal para/Yabancı Para), nominal döviz kuru parasal bir ifade olarak karşımıza çıkmaktadır. Yerli paranın değer kazanması, yerli paranın değerinde yabancı paranın değerine oranla bir artışı ifade etmekte, yerli paranın değer kaybetmesi ise, yerli paranın değerinde yabancı paranın değerine oranla bir azalışı ifade etmektedir.(Akçacı, 2006:5).

Merkez Bankası, fiyat istikrarını sağlamak, faiz oranlarını etkilemek, döviz değerinin değiştirmek için parasal politikalar kullanmaktadır. Dövizin değeri uygulanacak parasal politikalar sonucu bireylerin beklentilerine bağlıdır. Hükümetler nominal döviz kurunu değiştirmek için parasal politikaları kullanmaktadırlar. Reel döviz kuru ise parasal politikalar yerine reel ekonomik değişkenlere bağlıdır. Fiyatlar genel düzeyindeki artışlar göz önüne alınarak reel döviz kuru hesaplanmaktadır.

1.1.2.2. Reel Döviz Kuru

Daha önce ifade ettiğimiz gibi yabancı para biriminin ulusal para ile ifade edilen karşılığı olan yani piyasada kullanılan kur tanımı nominal döviz kuru (E)'dur. Nominal kurların belirli bir zaman süresi içindeki dış enflasyon oranı (pf) ile yurt içi enflasyon oranına (p) göre düzeltilmesinden elde edilen kura (R) da reel döviz kuru veya iki taraflı reel döviz kuru denilmektedir. Buna göre iki taraflı reel döviz kuru şu formülle ifade edilebilir (Seyidoğlu, 2003:305):

$$R = E \times pf / p \qquad (1)$$

Dolayısıyla bu tanımlama şu sonucu ortaya çıkartmaktadır: Temel kabul edilen bir döneme göre geçen zaman içinde ülkedeki göreceli enflasyon oranının dış ülkelerden daha yüksek olması (yani $p > pf$) durumunda, reel döviz kurları nominal döviz kurlarının altına düşmüş olur. Ulusal paranın yapay olarak aşırı değerlendirilmesi demek olan bu durum, diğer yandan ülkenin uluslararası piyasalardaki rekabet gücünün de azalmasına neden olur. Tersine, yurtiçi enflasyon hızı dış dünyadan daha düşükse, o takdirde reel kur nominal kurdan daha yüksektir; ulusal paranın eksik değerlendirildiği bu durumda da ülkenin dış rekabet gücünde artış sağlanır (Seyidoğlu, 2003:305).

Başlıca ticaret partnerleri ile oluşan reel döviz kuru değerleri bir biçimde bir endekste bütünleştirilerek nominal efektif döviz kuru (EER) veya reel efektif döviz kuru (REER) tanımlanabilir (Yıldırım ve Karaman, 2003:74). Burada da reel döviz kuru için bahsettiğimiz durumlar geçerli olduğu gibi, ayrıca bütünleştirmede kullanacağımız formül ve her bir ülkenin para birimine vereceğimiz ağırlıklara, wi, bağlı olarak pek çok ölçüm yapılması mümkündür. Bu ağırlıklar, ülkelerin ihracattaki ya da ithalattaki paylarına göre, ya da toplam ticaretteki paylarına göre belirlenebilmektedir. Ağırlıkların, toplamı bire eşit olmak üzere, n adet ülkeyle ikili döviz kurları sepete dahil ediliyorken nominal efektif kur:

$$EER = \sum wi \times ERi \qquad (2)$$

formülü ile hesaplanır. Reel efektif döviz kuruna ise,

$$REER = \sum wi \times RERi \qquad (3)$$

formülü ile ulaşılabilir.

Teorik çalışmaların büyük bir çoğunluğunda, reel döviz kuru hesaplamalarında kullanılan alternatif yaklaşım ise, reel döviz kurunu, ticarete konu olmayan malların ve ticarete konu olan malların göreli fiyatı olarak tanımlamaktır. Buna göre (Kıpıcı ve Kesriyeli, 1997:1-2);

Reel Döviz Kuru = Ticarete konu olmayan mal fiyatları/Ticarete konu olan mal fiyatları

Yukarıdaki gibi tanımlanan reel döviz kuru, ticarete konu olan malların yurt içinde üretilme maliyetini göstermektedir. Reel döviz kurunun artması, ticarete konu olan malların yurtiçi üretim maliyetlerinin göreli olarak arttığını göstermektedir. Diğer koşulların değişmediği varsayımı altında reel döviz kurunun değerlenmesi, ülkenin uluslararası rekabet gücünün azaldığını göstermektedir. Bu tanımlama, analitik olarak cazip olmakla birlikte, pratikte doğrudan karşılığı olmaması nedeniyle yaygın şekilde kullanılamamaktadır (Akçacı, 2006:7).

Dış rekabetin anahtar bir göstergesi olan reel döviz kurunun yükselmesi çoğu zaman fiyat rekabetinin kaybı olarak yorumlanmaktadır. Ancak, reel döviz kuru ile rekabet arasındaki ilişki tek taraflı değildir. Ulusal paranın reel olarak değer kazanması genellikle rekabet gücünde bir azalma olarak yorumlanırken, bazı durumlarda verimlilikteki artış nedeniyle rekabet gücünde meydana gelen bir artışı da yansıtabilmektedir (İnandım, 2005:29).

Reel döviz kuru, dış rekabeti, harcama bileşimini, zaman içinde cari açık yoluyla oluşacak tüketim ve tasarrufların gelişimini dolayısıyla da hem tüketicileri, hem de üreticileri etkilemektedir. Frait ve Komarek (2001) çalışmalarında, denge reel döviz kurunun gelişiminin, ticaret hadlerine, dış ticarete konu olan ve olmayan sektörlerdeki toplam verimlilik artışına, tasarruf ve yatırımlara, tüketici tercihlerindeki değişimlere, hükümet harcamalarının bileşimine ve yabancı sermaye girişlerine dayandığını belirtmektedir.

1.1.3. Reel Döviz Kurunu Etkileyen Faktörler

Ekonomideki karar birimleri ilgilendiren en önemli konulardan birisi de döviz kurlarının gelecekte ne olacağının tahmin edilmesiyle ilgilidir. Ancak döviz kurları arasındaki yapısal faktörleri ve mekanizmaları kavramadan kur tahmini yapmak ve riskleri yönetmek mümkün de olmamaktadır. Gerçek hayatta da döviz kurlarını tahmin etmek özellikle dalgalı kur sistemini benimsemiş ülkelerde çok kolay olmamaktadır. Çünkü, döviz kurları sadece ekonomik faktörler tarafından belirlenmemektedir. Bunun dışında politik faktörler ve insan davranışları döviz kurlarının belirlenmesinde önemli bir etken olarak karşımıza çıkmaktadır (Uzunoğlu, 2003:13).

Makroekonomik değişkenler ve ekonomik büyüme üzerindeki önemli etkileri nedeniyle reel döviz kurunu belirleyen faktörlerin ortaya konulması ekonomideki en önemli konulardan birisidir. Çünkü reel döviz kuru ve ekonomik gelişme arasındaki ilişki, tanımsal olarak ve politik kararlar bakımından önemli bir konudur. Reel döviz kurundaki sapmalar, gelişmekte olan ülkelerdeki ekonomik faaliyetleri özellikle ithal sermaye mallarına olan bağımlılık ve mal ihracatındaki uzmanlaşma gibi nedenlerle etkilemektedir. Bu konuda yapılan ampirik çalışmalarda gelişmekte olan ülkelerden elde edilen bulgular, özellikle reel döviz kurundaki sapma ile ekonomik performans arasında kuvvetli bir ilişki olduğunu göstermiştir (Şimşek, 2004:113). Bu konunun önemli olması açısından reel döviz kuru ve reel döviz kurunu etkileyen faktörlerle ilgili çok sayıda çalışma yapılmıştır.

Reel döviz kuru konusunda öncü çalışmalar veren iktisatçılardan olan Edwards (1988, 1989), reel döviz kurunun teorik bir modelini geliştirmiş ve 12 gelişmekte olan ülkeden oluşan bir panele, zaman serisi verilerine dayalı olarak yapılan klasik eşbütünleşme testlerini uygulayarak reel döviz kurunun dinamiklerinin, kısa ve uzun dönemli tahminlerini bir ampirik modelle yapmıştır. Bu çalışma sonucunda kısa dönemde reel döviz kurunu, reel ve nominal faktörlerin her ikisinin de etkileyebildiği kanısına varmıştır. Uzun dönemde ise denge reel döviz kurunu, belirleyen en önemli faktörler; ticaret haddi, kamu harcamalarının kompozisyonu (bileşimi) ve düzeyi, sermaye hareketleri, ticari kontroller ve döviz kurunun kontrolü, teknik gelişme ve sermaye birikimidir.

Cottani, Cavallo and Khan (1990), dünyada kalkınma yarışında öne çıkan ülkelerin çoğunda görülen, gıda maddelerinin arzının azalmasının sebebinin döviz kurundaki sapmaların olduğunu belirtmektedir. Aynı şekilde Afrika'daki tarım sektöründe ve ekonomik büyümede yaygın olarak görülen zayıf performansın, genellikle reel döviz kurlarındaki sürekli sapmalara bağlanabileceğini ileri sürmektedirler. Buna ilaveten, Latin Amerika'nın bazı bölgelerindeki istikrarsız reel döviz kurundan dolayı ihracatın engellendiğini, buna karşılık Asya'daki ihracattaki gelişmeyi ise, reel döviz kurundaki istikrarın sağladığını belirtmektedirler.

Ghura ve Grennes (1993), Aşağı Sahra ülkelerinden oluşan bir paneli kullanarak reel döviz kurundaki sapmaların ekonomik performans üzerindeki etkisini incelemişler ve reel döviz kurundaki sapmanın, gelirin büyümesi, ihracat, ithalat, yatırım ve tasarruflar üzerinde negatif bir etki meydana getirdiği sonucunu elde etmişlerdir.

Şimşek (2004), Türkiye'deki reel döviz kurunu belirleyen uzun dönemli temel etkenleri analiz etmektedir. Bu nedenle reel döviz kurunun determinantlarının tahmininde eşbütünleşme analizine ARDL sınır testi yaklaşımı kullanılmıştır. Bulgular; net yabancı sermaye girişi, Türkiye ile önemli dış ticaret ortaklarının gelirlerinin ağırlıklı ortalaması arasındaki fark, M2 para arzı, dış ticaret dengesi ve ticaret haddinin uzun dönemde reel döviz kurunu etkilediğini ortaya koymuştur.

Öte yandan bu konuyla ilgili yapılan ampirik çalışmaları incelediğimiz takdirde, sırasıyla bazı faktörlerin reel döviz kurunu etkilediğini söyleyebiliriz. Bu faktörlerden ilki nispi çıktı düzeyidir. Zengin ülkelerde fiyat düzeyleri diğer ülkelere oranla yüksektir ve bu olgu ampirik çalışmalarla da ortaya konulmuştur (Şimşek, 2004:5). Bu olguyu Balassa-Samuelson'nun hipotezi açıklamaktadır. Bu hipotez; verimlilikteki artışların, ticari mallar sektöründe yoğunlaşma eğiliminde olduğunu, ancak bir ülkede çıktı düzeyi yükseldikçe dış ticareti söz konusu olmayan malların nispi fiyatının da yükseldiğini belirtmektedir. Türkiye'nin ticaret ortaklarının çıktı düzeylerine oranla; Türkiye'nin çıktı düzeyinde, verimlilikten kaynaklanan bir artış meydana gelirse, o zaman reel döviz kuru değerlenecektir.

Reel döviz kurunu etkileyen ikinci faktör dış ticaret haddidir. Dış ticaret haddinin reel döviz kurunu etkileyebileceği birçok kanal bulunmaktadır (Şimşek, 2004:6): Birincisi, eğer ticari malların tüketiminde yerli mallara yönelik bir eğilim varsa dış ticaret haddi, reel döviz kuru üzerinde doğrudan bir etkiye sahip olacaktır. Eğer bir ülkenin kendi ihraç malları; o ülkenin yerli mallarının yer aldığı tüketim sepetinde, yabancı malların yer aldığı tüketim sepetinden daha fazla bir ağırlığa sahipse, yerli malların ihracatının oransal fiyatındaki bir artış, iç tüketimin oransal fiyat düzeyinde bir yükselişe dönüşür. Dış ticaret haddi reel döviz kurunu bir refah etkisi vasıtasıyla da etkileyebilir. Şöyle ki; dış ticaret haddindeki bir iyileşme, yani ülkenin lehine bir değişme; ülke içi gelirlerin reel değerini artırarak ülke içi çıktıdaki artışa eşdeğer bir etkiye sahip olur. Dış ticaretteki bir iyileşme, ülke içi üretimdeki daha yüksek marjinal gelire tepki olarak ülkedeki çıktı düzeyini yükseltmesi durumunda, bu iyileşme ileride daha da artacaktır.

Üçüncü faktör; net yabancı sermaye girişinin düzeyidir. Bu, reel döviz kurunu, çok sayıda kanaldan etkileyebilir. Sıfırdan farklı olan net yabancı sermaye girişi pozisyonun mevcudiyeti, uluslararası yatırım gelirlerinin akışları vasıtasıyla uluslararası bir gelir transferi meydana getirmektedir. Uzun dönemde, dışa yönelik bir gelir transferi için, bir ülkenin dış ticaretinde bir fazlalık olması gerekir. Dış ticaretteki fazlalık da, çok sayıda nedenle döviz kurunda reel bir değer kaybını gerektirebilir.

Son olarak para arzının döviz kuru üzerindeki etkisinden söz edilebilir. Döviz kurunun esnek olduğu bir ortamda para arzındaki bir genişleme, döviz kurunda değer kaybına yol açmaktadır. Aynı zamanda döviz kurundaki bir değişiklik ekonomide, bir malın fiyatında meydana gelecek değişmenin yaratacağı etkiden çok farklı bir etki yaratmaktadır. Mesela, buğday fiyatında meydana gelecek bir değişme, sadece buğday arz ve talebi ile en yakın ikame malının (mısır, çavdar, arpa) arz ve talebi üzerinde etkili olur. Buna karşılık döviz kurundaki bir değişme, önce uluslararası ekonomik ilişkilere konu olan mal ve hizmetlerin piyasa fiyatlarını, daha sonra bunlar aracılığıyla diğer piyasaları etkileyerek ekonomide global değişiklikler yaratmaktadır (Çiçek, 2006:24).

1.1.3.1. Ödemeler Dengesi

Ödemeler dengesi, ülkelerin belirli bir süre içinde birbirleri ile gerçekleştirdikleri ekonomik işlemlerin sistematik bir kaydıdır. Ödemeler dengesi faktörü, kur değişmelerinin ülkenin hem ticaret hem de cari işlemlerle ilgili diğer kalemleri üzerindeki etkisine dayanır. Bu faktöre göre, ödemeler dengesizlikleri aktif döviz kuru politikaları uygulanarak giderilebilmektedir. Döviz kuru hareketlerinin temelini, mal ve hizmet hareketleri ve bunların toplam ifadesi olan ödemlerdeki denge ve dengesizlikler oluşturmaktadır.

Döviz fiyatlarının değişmesinin ödemeler bilânçosu üzerindeki etkisi ithal ve ihraç mallarının talep elastikliğine bağlıdır. (Burada arz elastikiyetleri ihmal edilmektedir.) Döviz arz ve talebinin kaynaklarını oluşturan dolaylı ve dolaysız faktörlerdeki değişmeler, ödemeler bilânçosundaki borçlu ve alacaklı kalemleri etkileyerek döviz talebini veya döviz arzını değiştirecektir. Döviz arz veya talebinin değişmesi ise denge döviz kurunun değişmesine neden olacaktır. (Çiçek, 2006:25)

1.1.3.2. Sermaye Hareketleri

Sermaye hareketlerinin son yıllarda büyük oranda artması dış ticaretten bile daha önemli hale gelmesine sebep olmuştur denilebilir. Bankaların her ülkede şubeler açması ve gelişen teknolojinin para transferlerinin hızlı bir şekilde gerçekleşmesini sağlamasıyla uluslararası sermaye kar edeceğini düşündüğü bölgeye hareket etmektedir. Burada sermayenin vadesi ve amacı önem kazanmaktadır, uzun vadeli yatırım amaçlı gelen sermaye ülke ekonomisi ve istihdam üzerinde olumlu etkiler yaparken, kısa vadeli spekülatif hareketlerden kazanç sağlamak amaçlı sermaye hareketleri (sıcak para veya portfoy yatırımları) beklediği karı sağladığında aynı hızla çıkarak döviz dengelerini bozmaktadır.

Döviz kurlarının tek belirleyicisinin dış ticaret olmadığı gerçeğine dayanarak ve günümüzde sermaye hareketlerinin hacminin, dış ticaret işlemlerinin hacminin 100 katı kadar olduğu tahminine göre sermaye hareketleri döviz kurunu etkileyen önemli bir faktör olarak değerlendirilmektedir. Sermaye giriş çıkışları, bir ülkedeki döviz miktarını önemli ölçüde değiştirdiğinden, döviz kurları üzerinde büyük bir etkiye sahip olabilmekte ve dolayısıyla, döviz kurları ve dış ticaret arasındaki bağı zayıflatmaktadır. Buradan hareketle, döviz kurlarında kısa vadede meydana gelen değişikliklerin temel sebebi olarak sermaye hareketleri kabul edilmektedir (Çağlar, 2003:81). Sermaye hareketlerine yol açan sebepler arasında kısa vadede, portföy yönetimi ve spekülasyon ön plana çıkmaktadır.

Günümüzde iletişim teknolojisinin önemli ölçüde gelişmesi ve birçok ülkede esnek kur sisteminin benimsenmesi ile kısa vadede paraların değerinde değişmeler meydana gelmektedir. Ülke paralarındaki bu dalgalanmalar belirsizliği arttırdığı için bu sektörde çalışan firmaların karşılaştıkları riskleri yükseltecektir (Çiçek, 2006:27). Öte yandan, sermaye hareketlerinin serbestleştirilmesi, sermaye girişinin döviz kurları üzerinde yaratacağı hareketlilik nedeniyle önem taşımaktadır. Sermaye girişinin hızlanması, kur dalgalanmalarından kaynaklanan döviz kuru istikrarsızlığına neden olmaktadır (Duygulu, 1998:113). Sonuçta, kur istikrarsızlığı da ticarete konu olan malları içeren sektörlerde etkinlikte bulunanların belirsizliğini arttırdığı için, bu sektörlerde çalışan firmaların karşılaştıkları riskler yükselecektir. İstikrarsızlık, ticarete konu olan malları içeren sektörlere borç veren kurumlarında risklerini ve bu sektörler için sermayenin maliyetini arttıracaktır. Bu birikimli süreç, giderek reel sektörü etkisi altına alacak ve döviz kurlarında başlayan istikrarsızlık zamanla tüm sektörleri etkileyerek, ekonomik istikrarsızlığı besleyecek bir mekanizma durumuna gelecektir.

1.1.3.3. Enflasyon Oranı

Döviz kurları, bir ülke ekonomisinin en önemli göstergelerinden olan enflasyon değişimlerinden de önemli ölçüde etkilenmektedir. Eğer bir ülkede, enflasyon oranı yüksek ise, o ülkenin parasına olan güven azalmakta, bu durum da bir sonraki aşamada o ülkenin parasına olan talebi azaltmaktadır. Uluslar arası literatürde döviz kuru artış oranı ile enflasyon oranı arasında önemli bir ilişki olduğu fikri savunulmakta, bu durumun özellikle dalgalı kura geçilmeden önceki dönem için geçerli bir tespit olduğu yönünde görüşler üzerinde durulmaktadır (Akçacı, 2006:22).

Nominal döviz kurunda gözlenen değişimlerin fiyatlara ve enflasyona geçiş etkisi bazı kanallardan çalışmaktadır. Her şeyden önce, döviz kurunda gözlenen artış ithal mal fiyatlarını artırdığı için ithal hammadde veya ara malı kullanılan ürünlerin ve ithal tüketim mallarının fiyatlarını artıracaktır (Berument, 2002:1). Bununla birlikte, ekonomide dövizle yapılan işlemler, yani dolarizasyon önemli bir seviyede ise üreticiler dövizde gözlenen artışı kendi ürettikleri ve sattıkları mal ve hizmetlere, tüketicilerin talebini de göz önünde bulundurarak aynı oranlı zam yapmak isteyeceklerdir. Aynı zamanda nominal döviz kurundaki artış yurt dışından gelen malları daha pahalı yaptığı gibi yurt içinde üretilen malları ihracat için daha cazip hale getirmektedir. Bu ise bizim yurt dışından yaptığımız ithalatı azalttığı gibi yurt dışına yapılan ihracatı arttırır. Göreceli az malın bulunduğu bir ortamda ise fiyatlar artacaktır. (Berument, 2002:1).

Döviz kuru, fiyat istikrarı ortamının sürdürülebilirliği açısından dikkatle izlenmesi gereken önemli bir göstergedir. Çünkü döviz kurunda meydana gelen herhangi bir değişiklik, hem hasıla hem de fiyat seviyesini değiştirmek suretiyle fiyat istikrarını etkileyebilmektedir. Döviz kuru değişmeleri her ne kadar tamamen parasal otoritenin kontrolünde değil ise de, yine de parasal göstergelerdeki bir değişikliğin etkilerini de göz ardı etmemek gerekir. Serbest kur rejiminin uygulandığı ülkelerde para politikasında yapılacak bir değişiklik, döviz kurunu etkileyerek reel ve nominal sonuçlar doğurabilmektedir (Büyükakın vd., 2008:4).

1.1.3.4. Faiz Oranları

Küreselleşme eğilimlerinin artmasıyla birlikte faiz oranı ve döviz kuru değişkenlerinin makroekonomik performans açısından önemi artmıştır. Faiz ve döviz kurunda meydana gelen değişiklikler hem finansal, hem de reel sektör üzerinde etkiler meydana getirebilmektedir. Günümüzde sürdürülebilir kalkınma ve istikrarlı bir ekonominin tesisi için faiz oranı ve döviz kurları adeta bir gösterge niteliğine gelmiştir. Faiz ve döviz kurunda meydana gelebilecek değişiklikler yerli ve yabancı firmaların yatırım kararları ile tüketicilerin harcamaları üzerinde etkili olabilmektedir. Bu yüzden parasal otoriteler iktisat politikalarını oluştururken bu iki değişkenin seyrini dikkate almak zorundadır (Karacan, 2010:72-92).

Merkez Bankası, olağandışı durumlarda faiz oranları aracılığı ile döviz kurunu kontrol edebilmektedir. Teorik olarak faiz oranları ve döviz kuru arasındaki etkileşim başlıca şu üç kanaldan gerçekleşmektedir (Sağlam ve Yıldırım, 2007:14): Birinci kanala göre yurt içi faizlerin yüksek olması sonucu yerli finansal varlıklara olan talebin artmasıdır, böylece döviz arzı fazlalaşır ve yerli para değer kazanır. Yatırımcılar böyle durumlarda, faiz oranları paritesi sağlanıncaya kadar yerli yatırım araçlarını talep etmektedir. İkinci kanala göre ise yükselen faiz oranları, firma ve bankaların faiz yükünü arttırdığı için karlarını azaltır. Böyle bir durumda nakit akışı yavaşlar, firmaların borç yükü artar, kredilerin geri ödeme sorunu ortaya çıkar. Geri ödenmeyen krediler banka bilânçolarını bozar ve ekonomik aktiviteyi yavaşlatıp kötümser beklentilere yol açar. Böylece ülke parası değer kaybeder. Üçüncü ve son kanala göre ise faiz oranlarının yükselmesi, kamu maliyesinde faiz yükü ile birlikte enflasyonist beklentileri ve risk algılamasını arttırmaktadır. Bu yüzden ülke parasının beklenen değeri düşer, risk primi yükselir. Ampirik çalışmalarda bu durum, faiz oranı paritesinin neden sağlanmadığını açıklayan önemli bir mekanizma olmaktadır. (Sağlam ve Yıldırım, 2007:16).

Ayrıca dünya çapında uluslararası sermaye hareketlerinin hızla liberalleştiği ve sermaye hareketlerinin faiz esnekliğinin çok yüksek olduğu bir ortamda ülkelerin uyguladıkları para politikaları faiz oranı üzerinden döviz kurunda güçlü etkiler meydana getirebilmektedir. Bir ülkenin genişletici (daraltıcı) bir para politikası izlemesi halinde sermayenin maliyeti olan reel faiz oranı düşmekte (yükselmekte), yurtiçi reel faiz oranlarının düşmesi (yükselmesi) ise, anında sermaye hareketlerinin hacmini değişikliğe uğratmaktadır. Bunun nedeni, yabancı (ulusal) para bazlı mevduatların ulusal (yabancı) para bazlı mevduatlara göre daha cazip hale gelmesidir. Sonuçta ulusal para değer kaybederken (kazanırken) döviz kuru değer kazanmaktadır (kaybetmektedir). Ulusal paranın değer yitirmesi (kazanması) ise, yurtiçi malları ucuz (pahalı) yurtdışı malları da pahalı (ucuz) hale getirdiğinden net ihracat artmakta (düşmekte) ve dolayısıyla da milli gelir yükselmektedir (azalmaktadır). Diğer bir deyişle net ihracat artar (azalır), net ihracatın artması (azalması) da firmaların yeni yatırım kararı almaları ile toplam talebin ve reel çıktının artmasına (azalmasına) yol açar (Büyükakın vd., 2008:4).

Türkiye'de para politikası aktarım mekanizması ve döviz kuru kanalı üzerine çalışan Büyükakın vd. (2008), para politikası şokunun döviz kuru üzerindeki etkisinin önemli olduğunu savunmuştur. Söz konusu çalışmada faiz oranındaki pozitif bir şok, yani daraltıcı para politikası döviz girişine neden olarak döviz kurunun düşmesi ve ulusal paranın değerlenmesi ile sonuçlanmıştır.

Karacan (2007), faiz, döviz kuru ilişkisinin makroekonomik performansa etkisi üzerine yaptığı çalışmada makroekonomik değişkenler olarak enflasyon, ödemeler dengesi, borçlar, iktisadi büyüme, yatırımlar ve bankacılık sektörünün faiz-kur ilişkisinden nasıl etkilendiğini açıklamıştır. Enflasyon oranı yüksek olan ülkelerde faiz oranları yüksek olurken döviz kurunun da aynı oranda yükseleceği tahmin edilir. Böyle bir durumda, vadeli kurun gelecekteki anında teslim kurunun sapmasız göstergesi olduğu kabul edilirse, enflasyon farkı ölçüsünde vadeli kur prim yapar. Faiz-kur ilişkisi, kamu borç stokunun döviz veya dövize endeksli varlıklardan oluşması durumunda daha etkili olabilmektedir. Kamu borç stoku bu etkiye bağlı olarak kısa sürede artarken, risk düzeyi vade yapısı da bu durumdan olumsuz etkilenmektedir.

Faiz oranlarının reel ölçülerde yüksek ve döviz kurlarının düşük tutulması sonucu ekonominin rekabet gücü zayıflamaktadır. Yüksek faizlerin yatırımları caydırdığı ortamda, ekonominin krize sürüklenmemesi, ancak ücretlerin baskı altında tutulmasıyla mümkün olmaktadır. Ulusal faiz oranı ve döviz kurunun sermaye hareketlerine teslim olmasıyla birlikte ulusal iktisat politikaları iktisadi ve sosyal amaçla kullanılamamaktadır. Ulusal paranın aşırı değerlenmesi sonucu cari açıklar büyüme sürecine girerken, faiz oranlarının yüksekliği sonucunda kamu açığını kapatmanın maliyeti yükselmektedir. Bu durum yatırım ve üretimi azaltarak ekonominin, finansal işlemlerin ağırlıklı olduğu bir yapıya dönüşmesine neden olmaktadır. Bu bağlamda ulusal finans piyasalarının kontrolsüz bir biçimde serbestleşmesiyle ulusal iktisat politikaları makroekonomik istikrar ve büyümeyi sağlamaktan çok, yalnızca sermaye akımlarını kontrol eden bir yapıya bürünmektedir. Bu da ülkenin üretim ve istihdam kapasitesini düşürmektedir (Karacan, 2007:76).

Faiz-kur etkileşiminden en çok etkilenen makroekonomik göstergelerden biri de ödemeler dengesidir. Bu durum dış ticaret ve portföy dengesi üzerindeki etkiyle kendini göstermektedir. Açık ekonomilerde uygulanan faiz ve kur politikaları bu dengeyi olumlu veya olumsuz yönde etkileyebilmektedir.

1.1.3.5. Ekonomik Büyüme

Ekonomik büyümenin yani reel milli gelirde meydana gelen artışın döviz kuru üzerindeki etkisini analiz etmek için büyümenin kaynağının analiz edilmesi gerekmektedir. Asıl cevap verilecek soru, ekonomik büyümenin, tüketimden mi yoksa yatırımdan mı kaynaklandığıdır. Eğer büyümenin kaynağı iç tüketim ve bütçe açıkları ise bu koşullarda ülkenin ithalatında bir artış olacak ve dövize olan talep artacağı için, örneğin; Türkiye'de Türk Lirasının değeri azalabilecektir (Uzunoğlu, 2003:15). Ancak büyümenin kaynağı yatırımlar ve özellikle yabancı yatırımlar ve ihracat ise bu koşullarda ülkenin parası değer kazanabilecektir.

Kısa vadede, tüketime dayalı olarak milli gelirde artış meydana geliyorsa; bu artış, marjinal ithalat eğilimine bağlı olarak, ithalatı artıracaktır. İthal mallarına olan talebin artması ise döviz talebini artıracak; böylece, ülke parası değer kaybedecektir. Oysa, yatırıma dayalı bir büyümenin sonucunda, dolayısıyla, yatırımlardaki artış sonucunda, üretim maliyetlerinde bir azalma meydana geliyorsa; bunun sonucu olarak, yurt içinde üretilen malların, ithal malların fiyatları sabitken ucuzlaması, ihraç mallarına olan talebi artırabilir (Çağlar, 2003:80-81). Ayrıca bu süreç sonucunda, birtakım yeni ürünler geliştirilir ve yurt dışına satılmaya başlanırsa, bu da ihracatın artmasına imkan sağlayabilir. Bu durumda, yurt içinde üretilen malların talebindeki artışla beraber ülke parası değer kazanabilir.

1.1.3.6. Dış Ticaret Politikası

Bir ülkenin, ihracat ve rekabet gücünü belirleyen üç temel değişkenin ücret seviyesi, verimlilik düzeyi ve döviz kuru olduğunu savunulmaktadır (Eşiyok, 2002:57). Buna göre ücretler genel seviyesi ile ihracat hacmi arasında ters yönlü bir ilişki olduğu varsayılmaktadır. Bir sektörde ücret seviyesi arttıkça sektörün ihracat hacmi ve rekabet gücü zayıflamaktadır. Özellikle gelişmiş batı ülkelerinde 1980 sonrası emek yoğun sektörlerde yaşanan rekabet gücü zayıflaması ve gelişmekte olan ülkelerin rekabet güçlerinin artmasının temel nedeni budur. Döviz kuru ile ihracat seviyesi arasındaki negatif ilişki ise aşağıda daha ayrıntılı olarak ele alınmaktadır. Döviz kuru ve ücret seviyesi, geleneksel nispi fiyat değişmelerine dayalı dış ticaret teorilerinin temel parametreleridir.

Yukarıda saydığımız üç nedenden biri olan döviz kurlarındaki dalgalanmaların dış ticaret üzerindeki etkileri üzerinde yaşanan tartışmalar günümüzde de devam etmektedir. Döviz kurlarında meydana gelen değişimler, iç ve dış piyasalar arasındaki nispi fiyat yapısını değiştirerek sistemin işleyişini devreye sokar (Albeni vd., 2003:200-201). Ulusal paranın devalüe edilmesi, ihraç edilecek mal ve ihracatçı açısından iç fiyatlar seviyesini dış piyasa fiyatlarına göre ayarlayarak, daha önce nispi pahalılık gösteren malların dış piyasalar için bu dezavantajını ortadan kaldıracaktır.

Türkiye'de uygulanan serbest kur sistemi nedeniyle, diğer serbest kur sistemi uygulayan ülkelerde olduğu gibi, döviz kurları dalgalanmakta, belirsizlik artmakta ve dış ticaret fiyatlamasında kurun tahmini zorlaşmaktadır. Dış ticaret hadlerinde meydana gelecek bir daralmanın, ithal mallarının daha ucuza alınıp, ihraç mallarının daha pahalıya satılması durumunu ifade etmesi, politika yapıcıların döviz kurlarını değiştirerek bozulan ticaret hadlerinin kendi lehlerine değişmesini sağlamasına neden olacaktır. Politikacılar, nominal kurları doğrudan kontrol edebilme şansına sahiptirler. Ancak, reel döviz kurları üzerindeki etkileri dolaylı ve etkisizdir (McPherson, 2000; 7). Reel döviz kurlarındaki değişimler, yurtiçi ve yurtdışı enflasyon oranlarına, faktör verimliliğindeki değişimlere, vergilere, sübvansiyonlara, fiyat dışı sınırlamalara ve yurtiçi kaynaklı maliyetlerin etkilediği diğer değişkenlere bağlıdır.

Bu anlamda, dış ticaret hadlerinin ülke lehine sağlanabilmesi için uygulanacak kur politikalarının başarılı olabilmesi, reel döviz kuru ile ihracat ve ithalat arasındaki ilişkinin belirlenmesine bağlıdır (Albeni vd., 2003:201). Eğer, reel döviz kurunda meydana gelen değişimler, dış ticaret kalemleri olan ihracat ve ithalatı etkilemiyorsa, dış ticaret dengesinde oluşacak açıkları azaltmak için izlenecek bir kur politikası problemi çözmeyecek ve hatta daha uygun ve daha acil ihtiyaç gösteren diğer politikalardan dikkatleri uzaklaştıracaktır.

Dış ticaret dengesini iyileştirmek amacıyla düşük değerlenmiş kur politikası izlenen dönemlerde yabancı para birimi ile ifade edilen ithalat fiyatlarının düşmesi bu politikanın ithalat üzerindeki olumsuz etkilerini ihracat fiyatlarının düşmesi de ihracat üzerindeki olumlu etkilerini azaltacaktır. Böylece, düşük değerlenme ile ihracat açısından sağlanan fiyat avantajının bir kısmı ya da tamamı tekrar kaybedilirken, ithalat acısından ise dış piyasalar tarafından kaybedilen fiyat avantajının bir kısmı ya da tamamı tekrar kazanılacaktır. Aşırı değerlenmiş kur politikası izlenen dönemlerde yabancı para birimi ile ifade edilen ithalat fiyatlarının yükselmesi bu politikanın ithalat üzerindeki olumlu etkilerini ihracat fiyatlarının yükselmesi de ihracat üzerindeki olumsuz etkilerini azaltacaktır. Böylece, aşırı değerlenme ile ihracat açısından kaybedilen fiyat avantajının bir kısmı ya da tamamı tekrar kazanılırken, ithalat açısından ise sağlanan fiyat avantajının bir kısmı ya da tamamı tekrar kaybedilecektir (Zengin, 2000:29). Düşük değerlenmenin olduğu dönemde ihracat ve/veya ithalat fiyatlarının düşmesi, aşırı değerlenmenin olduğu dönemde ise, ithalat ve/veya ihracat fiyatlarının yükselmesi, kısaca reel döviz kurları ve dış ticaret hadleri arasında ters yönlü nedensel bir ilişkinin olup olmaması durumu, kur politikasının dış ticaretin kârlılığı (Nispi kârlılığın ihracat lehine dönmesi, böylece dış ticaretin ülke lehine işlemesi) üzerinde beklenen net etkisini gösterebilmesi bakımından oldukça önemlidir.

Reel kur değişimleri ile dolarla ifade edilen dış ticaret fiyatları arasında anlamlı ilişkilerin olması, reel kur hareketleri ile dış ticaret lehine değiştirilen fiyat avantajının bir kısmının veya tamamının dış piyasalar tarafından massedildiği anlamı taşır. Bu durum dış ticaretin kârlılığını amaçlayan reel kur değişimlerini etkisiz kılar.

Literatürde reel döviz kurları ve dış ticaret fiyatları arasındaki ilişkiyi araştıran çok sayıda ampirik çalışma olmasına rağmen ilişkinin yönü konusunda henüz genel kabul gören bir yargı oluşturulamamıştır. Türkiye ekonomisi verileri kullanılarak yapılan "Reel Döviz Kurları, Reel Faiz Farklılığı Ve Ticaret Hadleri" adlı ampirik bir çalışmadan, faiz farklılığı ve ticaret hadlerinin Türkiye lehine döndüğünde reel döviz kurlarının değer kazandığı şeklinde bulgular elde edilmiştir (Erlat, 1998:39-40).

Zengin (2000), "Reel Döviz Kuru Hareketleri ve Dış Ticaret Fiyatları" başlıklı çalışmasında Türkiye'de 1990 sonrası reel kur hareketleri ile ihracat ve ithalat fiyatlarının uzun dönemli ilişkileri VAR analizi kapsamında incelemiş ve reel döviz kuru ile ihracat ve ithalat fiyatları arasında çift yönlü bir nedensellik ilişkisine işaret etmektedir. Dış ticaret fiyatları reel döviz kurunu doğrudan etkilerken, reel döviz kuru dış ticaret kalemlerinden ithalat fiyat endeksini doğrudan, ihracat fiyat endeksini ise ithalat fiyat endeksi kanalıyla dolaylı olarak etkileyebilmektedir. Reel kur hareketleri ile ihracat ve ithalat fiyat endeksleri arasında önemli ilişkilerin olması, kur hareketlerinin dış ticaretin kârlılığı üzerinde oynayacakları rolü zayıflatıcı bir nitelik taşımaktadır. Bu anlamda, sağlanan fiyat avantajının ilişki sayesinde dış piyasalar tarafından emildiği söylenebilmektedir.

1.1.3.7. Diğer Faktörler

Döviz kurunda değişmelere yol açan yukarıda belirtilen faktörlerin dışında diğer bir takım faktörlerde döviz kurunu etkiler.

Politik Faktörler; Ekonomik faktörlere göre değer kazanması gereken bir paranın, belli bir dönemde, değer kaybettiği ya da bunun tersinin olduğu gözlemlenebilmektedir. Buradan hareketle, iktisatçılar, döviz kurlarındaki değişmeleri izah etmek için, ekonomik ve politik faktörlerin bir arada düşünülmesi gerektiğini öne sürmektedirler. Bir ülkedeki siyasi güç ve siyasi istikrar ülke ekonomisine de olumlu yansımaktadır. Öte yandan siyasi gücün popülist politikalar izlemesi, ülke yönetiminde yetersiz olması, diğer ülkelere karşı olumsuz bir tutum izlemesi, savaş tehdidi gibi durumlar döviz kurlarını etkilemektedir.

Spekülasyon; Gelecekteki fiyat hareketlerini tahmin etmeye çalışarak pozisyon alan spekülatörler piyasa için gerekli likiditeyi sağlarken, piyasası düşen para birimini ucuzladığını düşünerek alım yapıp, piyasası yükselirken pahalı olduğunu düşünerek satmaktadır. Böylece söz konusu para piyasasında dengenin kurulmasına neden olmakta ve hedgerlerin likit piyasayı kullanarak pozisyon almalarına yardımcı olmaktadırlar. Ama bazen düşüşün süreceğini farz ederek satışa devam edip, yükselişin süreceğini düşünerek alıma devam etmesiyle fiyatlar aşırı uçlara da çekilebilmektedir. Ayrıca medyanın gücü ve her yere ulaşması kullanılarak ülke ekonomileri hakkında veya önemli kişiler hakkında spekülatif haberlerle piyasalar etkilenebilmektedir.

Tüketici Zevk ve Tercihlerindeki Değişmeler; Döviz arz ve talebinin eşitlendiği noktada belirlenen denge döviz kurunun bir kere belirlendikten sonra değişmemesi gerekir. Fakat döviz arz ve talep eğrileri çizilirken sabit kabul edilen bir takım faktörlerdeki değişmeler döviz arz ve talep eğrilerini kaydırarak denge döviz kurunu değiştirmektedir (Çiçek, 2006:28). Bu sabit kabul edilen faktörlerden biri de tüketici zevk ve tercihlerindeki değişmelerdir. Örneğin, zevk ve tercihlerdeki değişmeler sonucu ithal mallarına olan talebin artması döviz talebini arttıracaktır. Döviz arzını sabit kabul ettiğimizde, döviz talebinin artması denge döviz kurunu yükseltecektir. Bu durumda ulusal para değer kaybedecektir.

Beklentiler; Döviz kurları üzerindeki beklentiler, döviz kurlarının değişmesine neden olacaktır. Örneğin, Türkiye'de yakın bir gelecekte para arzının arttırılacağını düşünelim. Bu durumda Türkiye'de fiyatların yükseleceği yönünde beklenti vardır. Buna bağlı olarak ulusal paranın değerinin düşeceği yönünde bir beklenti oluşacak ve ulusal paradan kaçış başlayacaktır. Bu durumda döviz talebi artacaktır. Döviz talebinin artması denge döviz kurunu değiştirerek ulusal paranın değer kaybetmesine neden olacaktır. Diğer taraftan ulusal paranın değer kazanacağı bekleniyorsa, kişiler ulusal para cinsinden ödenen aktifler almak için harekete geçecekler, ulusal para talebi artacak ve ulusal para değer kazanacaktır.

Para ve Maliye Politikaları; Döviz kurunu etkileyen diğer önemli bir faktördür. Para arzının artması, vergi oranlarının değişmesi, doğrudan ve dolaylı vergileme, dışalım vergileri, vergi iadesi vb. düzenlemelerdir. Örneğin, bir ülkede uzun süredir deflasyon yaşanıyorsa düşürülen vergi oranlarının ulusal paranın değerini olumlu yada olumsuz etkilemesi beklenir. Buna karşılık yüksek enflasyon yaşanan ülkelerde ise tam zıt bir politikanın uygulanması aynı sonucu doğurmaktadır (Çiçek, 2006:31).

Düzenleme ve Müdahaleler; Döviz piyasalarında merkez bankaları ve ulusal para otoriteleri oldukça etkili bir rol oynamaktadır. Merkez Bankaları çeşitli nedenlerle ya belirli yasal düzenlemelerle ulusal bankaların etkinliklerini sınırlayarak ya da döviz piyasasına alıcı ve satıcı olarak girerek döviz kurlarını istenilen sınırda tutmaya çalışmaktadırlar. Bu işlem aynı zamanda kirli ya da güdümlü dalgalanma olarak adlandırılır.

1.1.4. Döviz Kuru Politikaları

İktisat teorisinde optimum döviz kurunun belirlenmesi konusunda birtakım genel prensipler bulunmakla beraber; uygulamada, bunların gerçekleştirilmesi kolay değildir. Çünkü, bunların uygulanması, bir yandan otoritelerin politika hedeflerine, diğer yandan da ekonominin açık bulunduğu şokların yapısına bağlıdır (Çağlar, 2003:112). Bunlara ilave olarak, bir başka konu da, sabit kurların mali disiplinin sağlanmasında esnek kur sistemine göre daha üstün olup olmadığı meselesidir. Mevcut uygulamaya bakıldığında; hem sabit hem de esnek kur sisteminin, fiyat istikrarı ile uyumlu olabileceği görülmektedir.

Döviz kuru politikaları, hükümetlerin uluslararası ödemelerini belli bir düzen içinde gerçekleştirmek amacıyla dış ödeme dengesini etkilemek için döviz kuru ile ilgili olarak aldıkları bütün tedbirlerdir. Kısaca kur politikası, ulusal para ile yabancı paralar arasındaki oranın belirlenmesine yönelik uygulamaları içermektedir (Demircioğlu, 2009:53). Kur politikaları döviz kuru sistemlerinde olduğu gibi ülkelerin yapılarına ve amaçlarına göre şekillenmektedir. Döviz kurunun tespitinde gelişmiş ülkeler acısından piyasada belirlenen kurun istikrarlı olup olmadığı, gelişmekte olan ülkelerde ise kurun gerçekçi olup olmadığıdır. Bunun yanında ülke ekonomisinin içinde bulunduğu durumlar da kur politikasını belirlemektedir.

Serbest veya esnek döviz kuru sisteminde dış denge, döviz kurlarının arz ve talep koşullarına bağlı olarak serbestçe dalgalanmasıyla, esneklik kazandırılmış sabit kur sisteminde ise döviz kurunun hükümet kararıyla değiştirilmesiyle sağlanır. Esneklik kazandırılmış sabit döviz kuru sistemini uygulayan ülkelerde hükümetlerin dış denge açıklarını giderici önlemler alması zorunludur. Bunlar baslıca üç tanedir; ilki, ülkede milli gelir ve harcamaları daraltıcı politikalar uygulamak, diğeri dış ticaret ve döviz kısıtlamalarına yönelmek, üçüncüsü ise kur ayarlamaları yapmaktır. Esneklik kazandırılmış sabit döviz sistemlerinde dış dengenin sağlanmasında asıl önemli olan döviz kuru ayarlamalarıdır (Karluk, 1998:528).

Kur politikasının amacı, iç üretim kapasitesini arttırarak iç maliyetleri düşürerek ihracat artışını mümkün olan en yüksek hıza ve ithalatın üstüne çıkarmaktır. İhracatın ithalattan daha hızlı artışı, işsizlik, atıl kapasite, gelir düşüklüğü, dış dünyaya karşı kredibilite düşüklüğü gibi sorunlara çözüm getirmektedir (Çiçek, 2006:62).

Kur politikalarını ekonomiye etkileri oldukça geniştir. Ülke kalkınmasına etkileri nedeniyle, diğer hedefler yanında, orta dönemde uygun bir büyüme hedefi saptanmalıdır. Aynı şekilde, kur değişmelerinin gelir, gelir dağılımı ve refah üzerindeki etkileri de dikkate alınmalıdır.

Döviz kuru politikaları araç ve amaç olarak iki şekilde sınıflandırılabilir. Döviz kuru politikaları araç olarak; devalüasyon (depresiasyon), revalüasyon (apresiasyon) şeklinde sınıflandırabiliriz. Amaç olarak ise; aşırı, gerçekçi ve eksik değerlenmiş kur politikası olarak sınıflandırabiliriz.

1.1.4.1. Araç Olarak Döviz Kuru Politikaları

Bir ülkede döviz kuru sistemi ne olursa olsun diğer bir ifadeyle merkezi otorite tarafından hangi kur sistemi tespit edilirse edilsin, bunun ülkenin ekonomi şartlarını yansıtan bir kur olması gereklidir (Demircioğlu, 2009:54). Döviz kuru sistemlerinde sistemin temeline ters düşmemek şartıyla az çok farklı, değişik politikalar izlenebilir. Döviz kuru ayarlamaları şeklinde ortaya çıkan döviz kuru politikaları devalüasyon ve revalüasyon amaçlara ulaşmak için kullanılan araçlardır.

Devalüasyon; Sabit kur sistemini uygulayan ve dış ödemeler dengesi açık veren ülkeler, paralarının dış değerini düşürmek için, döviz kurunu değiştirmektedirler. Hükümetin aldığı bir kararla, döviz kurunu yükselterek milli parasının dış değerini düşürmesine, devalüasyon denir (Dinler, 2007:556). Değişken kur sistemlerinde döviz piyasalarında kurların arz ve talebe bağlı olarak yükselmesi için, her ne kadar doğurduğu etkiler aynı olsa da devalüasyon terimi kullanılmamaktadır.

Genellikle sabit kur sistemini uygulayan ülkelerde enflasyonla birlikte ülke parasının kıymetlenmesi ve dış ödemeler bilançosunun açık vermesi durumunda, devalüasyona başvurulmaktadır. Döviz kurunun döviz arz ve talebince belirlendiği esnek kur sisteminde, hükümetin devalüasyon kararı almasına gerek yoktur. Arz ve talebe bağlı olarak, döviz kuru kendiliğinden değişecektir.

Devalüasyon kararıyla parasının dış değerini düşüren ülke, ithal mallarının ülke içinde pahalılaşması nedeniyle ithalatın azalması ve ihraç mallarının dış değerinin düşmesi nedeniyle de ihracatın artması beklentisi içindedir. İhracatın artmasıyla döviz gelirleri artan ülke, ithalatın azalması ile de döviz tasarrufu sağlayacağından, dış ödemeler bilançosundaki açığı kapatabilecektir (Dinler, 2007:557).

Revalüasyon; Revalüasyon, sabit kur rejimlerinde dış ödeme dengesi fazla veren bir ülkede, bu fazlalıkları gidererek dış dengeyi sağlamak üzere hükümet kararıyla resmi döviz fiyatlarının düşürülmesi ya da paranın değerinin yükseltilmesidir (Göçer, 2007:22). Serbest değişken kur rejimlerinde piyasada ulusal paranın değerinin yükselmesi de revalüasyon etkisi yapar. Ancak, ancak devalüasyon ve revalüasyon kavramları sabit kur sistemlerine özgü kavramlardır denilebilir.

Revalüasyon durumunda ülke, döviz kurunu isteyerek denge döviz kurundan daha fazla değerlenmiş bir seviyede tutmaktadır. Ödemeler bilançosu fazla veren ülke dengeye ulaşmak için revalüasyon yapma yolunu, diğer bir ifadeyle, döviz kurunu aşırı değerli hale getirme yolunu seçmektedir. Dış fazlalık, borçlu ülkelerin ithalatını kısıtlamalarına neden olarak, büyümelerini durdurmaktadır. Revalüasyon, dış fazlalıkların olumsuz sonuçlarını şu yollarla yok etmektedir. Ulusal malların pahalılaşmasına neden olarak ihracatı azaltmakta ve yabancı malları ucuzlatarak ithalatı artırmaktadır. Spekülatif fonların yeniden ülke dışına yönelmesine neden olmaktadır (Karluk, 1998:327).

Revalüasyon yapan ülkeler güçlü bir ekonomiye sahip ve dış piyasalarda yüksek derecede rekabetçidirler. Bir ülke devalüasyon yaptığında bu diğer ülkelerde revalüasyon yapılmış gibi bir etkide bulunur.

1.1.4.2. Amaç Olarak Döviz Kuru Politikaları

Bu kısımda amaç olarak döviz kuru politikaları gerçekçi kur politikası, eksik değerlenmiş kur politikası ve aşırı değerlenmiş kur politikası şeklinde açıklanacaktır.

1.1.4.2.1. Gerçekçi Kur Politikası

Gerçekçi kur politikası, döviz kurlarının döviz piyasasında herhangi bir müdahale olmaksızın arz ve talebe göre belirlenmesidir. Gerçekçi kur bir denge kuru niteliğinde değildir. Çünkü gerçekçi kurun aynı zamanda yurtiçi ve yurtdışı enflasyon farkını yansıtması gerekir. Ancak piyasa ekonomisi koşullarında işleyen bir ekonomide, örneğin faiz oranlarının kamu kesimi borçlanma gereğinin yüksek oluşu nedeniyle yönlendirilmesi durumunda döviz arz ve talebi iç ve dış enflasyon farklılığını kendiliğinden yansıtmayacaktır. Dolayısıyla nominal döviz kurları zaman zaman reel kurların altında veya üstünde oluşabilir.

Özetle, gerçekçi kur politikası ülkenin ekonomik ilişkide bulunduğu ülkelerle arasındaki enflasyon farkının hesaplanıp, belli bir zaman içersinde kurlara yansıtılarak ulusal paranın değer kazanmasına veya kaybetmesine yol açmayacak bir kur politikasıdır (Çiçek, 2006:65). Bir başka deyişle gerçekçi kur politikası, yabancıların bir ülkedeki satın alma gücünü sabit tutmayı amaçlayan kur politikasıdır.

Gerçekçi kur politikasının iki temel işlevi bulunmaktadır. Bunlardan ilki; iç ve dış ekonomik koşullar arasında uyum sağlamasıdır. Böylece iç ve dış fiyatlar arasındaki ilişkiyi tek başına kurmaktadır. Gerçekçi kurun ikinci işlevi ise; döviz üreten sektörlerle döviz tüketen sektörlere eşit davranılmasını sağlamasıdır. Başka bir ifadeyle kurların gelir bölüşümü üzerinde bir etki yaratması söz konusu değildir. Ayrıca gerçekçi kur politikası uygulanmasıyla firmalar etkin yönetim ve maliyet minimizasyonu yönünde baskı altında tutulacaktır (Karluk, 1998:.328).

1.1.4.2.2. Eksik Değerlenmiş Kur Politikası

Eksik değerlenme, resmi döviz kurunun serbest piyasada oluşacak denge kuruna oranla daha yüksek bir düzeyde belirlenmesidir. Bu durumda döviz aşırı değerlenmiş, ulusal para eksik değerlenmiş olur. Ulusal paranın eksik değerlenmesi aynen revalüasyona benzer etkiler doğurmaktadır. İthalat ulusal para cinsinden ucuzlar, ihracat yabancı para cinsinden pahalılaşmaktadır. Az değerlenmiş kur politikası ihracatı engellediği ve ithalatı artırdığı için döviz arzının azalmasına, döviz talebinin artmasına yol açacaktır (Seyidoğlu, 1982:38). Ancak mevcut döviz rezervleri ve dış borçlanma yoluyla ithalatın finansmanı bir noktaya kadar devam ettirilebilir.

Eksik değerlenmiş kur politikası, ulusal paranın reel satın alma gücünü artırıp söz konusu ülke için yabancı ülkelerin mal ve hizmetlerini ucuzlatıcı etki doğurmaktadır. Bu durumda ihraç malları pahalı hale geldiğinden ekonominin dış rekabet gücü azalır. İhracat üzerindeki bu caydırıcı etki vergi indirimleri ve teşvikler gibi tedbirlerle önlenmediği sürece, ihracatın gerilemesi ve dış pazarların kısmen kaybedilmesi kaçınılmazdır (Demircioğlu, 2009:57). İhracat üzerindeki olumsuz etkisine rağmen eksik değerlenmiş kur politikası ülkelerin gelişme potansiyeli olan sektörlerinin elde edilen ucuz girdi temini imkanıyla büyümelerine imkan sağlamaktadır. Kısa dönemde kaybedilen dış pazarlar uzun dönemde sanayide verimliliğin artmasıyla yapılacak yüksek ihracat miktarları sayesinde ekonomik büyümeye ivme kazandıracaktır. Ayrıca doğrudan yabancı sermaye verimliliğin yüksek olduğu sektörlere yatırım yapacağı için eksik değerlenmiş kur politikası sayesinde ekonomide büyüme sağlanacaktır (Bal, 1993:34).

1.1.4.2.3. Aşırı Değerlenmiş Kur Politikası

Serbest döviz kuru sistemlerinde hükümetlerin resmi döviz fiyatların gerçek değerden daha düşük bir düzeyde belirlemeleridir. Döviz kurlarının denge değerinin altında belirlenmesi, ulusal paranın değerinin gerçekte olması gerekenden daha yüksek tutulması demektir. Böylece ulusal para aşırı değerlenmiş duruma gelir (Seyidoğlu, 2000:23). Uzun süre ve belirgin bir biçimde aşırı değerlenmiş kur politikası izlenen bir ekonomide, dış ticaret dengesi fazlalık verir ve döviz rezervleri olumlu yönde gelişmektedir (Göçer, 2007:24).

Aşırı değerlenmiş kur politikası dış ticaret üzerinde, eksik değerlenmiş kur politikasının tersi etkilerine sahiptir. Uzun süre ve belirgin bir biçimde aşırı değerlenmiş kur politikası izlenen bir ekonomide, dış ticaret bilânçosu fazlalık verir ve döviz rezervleri olumlu yönde gelişir. Kısaca bu kur politikası ihracatı arttırıcı, ithalatı azaltıcı bir etki yapar. Sonuçta döviz arzı artarken, döviz talebi azalmaktadır.

1.2. Yabancı Sermaye Yatırımları

Bu kısımda yabancı sermaye yatırımlarının tanımı, türleri, yabancı sermaye yatırımlarının ülke ekonomisi üzerindeki etkileri ve bu yatırımları etkileyen faktörler konusunda açıklamalara yer verilecektir.

1.2.1. Yabancı Sermaye Yatırımları Tanımı ve Türleri

Yabancı sermaye yatırımı, yatırılabilir kaynakların kişi ve kuruluşlar tarafından başka bir ülkeye taşınmasına verilen ad olarak tanımlanabilir. Yabancı sermaye yatırımı, direkt olabileceği gibi yani bizzat kuruluş ve kişi tarafından bir başka ülkede yapılacağı, gerçekleştirileceği gibi, taşındığı ülkedeki kurulu bulunan bir şirketin yatırımına iştirak şeklinde de gerçekleştirilir (Ekonomi Ansiklopedisi, 1984:1387).

Bir başka deyişle, yabancı sermaye, bir ülkenin karşılığını değişik biçimlerde ileride ödemek üzere başka ülkelerden temin ederek kısa sürede ekonomik gücüne ekleyebileceği mali veya teknolojik kaynaklar olarak tanımlanmaktadır (Akdiş, 1998:1-2). Bu çeşit yatırımlar gelişmiş ülkelerde kurulu teşebbüslerin gelişmekte olan ülkelerde kendilerine bağlı bir şube açmaları veya yeni bir tesis kurmaları şeklinde olmaktadır. Kurulan tesis tamamen yabancı sermaye ile kurulabileceği gibi, yerli teşebbüs ile ortaklık şeklinde de gerçekleşebilmektedir. Kısaca yabancı sermaye, bir ülkedeki mevcut sermaye stokuna başka bir ülkenin sahipliğini ifade etmektedir.

Uluslararası alanda oluşan özel sermaye hareketleri genelde üç grup içinde tanımlanmaktadır. Bunlar kısaca banka kredileri, portföy yatırımları ve doğrudan yabancı sermaye yatırımlarıdır. Bunlara, devletler düzeyindeki resmi akımları da eklemek gerekir; fakat bu türden akımlar konumuzun dışındadır. Günümüzde her bir sermaye hareketinin yönü ve miktarı dünya ekonomisindeki gelişmelere paralel olarak değişebilmekte ve ülke ekonomilerinin üzerinde doğrudan etki edebilmektedir.

OECD'ye göre ise yabancı sermaye, yabancı yatırımcının şirketin dağıtılmayan ve yatırıma tekrar aktarılan kazançlardaki payını, yabancı yatırımcının nakit veya ayni sermaye yoluyla ana şirketten hisse ve borç senetleri (kısa, orta ve uzun vadeli borç senetleri) alımını, yabancı yatırımcının şirkete sağladığı kredileri, yabancı yatırımcının şirketten nakit dışı makine ve üretim hakları alımlarını, yabancı yatırımcının sağladığı ticari ve diğer kredileri, içermektedir (HMYSGM, 2003:11).

Yabancı sermaye yatırımları ikiye ayrılmaktadır (Soytürk, 1998:203):

1.Dolaysız (Doğrudan) yabancı sermaye yatırımları,

2.Dolaylı (Portföy) yabancı sermaye yatırımları.

Doğrudan yabancı sermaye yatırımları, yabancı ülkede mevcut bir firmanın satın alınması, yani kuruluş için sermaye sağlanması yahut sermayenin artırımına iştirak edilmesi şeklinde gerçekleşmektedir (UNCTAD, 1999:465). Başka bir deyişle, yurtdışında yerleşik ekonomik birimlerin başka ülkelerde yaptığı sabit sermaye yatırımları, doğrudan yabancı sermaye yatırımlarıdır. Doğrudan yabancı sermaye yatırımları gelişmekte olan ülkelerde istikrarlı bir büyüme için gerekli unsurlardan bir tanesi olarak değerlendirilebilir.

Portföy yatırımları ise yabancı yatırımcının faiz ve dividant geliri elde etmek için uluslararası sermaye piyasalarından değerli kâğıtlar satın almak suretiyle gerçekleşmektedir (UNCTAD, 1999:465). Dolaylı yabancı sermaye yatırımı olarak gelen yabancı sermaye sıcak para olarak da değerlendirilir. Bu tip sermaye hareketleri kısa vadelidir. Bunun da nedeni, ülkedeki ekonomik ve politik risklerden kaçınma ve kısa vadeli kar elde etme isteğidir. Bu tip yatırımlar bir kriz anında çok çabuk ülkeyi terk edebilir ve çıkan sermayenin büyüklüğüne bağlı olarak krizin boyutunu derinleştirebilir.

Sermayenin kendi ülkesinden çıkıp diğer ülkelere geliş nedenleri arasında ekonomik nedenler oldukça önemlidir. Doğrudan yabancı sermaye yatırımlarının esas amacı, kendi ülkesinden daha fazla kar elde etmek olduğundan, gidecekleri ülkelerin maliyet koşullarını dikkate alarak yatırımlarını gerçekleştirmektedirler.

1.2.1.1. Uluslararası Portföy Yatırımları

Bir ülkenin para ve sermaye piyasaları tarafından çıkarılan, hisse senedi ve tahvil gibi finansal araçların uluslararası sermaye piyasaları tarafından satın alınması yoluyla yapılan yatırımlara portföy yatırımları denmektedir (Salvatore, 2001:400). Portföy yatırımları genellikle kısa bir dönem için faiz ya da temettü kazancı elde etme amacıyla, bankalar ya da yatırım fonları gibi aracı kurumlar vasıtasıyla yapılmaktadırlar.

Uluslararası portföy yatırımları, kısa vadede kar amacı üzerine kurulmuş olmaları nedeniyle ve likiditelerinin yüksek olmasının da etkisiyle, bulundukları ülkedeki ekonomik ve siyasi gelişmelere çok duyarlı olmaktadırlar. Yüksek miktarda uluslararası portföy yatırımı alan ülkeler (özellikle gelişmekte olan ülkeler) her an bir mali krize girme riskini göze almaktadır. Örneğin, kamu finansman açığı yaşayan ülkeler hala yüksek reel faiz politikası izleyerek bu açıkları borçlanma yoluyla kapatmayı seçmektedirler. Yüksek reel faizler kısa süreli yabancı fonların ülkeye girişini özendirmektedir. Yüksek faizlerin çekiciliği ile ülkeye giren fonlar ile geçici bir rahatlama sağlanır (Seyidoğlu, 2003:631). Fakat portföy yatırımları olumsuz beklentiler karşısında kısa sürede ve büyük miktarlarda ülkeyi terk ettikleri için ekonomik dengeleri altüst edip mali krizlere yol açabilirler.

Portföy yatırımlarında yatırımcı sadece finansal olarak katkıda bulunurken, doğrudan yabancı sermaye yatırımlarda ise know-how, teknoloji, yönetim kabiliyetleri, pazarlama teknikleri gibi maddi olmayan katkılarda da bulunur (Serin, 1998:756). Portföy yatırımları (yabancıların yaptığı) genelde kurumsal yatırımcılar tarafından gerçekleştirilirken doğrudan yabancı sermaye yatırımlar ise çok uluslu şirketler tarafından yapılmaktadır.

1.2.1.2. Doğrudan Yabancı Sermaye Yatırımları

Bir şirketin, üretimini ana merkezinin bulunduğu ülkenin sınırlarının dışına yaymak üzere, başka ülkelerde üretim tesisi kurması ya da mevcut üretim tesislerini satın almasına ise doğrudan yabancı sermaye yatırımı denir (Seyidoğlu, 2003:718). Ekonomi literatüründe doğrudan yabancı sermaye yatırımları hakkında bir çok tanım yer almaktadır. Bir tanıma göre doğrudan yabancı yatırımlar, bir ülkede bir firmayı satın almak veya yeni kurulan bir firma için kuruluş sermayesini sağlamak veya mevcut bir firmanın sermayesini artırmak yoluyla o ülkede bulunan firmalar tarafından diğer bir ülkede bulunan firmalara yapılan ve kendisiyle birlikte teknoloji, işletmecilik bilgisi (know-how) ve yatırımcının kontrol yetkisini de beraberinde getiren yatırımdır (Karluk, 2001:100).

Doğrudan dış yatırımlar yoluyla yerli şirketlerin mülkiyetine kısmen veya tamamen sahip olması ve bu şirketlerin yönetiminde söz sahibi olması globalleşen dünyada bir anlamda ülke ekonomisinin dünya ekonomisiyle rekabet halinde olmasını sağlamaktadır.

Doğrudan yabancı sermaye yatırımları temel olarak, yatırım faaliyetlerini birden fazla ülkede sürdüren ve üretimle ilgili kararları bir merkezden alan veya çeşitli yollarla bağlı şirketlerin kararlarını etkileyebilen çok uluslu şirketler tarafından yapılmaktadır. Bu yatırımlar, farklı şekillerde bir ülkeye girebilir: bir ülkeye ya döviz transferi yolu ile ya üretimde kullanılarak makine, teçhizat ve diğer üretim araçları şeklinde ya da lisans, teknik bilgi, know-how gibi gayri maddi haklar olarak girmektedir (Saatçioğlu, 2003:1-2). İşte bu yöntemle bir firma ya merkezi dışındaki bir ülkede yeni bir şirket kurar ya da yurtdışındaki mevcut bir firmayı tamamen veya kısmen satın alır. Bu şekilde, bir ana merkezin yönetim ve denetimi altında, farklı ülkelerde faaliyet gösteren şirketlere çokuluslu şirket adı verilmektedir (Seyidoğlu, 2003:718).

Doğrudan yabancı yatırımlar, çok uluslu şirketler tarafından yapılmaktadır. Dolayısıyla bu iki konu arasında çok yakın bir ilişki vardır. Çok uluslu işletmelerin ana merkezlerine bağlı olarak ve onların denetimi altında dış ülkelerde faaliyet gösteren işletmelere de yabancı sermaye şirketi, bağlı şirket, şube, yavru şirket v.s. gibi isimler verilmektedir. Çokuluslu bir şirket, yabancı ülkede doğrudan sermaye yatırımı yaparken o ülkeye genellikle döviz transfer etmektedir Ana özellik bu olmakla birlikte, bazen ev sahibi ülkeye (yatırım yapılan ülke) döviz girişi olmadan da doğrudan yatırım gerçekleştirilebilir. Bunun bir yolu, yabancı sermayenin ülkeye, üretimde kullanılacak makine, donatım gibi fiziki üretim araçlar biçiminde gelmesidir. Bazen de döviz veya yatırım malı olarak değil, lisans, teknik bilgi ve know-how gibi gayri maddi haklar biçiminde giriş yapabilir.

Ulusal ekonominin yeni global ekonomiye entegrasyonu için önemli bir anahtar olan doğrudan yabancı sermaye ile birlikte yönetim becerisi, know-how ve yeni teknoloji transferi sağlaması ve pazarlama, ihracat ve istihdam olanaklarını artırması nedeniyle, tasarruf açığı olan ve teknoloji üretmekte zorlanan ülkelerin kalkınmasında önemli işlevlere sahip olmaktadır.

Doğrudan yabancı sermaye yatırımları konusuna programlarında yer veren uluslararası organizasyonların başında gelen UNCTAD (Birleşmiş Milletler Ticaret ve Kalkınma Konferansı), doğrudan yabancı sermaye ve çok uluslu şirketlerle ilgili birçok konuda hizmet vermektedir. UNCTAD, bu şirketlerin yapılarına bakarak uluslararası yatırımları teşvik edici ortamın hazırlanması konusunda çalışmaktadır. Çalışma şekli, seminerler ve konferanslar düzenlemek, yayım faaliyetlerinde bulunmak, devletlerarası görüşmeleri organize etmek ve teknik konularda yardımcı olmaktır.

UNCTAD'ın bu konudaki en önemli faaliyetlerinden birisi, her yıl yayımladığı Dünya Yatırım Raporu (World Investment Report-WIR)'dur. 1991 yılından beri yayımlanan ve doğrudan yabancı yatırımlara ilişkin ayrıntılı istatistikleri ve değerlendirmeleri içeren bu raporlar, her yıl önemli bir konuyu da gündemine alıp işlemektedir. Rapor, 2000 yılında "Sınır Ötesi Satın Almalar ve Birleşmeler", 2001 yılında "Yerel Bağların Güçlendirilmesi" ve 2002 yılında "Çok Uluslu Şirketler ve İhracatta Rekabet Edebilirlik" ismiyle yayımlanmıştır (Çalışkan, 2003:1-2).

Doğrudan yabancı yatırımların, çokuluslu şirketler tarafından yapıldığı daha önce ifade edildi. Dolayısıyla, çok uluslu şirketler hakkında bilgi vermek yerinde olacaktır. Çokuluslu şirketler en geniş ölçüde kabul gören tanıma göre, en az iki ülkede üretim ya da ticaret faaliyeti gösteren şirketlerdir (Root, 1997:575). Bir diğer tanıma göre ise bu şirketler, doğrudan yabancı sermaye yatırımlarını gerçekleştiren; birden fazla ülkede katma değer yaratan faaliyetleri kontrol eden ve bu yatırımları yöneten şirketlerdir. Şirketin uluslararasılık derecesi, faaliyet gösterdiği ülke sayısı ile doğru orantılı olmaktadır. Bir şirket ne kadar çok ülkede faaliyet gösteriyorsa, o kadar uluslararasılaşmış denilebilir. Bu şirketler, bir ana merkezi bulunan ve bu merkeze bağlı olarak değişik ülkelerde üretim yapan şubelerden ve bağlı birimlerden oluşan işletmelerdir (UNCTAD, 1999:460). Merkez, şubelerin yönetimini denetler ve adeta bir sinir sisteminin beyni gibi görev yapmaktadır. Dış ülkelerdeki şubeler buna karşılık olarak, elde ettikleri kazançları (tamamını veya bir kısmını) ana merkeze transfer etmektedirler.

Çokuluslu şirketler üretim faaliyetlerini evrenselleştirmiş olan dev kuruluşlardır (Seyidoğlu, 2003:731). Aynı anda birçok ülkede üretim yapmakta, büyük bir sermaye ve teknoloji gücünü temsil etmekte ve çeşitli uyrukta işçi, mühendis ve yönetici çalıştırmaktadırlar. Bu tür işletmeler, bazı yazarlar tarafından XX. yüzyılın ekonomik ve sosyal alandaki en büyük gelişmesi olarak nitelendirilmiştir. Sözü edilen bu işletmelerin yaygınlaşması, özellikle II. Dünya Savaşı sonrasındaki döneme rastlamaktadır. Tarihi açıdan çok uluslararasılaşma, ilk kez Amerikan şirketlerinde ortaya çıkmış ve onu Batı Avrupa ve Japon şirketleri izlemektedir.

Ancak çokuluslu şirketler, kuruluş şekilleri, mülkiyet yapıları ve faaliyet amaçları bakımından önemli farklılık gösterirler. Önce, yukarıda da belirtildiği gibi, bu şirketler ya dışarıda yeni bir şube kurulması veya mevcut bir yerli şirketin satın alınması ya da sermayesinin artırılması yoluyla yayılmaktadırlar.. Ayırıcı özellikleri, yabancı ülkede edinilen şirketin denetimini ellerinde bulundurmalarıdır. Sonra, bu şirketlerin mülkiyet yapıları da farklılıklar gösterebilir. Genellikle yabancı ülkedeki şube mülkiyetinin yüzde 100'üne sahip olmayı arzu etmektedirler. Ancak çoğu durumda ev sahibi ülkenin koydukları kısıtlamalar nedeniyle yerli özel veya resmi şirketlerle ortaklık (joint ventures) kurmak zorunda kalabilirler. Bu ortak girişimler içinde yabancı sermayenin payı yüzde 1'den yüzde 99'a kadar değişebilir (Seyidoğlu, 2003:732). Ayrıca belirtmek gerekir ki, yeni kurulan yabancı sermaye işletmeleri aynı veya farklı ülkelere ait birden fazla çok uluslu şirket tarafından da gerçekleştirilmiş olabilir.

Şirketlerin temel faaliyetleri, daha önce incelendiği üzere büyük bir çeşitlilik gösterir. Bazılarında yurtdışında kurulan şubelerin amacı ana şirketin hammadde ihtiyacını karşılamaktır. Bazıları ise yurtdışındaki ucuz işgücünden veya başka etkenlerden yararlanılarak elde edilen üretimin ana ülke, yerel ülke veya üçüncü ülke piyasalarına pazarlanmasına yönelik olarak faaliyet göstermektedirler.

1.2.2. Yabancı Sermaye Yatırımlarının Ülke Ekonomisi Üzerindeki Etkileri

Yabancı sermaye, küreselleşme eğiliminin artmasına bağlı olarak ortaya çıkan ekonomi politikalarındaki liberalleşme, sermayenin serbest dolaşımı, ticarette serbestleşme ve tüketici alışkanlıklarının birbirine yakınlaşması gibi faktörlerle birlikte gelişmiş ve gelişmekte olan tüm ülkeler için çok önemli bir konu haline gelmiştir. Yabancı sermaye akımlarının toplam hacminde ortaya çıkan artış da yabancı sermayenin kalkınmaya olan etkisinin anlaşılmasında önemli bir rol oynamış ve tüm ülkelerin bu konu üzerinde odaklanmasına neden olmuştur. Süreç içerisinde özellikle sanayi faaliyetlerinin belli bölgelerde yoğunlaşması gerektiği anlayışı ortadan kalkmış, gerek sektörler gerekse işletmeler arasındaki sıkı ilişkiler ve işbirliğine bağlı olarak yabancı sermaye yatırımları hızla artmıştır (Batmaz ve Tunca, 2005:49). Bu gelişmelere bağlı olarak ülke pazarları arasındaki sınırlar neredeyse tamamen ortadan kalkmış farklı ülkelerdeki işletmeler arasındaki artan rekabet, işletmeleri daha kaliteli ürünü daha ucuza üretmenin yollarını aramaya itmiştir. Gelişmekte olan ülkelerin büyük bir kısmında da yabancı sermayenin ülke kalkınmasındaki önemi anlaşılmış olup doğrudan yatırımlar sürdürülen ekonomi politikalarına paralel olarak değişik alanlarda ve farklı sınırlamalarla teşvik ve davet edilmektedir.

Yabancı sermaye yatırımları ekonomistlerce uluslararası bir sermaye hareketi olarak düşünülürdü. Ancak yabancı sermaye yatırımları sermaye yanında, yönetim bilgisi ve teknoloji transferini de beraberinde getirdiğinden diğer sermaye hareketleri türünden farklılık göstermektedir.

Yabancı sermayenin yatırım yaptığı ülke üzerindeki etkileri, çok çeşitli şekillerde ifade edilebilirse de, biz bunları sermaye ve gelir etkisi, ödemeler bilançosu etkisi, teknoloji ve yönetim bilgisi etkisi, tasarruf ve yatırım etkisi, istihdam ve ücretler üzerindeki etki, uluslararası ilişkiler ve diğer etkiler başlıkları altında inceleyeceğiz.

1.2.2.1. Sermaye ve Gelir Etkisi

Yabancı sermaye yatırımlarının bir ülke ekonomisi için en önemli katkısı hiç şüphesiz o ülke ekonomisine yaptığı sermaye aktarımıdır. Tipik olarak gelişmekte olan ülke ekonomisi yapısına bakıldığında karşılaşılan en belirgin özellik sermayenin diğer üretim faktörleri, işgücü ve toprağa nazaran çok daha kısıtlı olmasıdır. Bu kısıtlılığın en önemli nedeni ise yerli sermaye oluşumunun düşük seviyede olması gösterilmektedir (Batmaz ve Tunca, 2005:50-51).

Yerli sermaye oluşumu birincil olarak ülkedeki kişi başına düşen milli gelir ile belirlenir. Gelişmekte olan ülkelerde ise kişi başına düşen milli gelir düşük olduğundan sonuçta sermaye oluşumu da temel olarak kısıtlı kalmaktadır. Kişi başına düşen milli gelir reel olarak arttıkça ülke refahının da arttığı kabul edilir. Kişi başına milli gelirin arttırılması, üretim kapasitesinin genişletilmesiyle bu da her yıl bir öncekine oranla yatırımların arttırılması ile mümkün olmaktadır. Bu ise ancak ekonomide her yıl yaratılan toplam kaynakların belli bir kısmının tüketilmeyerek, tasarruf halinde muhafaza edilmesi ve daha sonra da yatırıma dönüşmesi ile mümkündür. Buna ilaveten yine gelişmekte olan ülkelerde marjinal tüketim eğiliminin gelişmiş ülkelerden daha fazla olması marjinal tasarruf eğiliminin düşük olmasına dolayısıyla yatırım için gerekli sermaye oluşumunun yetersiz düzeyde kalmasına sebep olmaktadır. Gelişmekte olan ülkelerde görülen gelire oranlanmış marjinal tüketim eğiliminin yüksek olmasının iki nedeni vardır. Bunlardan birincisi bahsedilen kişi başına milli gelir düzeyinin zaten düşük olmasıdır. İkinci neden ise gelişmekte olan ülkelerde sosyal mobilizasyonun ekonomik gelişmeden yüksek olmasıdır. Bunun anlamı toplumsal yükseliş taleplerinin mevcut olan ekonomik kapasite ile karşılanamamasıdır (YASED, 1998:25).

Gelişmekte olan ülkeler, geri kalmışlık kısır döngüsünü kırabilmek için yatırımlarını arttırmak zorundadırlar. Ancak yukarıda da belirtildiği gibi yatırımlarını arttırmak için gerekli olan tasarruf birikiminden yoksundurlar. Bu ülkelerin kalkınma süreçlerinde karşı karşıya bulundukları bu tasarruf-yatırım darboğazı veya sermaye yetersizliği bir ölçüde yabancı ülkelerde yapılan tasarrufların ülkeye yatırım olarak çekilmesi ile ortadan kaldırılabilmektedir. Diğer bir deyişle, yabancı sermaye iç tasarruf darboğazını azaltmak için kullanılabilecek önemli bir kaynaktır (Batmaz ve Tunca, 2005:51).

Yabancı sermaye yatırımlarının gerçekleşmesi ile birlikte ülke içindeki üretimde meydana gelecek artış, ülke ekonomisine katkı sağlayacaktır. Ancak yabancı sermaye yatırımının ülke ekonomisine net katkısı, doğrudan yatırımın çıktısından ithal girdilerin düşülmesi ile bulunur. Yerli üretim faktörlerinin fırsat maliyetlerinin de dikkate alınmasıyla yabancı sermaye yatırımlarının net katkısı doğru bir şekilde tespit edilebilir. Bu konuyu biraz daha ayrıntılı bir şekilde açıklayacak olursak; Doğrudan yabancı sermaye yatırımında bulunan şirket üretiminde kullandığı tüm girdileri kendisi üretmemektedir. Bu girdilerden bir kısmı ülke dışındaki diğer şirketlerden sağlanmaktadır. Bu sebeple doğrudan yatırımı gerçekleştiren şirketin hâsılasından, bu şirketin ana şirket ile kendisine bağlı şirketlerden almış olduğu girdileri düşmek gerekecektir.

Yabancı yatırımların toplam faydasını elde etmek için dışsal ekonomilerle dışsal eksi ekonomilerin oluşturduğu dolaylı faydanın da göz önünde tutulması gerekmektedir. Dışsal ekonomik etki, yabancı kuruluşun sağladığı rekabet sayesinde yerli kuruluşların yaratıcı gücünün kamçılanması, verimliliğin ve etkinliğin artmasını teşvik etmesi sonucu milli gelire olan katkısıdır. Bu katkının ortaya çıkabilmesi için yabancı firmaların kullandıkları teknolojiyi yerel firmalara transferine imkan tanımaları gerekmektedir. Eğer yabancı firmalar teknoloji transferini engelleyici davranışlarda bulunurlarsa firmaların ülkeye getirecekleri en önemli katkı sermaye kazançları üzerinden ödeyecekleri vergiler olabilir. Bunun aksine dışsal eksi ekonomiler, yabancı kuruluşun getirdiği sermaye yoğun teknoloji ile işsizlik sorununun çözümünde katkı sağlayamaması, rekabet gücüyle yerli kuruluşların gözünü yıldırması gibi nedenlerle ortaya çıkmakta ve olumlu etkiler bir ölçüde azalmaktadır (Selamoğlu, 1985:54).

Doğrudan yabancı sermaye yatırımlarının yaratmış olduğu fayda üzerinde yapılabilecek son bir açıklamada bu yatırımlarının net geliri üzerinden ev sahibi ülkeye ödemiş olduğu vergiler üzerine olacaktır.

Doğrudan yabancı sermaye yatırımlarının ülke ekonomisine katkıda bulunup bulunmadığı oldukça tartışmalı bir durumdur. Bir görüşe göre, yabancı doğrudan yatırımlar ülkenin ekonomik kalkınmasının ilk dönemlerinde mevcut olmayan üretim faktörlerini ülkeye getirdiği için yararlı olmaktadır. Fakat ülke geliştikçe doğrudan yabancı yatırımlar ülkenin ekonomik büyümesine engel olmaktadır çünkü kalkınma ile birlikte gelişen yerli faktörleri kullanmadığı ve yerli teşebbüslere engel teşkil ettiği savunulmaktadır. Ev sahibi ülke firmaları daha çok emek yoğun teknoloji ile çalıştıkları için, batı teknolojisini kendi ülkelerine adapte etmektedirler. Teknolojiyi kendi koşullarına uyarlama konusunda da diğer büyük çokuluslu şirketler gibi başarı olamamakta ve daha az verimli çalışmaktadırlar. Bu durumda ekonomik büyüme üzerinde ve sermaye birikimi üzerinde bir süre sonra olumsuz etkiler meydana getirebilmektedir. Diğer bir görüşe göre ise, yabancı yatırımlar gelişmekte olan ülkelerin ekonomik kalkınmasında önemli bir rol oynamakta ve kalkınma sürecini hızlandırmaktadır. Yabancı şirketler ülkeye teknoloji transfer etmekte, ülke pazarının yapısını değiştirerek rekabeti arttırmakta, yetişmiş yönetici ve işgücü sağlamakta, dolaylı ve dolaysız bir biçimde istihdam olanakları yaratmakta, ülke içi ücretleri yükseltmekte ve dış ticaret hadlerini iyileştirmektedir. Teorik olarak tam rekabet şartlarında, doğrudan yatırımın sermayenin azalan marjinal geliri dolayısıyla ev sahibi ülke ekonomisine olan katkısının, yatırımcının ülkeden çıkardığı ekonomik değerden mutlaka fazla olması gerekmektedir. Ev sahibi ülke ekonomisinde yabancı yatırımların artması sermayenin marjinal ürününü düşürecektir. Bu sebeple, daha önce yapılmış olan bütün yabancı yatırımların net gelirinin düşmesi de kaçınılmaz olacaktır (Karluk, 1983:24).

1.2.2.2. Ödemeler Bilançosu Etkisi

Yabancı sermaye yatırımlarının ödemeler dengesi üzerindeki etkileri konusunda çeşitli fikirler ileri sürülmüştür. Önce, yabancı sermaye yatırımcısının ülkeye ilk gelişinde bir defaya mahsus olarak getirdiği yatırım sermayesi ödemeler dengesi üzerinde olumlu etki yapar, ancak bu geçici bir durumdur. Çünkü, bu şirket üretimini durdurduğunda getirdiği sermayeyi dışarıya çıkaracaktır. Ayrıca yabancı sermayeli şirketin üretim faktörleri ve ara malları ithalatı, ödemeler dengesini olumsuz olarak etkileyecektir.

Bunun yanında yabancı sermayenin ödemeler dengesine olumlu katkıları olacağı da belirtilmektedir (Akdiş, 1988:11). Bu etki yabancı sermayeli şirketlerin ihracat olanaklarının fazla olması ile orantılıdır. Uluslararası piyasalardaki etkinlikleri ile yabancı sermayeli şirketler ülke ihracatının artmasını sağlamaktadırlar. Bu suretle ödemeler dengesi üzerinde kar transferinden doğan olumsuzluğun da etkilerini azaltmaktadırlar. Yabancı sermayeli şirketler, kendileri ihracat yapmasalar bile üretim kapasitesini arttırarak yerli müteşebbisi ihracata zorlamaktadırlar ki, bu daha çok tercih edilen bir durumdur.

Gelişmekte olan ülkelerde yabancı sermayeden ev sahibi ülkenin beklentilerinden birisi, ödemeler dengesinde bir iyileşme yaratılmasıdır. Bir başka deyişle yatırım yapan firmanın, ticaret açığının kapatılmasında ve ayrıca döviz girişinde pozitif bir etkisinin olmasıdır. Bunun için firmaların ihracat ithalat sonuçlanma, sermaye girişlerine ve çıkışlarına bakmak gerekir.

Fabrika kurmak için ev sahibi ülkeye gelen doğrudan yatırım sermayesi bir defaya mahsus olmak üzere ev sahibi ülkenin ödemeler dengesine olumlu bir etkide bulunur. Yatırım, üretime başladığı zaman gerek ihracat yoluyla ve gerekse ithal ikamesi şeklinde ödemeler dengesine katkıda bulunmaya devam eder. Ancak yüksek gümrük duvarları ve kotalarla korunan geniş bir iç pazara sahip ülkelere yapılan yatırımlar genelde iç piyasa hedefi olmakta ve ihracat yüzdesi bu durumda düşük kalmaktadır. Bunun yanı sıra eğer iç pazar çok cazip değil, ülke ekonomik olarak iyi entegre olmuş ve ucuz işgücü gibi bazı karşılaştırmalı avantajlar sunuyorsa bu durumda yüksek ihracat yüzdeleri gerçekleşebilmektedir. Bunların yanı sıra yabancı sermayeli şirketler, kendileri ihracat yapmasalar bile üretim kapasitelerini arttırarak yerli müteşebbisi ihracata zorlamaktadırlar ki bu daha çok tercih edilen bir durumdur (YASED, 1998:74).

Diğer taraftan doğrudan yatırımı gerçekleştiren şirket, hammadde ve diğer girdileri üretimini devam ettirebilmek için ithal etmek zorundadır. Bu ithalat şüphesiz ev sahibi ülkenin ödemeler dengesinde olumsuz bir etki yaratır.

Çokuluslu şirketler, yerel piyasada üretilmiş hammaddelerin ihracatında yerel firmalardan daha avantajlıdır, çünkü piyasa becerileri, dış piyasalardaki iş bağlantıları, ileri teknolojileri ve know-how'ları daha gelişmiştir. Özellikle bu varlıklardan yoksun olan gelişmekte olan ülkeler için, ihracatlarını arttırmak istemeleri durumunda yabancı yatırımlar alternatiflerden birisini oluşturmaktadır. Ülkelerin ithal ikarneci endüstriden ihracata dönük endüstriye dönmesi durumunda da benzer çokuluslu şirket avantajları önemlidir. İhraç mallarının üretilmesi yaygınlaştırılmak isteniyorsa, çokuluslu şirketler serbest ticaret için önemli bir faktör olabilir. Korumacı bir rejime sahip ülkelerde doğrudan yabancı yatırımların artması ülke içindeki sermaye verimliliği hatta kamu sektöründeki verimliliği arttırmakta, bu durumda ülkenin ihracatını ve ödemeler dengesini pozitif yönde etkilemektedir (Aizenman, 1997:4-9). Fakat bunun yanında çokuluslu şirket yatırımlarının karlılığı korumacı bir piyasanın varlığını gerektiriyorsa, çokuluslu şirketler gelişmekte olan ülkelerdeki korumacılığı desteklemede istekli olacaklardır.

Yabancı sermaye yatırımlarının ödemeler dengesi üzerindeki olumlu etkisinin süreklilik kazanabilmesi için, yabancı sermayenin uzun dönemde döviz kazandırıcı özelliğini koruması gerekir. Aksi takdirde yatırımların ithal girdilere bağımlı olması ve transferlerin getirilen sermayeyi aşması durumunda olumsuz etkiler ortaya çıkar. Bu olumsuz etkilerin en aza indirilebilmesi için ev sahibi ülke bazı tedbirler alabilir, örneğin elde edilen karların yeni yatırım alanlarına yönlendirilmesini teşvik edebilir.

Kısa dönemde doğrudan yabancı yatırımlar ödemeler dengesinde bir açığa sebep olabilir. Buna yol açan sebep, ev sahibi ülkedeki üretim faktörlerinin yeteri kadar mobiliteye sahip olamamasıdır. Ekonomi, yabancı sermayeli şirket için gerekli olan döviz harcamalarını finanse etmek için ihracat sağlayabilmek amacıyla yurtiçi pazar üretimden ihracat üretimine veya ithal ikamesine hemen kayamaz. Kısa dönem boyunca yabancı şirketin faaliyetleri sebebiyle mal ve hizmet ithalatında net bir artış meydana gelebilir. Bu durumda ödemeler dengesinde bir açık yaratır. Bu durum ev sahibi ülkenin yapısal katılığından meydana gelebilir ve bu katılık ödemeler dengesine uyumu önleyebilir. Diğer bir deyişle yabancı sermayeli şirket kendisinin milli hâsılaya olan katkısından daha fazla tüketimde bir artış meydana getirebilir. Bu nedenlerle gelişmekte olan ülkelerde yabancı sermaye yatırımlarının değerlendirilmesinde yatırımların ödemeler dengesine etkisi konusuna büyük ağırlık verilmekte, ithal ikamesi sağlayacak ve ihracata yönelebilecek yatırımlar istenmektedir. Ancak bu ülkelerin kısa vadeli ödemeler dengesi sorunlarının ağırlık taşıması sonucu genellikle yatırımların kısa dönemli etkilerine öncelik verilmektedir. Kısa dönemde ödemeler dengesi yönünden kazançların maksimizasyonunu amaçlayan teşvik uygulamasında ise yatırımların uzun dönemde tüketim kalıplarında ve sanayinin yapısında ortaya çıkaracağı olumsuz etkiler gözden kaçırılabilmektedir (Batmaz ve Tunca, 2005:57).

Özetle, yabancı sermayeli şirketler kar transferi, yatırım ve ara malı ithali ile ödemeler bilançosuna yaptıkları olumsuz etkileri, üretim kapasitesi ve ihracattaki kabiliyetleri ile giderebilme özelliğine sahip bulunmaktadırlar. Ayrıca sağladıkları ithal ikamesi ile de döviz kazandırıcı işlev görmektedirler (Bozkurt, 1985:9).

1.2.2.3. Tasarruf ve Yatırım Etkisi

Ülkelerin refaha ulaşmalarının ölçütü olarak fert başına düşen milli gelir kullanılmaktadır. Fert başına düşen mili gelir, reel olarak arttıkça ülke refahının da arttığı kabul edilir. Fert başına milli gelirin arttırılması üretim kapasitesinin genişletilmesiyle, bu da her yıl bir öncekine oranla yatırımların arttırılması ile mümkün olmaktadır. Bunun anlamı ekonomide her yıl yaratılan toplam kaynakların belli bir kısmının tüketilmeyerek yatırımlara ayrılması demektir. Bu yatırımlara ayrılan kısım ekonominin gerçek tasarruflarını oluşturur.

Toplam yurtiçi tasarruflar iki yolla artabilir. Bunlardan birincisi, özel tasarrufların arttırılması; ikincisi ise kamu tasarruflarının arttırılmasıdır. Gelişmekte olan ülkelerin handikabı buradadır (Akdiş, 1998:8). Çünkü bu ülkelerde fert başına gelir düşüktür. Düşük gelir düzeylerinde marjinal tasarruf eğilimi de düşüktür. Bu nedenle artan gelir artan nüfus tarafından emilmekte ve tasarruflar önemli ölçüde artmamaktadır. Teşebbüs tasarrufları ise kısa sürede olağanüstü sonuçlar verememektedir.

Gelişmekte olan ülkeler geri kalmışlık kısır döngüsünü kırabilmek için yatırımlarını arttırmak zorundadırlar. Yatırımlarını arttırmak için gerekli tasarruf birikiminden ise yoksundurlar. Bu ülkelerin kalkınma süreçlerinde karşı karşıya bulundukları bu tasarruf yatırım darboğazı veya sermaye yetersizliği bir ölçüde dışarıdan ülkeye yapılacak tasarruflar ile ortadan kaldırılabilir. Diğer bir deyişle yabancı sermaye iç tasarruf darboğazını genişletmek için kullanılabilecek önemli bir kaynaktır. Bu sermaye yetersizliğini hibe veya dış borç temini ile gidermek düşünülebilir. Ancak, ülke bakımından, hibenin politik, dış borçların da ekonomik sonuçları bu tür sermaye transferlerini yabancı sermayeye göre daha az çekici yapmaktadır.

1.2.2.4. Teknoloji ve Yönetim Bilgisi Etkisi

Çokuluslu şirketler dünyadaki araştırma ve geliştirme faaliyetlerinin büyük bir çoğunluğunu yerine getirmekte ve ileri teknolojilerin büyük bir kısmını kontrolleri altında bulundurmaktadırlar. AR-GE faaliyetleri ve teknoloji birkaç ana ülkede yoğunlaşmış iken çokuluslu şirketlerin yatırımları, üretimleri ve istihdam birçok gelişmiş ve gelişmekte olan ekonomilere ve endüstrilere yayılmış durumdadır.

Çokuluslu şirketlerin üretimleri ve modern teknolojiye sahip oldukları bilinmesine rağmen, çokuluslu şirket teknolojisinin uluslararası sınırlar arasında nasıl yayıldığı ve bu süreçte çokuluslu şirketlerin oynadığı rolün ne olduğu tam olarak bilinmemektedir. Teknoloji birbirinden farklı birçok yoldan yayılabilmektedir. Çokuluslu şirketlerin teknolojisi yeni kullanıcılara formal piyasa işlemleri (transfer) aracılığıyla yayılabileceği gibi informal bir şekilde piyasa dışı kanalların devreye girdiği, gönüllü ya da gönülsüz bir şekilde de yayılabilir.

Doğrudan yabancı sermaye yatırımları, teknoloji transferinin bir diğer kanalıdır. Doğrudan yabancı sermaye yatırımlarını araç-gereçlerin satımından ya da dışarıya lisans verilmesinden ayıran şey, çokuluslu şirketlerin teknolojinin sahipliği ve kontrol yetkisini ellerinde tutmayı tercih etmiş olmalarıdır. Çokuluslu şirketlerin ve ev sahibi ülkelerin teknoloji transferinden beklediği amaçlar birbirinden farklıdır. Teknoloji kullanıcıları, bu teknolojileri mümkün olduğu kadar düşük fiyatla elde etmekle ilgilenmektedirler. Çokuluslu şirketler ise sahip oldukları taşınamaz varlıklarını ve diğer avantajlarını korumak amacındadırlar. Söz konusu teknoloji özellikle modern ve kompleks bir yapıda olduğu zaman çokuluslu şirketler sızıntıları engellemek amacıyla şirket birleşmelerinden ziyade tamamen kendi şirketlerini kurma yoluna gitmektedirler (Batmaz ve Tunca, 2005:60).

Teknolojik ilerleme ve gelişme, büyük çapta araştırma ve geliştirme harcamalarını gerektirmektedir. Bu nedenle teknolojik yenilikler çok uluslu ve uluslar ötesi şirketler tarafından yapılmaktadır. Gelişmekte olan ülkelerin ileri sanayi ülkeleri ve çokuluslu şirketlerin elinde olan bu teknolojik avantajı ülkelerine çekebilmesi iki yolla mümkün olmaktadır (Karluk, 1983:34):

1. Teknik bilginin lisans anlaşmaları, teknik yayımlar, ticaret resmi ve teknik yardım programları ve diğer haberleşme araçları ile,

2. Özellikle yabancı sermayeli şirketler tarafından gerçekleştirilen doğrudan yatırımlar sayesinde yatırım yapılan ülkeye yeniliğin bizzat şirket tarafından getirilmesi ile.

Birinci yolla teknoloji ithali ülkelere daha pahalıya mal olmakta, geçmişte ülkelerin bu şekilde dışarıya ödedikleri meblağ 1,5 milyar dolara ulaşmış ve bu ülkelere giden yabancı sermayenin yarısından fazlasını oluşturmuş bulunmaktadır (Karluk, 1983:35).

Bu durumda ciddi yabancı sermaye yatırımları ileri teknolojinin transferi konusunda önemli bir kanal olarak ortaya çıkmaktadır. Yeni üretim konularında, ekonomik büyüklükte sanayi yatırımlarının gerçekleştirilmesi ve üretimlerinin sürdürülmesinde, dünya ülkelerinde mevcut en ileri teknolojinin transferi ve teknolojik gelişmelerin sürekli olarak uygulanması ve ülkeye aktarılmasında yabancı sermaye olanaklarından geniş ölçüde yararlanmak mümkündür (Uras, 1979:48).

Yabancı sermaye yatırımlarının gittikleri ülkelere geri teknolojilerini götürdüğü ve çokuluslu şirket aracılığı ile teknolojinin transfer edilemeyeceği söylenmesine rağmen bu transferin ve teknolojik gelişmenin gelişmekte olan ülkelerce nasıl elde edilebileceği konusunda tutarlı öneriler getirilememektedir. Ve genelde yabancı sermayeli şirketlerin uluslararasında yeni teknolojilerin yayılmasına katkıda bulunduğu, üretimin gerektirdiği teknolojiyi, üretim yaptıkları ülkeye getirmek zorunda oldukları belirtilmektedir. Ancak bu konuda yabancı sermaye yatırımlarının yapıldığı ülke idarecilerinin de aktif ve basiretli bir tutum izlemesi gerekli olmaktadır (Akdiş, 1988:9-10).

Yatırım yapan yabancı sermayeli kuruluşlar yabancı sermayeli kuruluşlar ve teknik bilgi ile birlikte çoğunlukla yönetici ve üst seviyede teknisyen niteliğindeki personeli de yatırım yapılan ülkeye getirmektedir. Gelişmekte olan ülke açısından yabancı sermayenin esas katkısı bu noktada olmaktadır. Bu ülkelerdeki müteşebbisler yapmayı bilmedikleri bazı şeyleri onlarla beraber iş yaparak onlardan öğrenmektedir. Yabancı sermaye bankacılık, ihracat, üretim ve teknoloji konusundaki yönetim ve işletmecilik bilgisini de yaygınlaştırmaktadır. Çünkü sadece teknolojinin transferi yeterli olmamakta bu teknolojinin ülke şartlarına adaptasyonu ve uygulanacak teknik ve idari kadronun yetiştirilmesi de önem taşımaktadır. Yabancı sermayenin bu konuda da yardımları olmaktadır (Uras, 1979:42).

Yabancı sermayeli kuruluşların teknoloji transferi ve yönetim bilgisi etkisini sadece doğrudan etki şeklinde sınırlandırmamak gerekmektedir. Çoğu defa yabancı sermaye ile gelen teknoloji milli kuruluşlarca öğrenilerek üretime uygulanmakta yönetim ve işletmecilik bilgileri de yerli müteşebbislere rehberlik etmektedir.

1.2.2.5. İstihdama Etkisi

Hızlı nüfus artışları, teknolojik değişmeler nedeniyle kol gücüne olan ihtiyacın azalması, niteliksiz elemandan çok nitelikli elemanların istihdam edilmesi, eğitim ve fırsat eşitliğinin bulunmaması ve özel sektör ile kamunun yanlış tutumları sonucu işsizlik, gündemin en üst sıralarında bulunmaya devam etmektedir.

Ekonomik büyüme, potansiyel kaynakların ve imkânların çokluğunun değil, bunların üretimde görev almalarının fonksiyonudur. Bu bakımdan özellikle gelişmekte olan ülkelerde, işsizlik oranlarının düşürülmesinde yabancı yatırımların katkısı olumlu olmakta ve potansiyel kaynaklar devreye girmektedir. Ayrıca yatırımların dolaylı etkisi yeni iş alanları oluşturmakta bu da istihdama imkân sağlamaktadır. Çokuluslu şirketlerin azgelişmiş ülkelerde, ucuz işgücünden yararlanmak için yaptığı yatırımlar bu çerçevede olmaktadır.

Yabancı sermaye ile birlikte, üst düzey yöneticileri de yatırım yapılan ülkeye gitmekte, ancak gerekli diğer işgücü yerli kaynaklardan karşılanmaktadır. Büyük bir işsiz potansiyeline sahip azgelişmiş ülkeler açısından, bu işsizliği giderecek yatırımların kendi kaynakları ile gerçekleştirecek imkânlar yetersiz olduğundan, yabancı sermaye yatırımları istihdam açısından elverişli bir durum yaratmaktadır. Bunun örnekleri vardır. İrlanda'da 1960 ve 1982 yılları arasında yapılan yabancı sermaye yatırımları 82.000 İrlanda'lıya iş imkânı sağlamıştır (Akdiş, 1988:11).

Aksi halde, sanayileşmiş ülkelere doğru bir emek göçü başlayabilir. Oysa bugün, çoğu ülkenin buna razı olacağı söylenemez, hem razı olsalar bile, bu durumun toplumsal ve kültürel açıdan her iki ülke için birçok sakıncaları beraberinde getireceği söylenebilir. Bir ülkenin kendi vatandaşını dışarıda iş arayacak durumda bırakması egemenlik adına sıkıntı verici olarak yorumlanabilir.

1.2.2.6. Uluslararası İlişkiler Etkisi

Günümüzde teknolojik gelişme ve iletişim araçlarında meydana gelen değişmelerle dünya önemli ölçüde küçülmüş, sermaye akımları hızlanmış ve ekonomik olaylar hemen herkes tarafından dikkatle izlenmeye başlanmıştır. Aynı zamanda ekonomi, en etkili güç haline gelmiştir. Yabancı sermayeyi gerçekleştiren çok uluslu firmaların dünya üzerindeki nüfusu ise inkâr edilememektedir. İşte bu ekonomik gücün bir ülke konusundaki fikir ve telkinleri, o ülkenin uluslararası ilişkilerinde kolaylıkların doğmasını sağlamaktadır.

Bireylerin olduğu kadar toplumlararası ilişkilerin de temel belirleyici özelliği; paylaşım kavgasında en çok payı almaktır. Bu savaşta bireysel ve toplumsal hareketler önemini kaybetmektedir. Bunun yerini bireyler arasında, sınıf ve meslek ayırımları gibi gruplaşmalar olmaktadır. Ülkeler arasında da bölgesel, kültürel ve üretilen mal bazında oluşturulan birlikler gibi birleşme organizasyonları almaktadır. Ülkeler arasındaki birleşme hareketlerinin nedenleri; iktisadi güç sağlama ve güvenlik çemberi oluşturarak birlik dışına tek vücut olarak görünmektir. Önemi gittikçe artan birliklere üye olmayı istemeye karar vermekle üyeliğe kabul edilmek kolay gerçekleşmemektedir. Bir birliğe üye olmak, tüm konularda ortak düşünce ve yapıyı gerekli kılmaktadır. Bu ortak düşünce ve yapıyı sağlamadaki en önemli faktörlerden biri de yabancı sermaye yatırımlarıdır. Bu yatırımlar sadece bir sermaye transferi değil, hatta sosyo-kültürel düşünce bakımından da değişmeler transfer etmektedir.

Çokulusluluk niteliğini kazanmış bulunan ve farklı ülkelerde, farklı endüstri dallarında faaliyet gösteren dev tekeller, gerek kaynaklandıkları ülke hükümetlerinin ve gerekse az gelişmiş ülke hükümetlerinin politikalarını dolaylı ve dolaysız yollarla belirlemeleri ile yabancı sermayenin uluslararası ilişkilerdeki önemini göstermektedir.

1.2.2.7. Diğer Etkiler

Yabancı sermayenin olumlu ve olumsuz daha birçok etkilerini ayrı ayrı sıralamak mümkündür. Yabancı sermayeli şirketlerin uluslararası özel mülkiyete dayanan serbest rekabet düzenini, gittiği ülkede bir temel düzen olarak kabul edip, yürürlükte bırakılmasını sağlamak için çaba gösterecekleri bunlardan önem taşıyanıdır (Bulutoğlu, 2000:42). Yabancı sermayeye değer yargılı bakmanın gerisinde yatan sebepte bu olsa gerektir. Ayrıca yabancı sermaye sosyo-kültürel kurum ve değerleri çağdaş yönde olmak üzere değiştirmektedir.

Olumlu ve olumsuz etkilerin sayısını çoğaltmak ve bunlara bir takım deliller de bulmak mümkündür. Ancak mevcut koşullar altında zengin ülkeler ile pek çok fakir ülke arasındaki büyüyen eşitsizliği yenebilmenin sadece iki yolu vardır. İşsizlik ve istihdam durumundaki gelişmekte olan ülkelerden sanayileşmiş olanlara doğru bir emek hareketi veya endüstrileşmiş olanlardan gelişmekte olanlara doğru bir sermaye ve işletmecilik hareketi. Uzun dönemde birinci yaklaşım, endüstrileşmiş ülkelerde bir yabancı düşmanlığının patlaması sonucunu ortaya çıkarabilir. İkinci yaklaşım ise, menfaatlerimiz, gelecek hakkındaki beklentilerimiz ve huzurumuz için tutarlı bir seçenektir (Rostow, 1975:112). Bu seçeneği iyi değerlendirmek ve yabancı sermayeden en çok faydayı sağlamaya çalışmak gerekmektedir.

1.2.3. Yabancı Sermaye Yatırımlarını Etkileyen Faktörler

Bir sermayenin, diğer bir ülkeyi kalkındırmak, yaşam standardını yükseltmek amacıyla, ait olduğu ülkeden çıkıp diğer bir ülkede yatırıma dönüşmesinin çok çeşitli nedenleri vardır. Üretimin önemli bir unsuru olan sermayenin sağlanması ülke içi kaynaklardan sağlanamıyorsa diğer ülkelerde bol olan sermaye kaynaklarına başvurularak üretim gerçekleştirilir. Gelişme seviyeleri farklı olan ülkeler arasında sermayenin getirisi de farklılık gösterir. Bu farklılık sermayenin getirisinin azalmaya başladığı ülkeden, getirinin yüksek olduğu ülkeye doğru bir sermaye akışına neden olur (Algan, 1998:97).

1.2.3.1. Doğrudan Yabancı Sermaye Yatırımları Etkileyen Faktörler

Doğrudan yabancı sermaye yatırımları, ev sahibi ülkeye yaptığı katkılardan dolayı kalkınmanın motoru olarak görülmektedir. Bu nedenle hem gelişmiş hem de gelişmekte olan ülkeler doğrudan yabancı sermaye yatırımlarını daha fazla çekme çabasındadırlar. Bu durum ev sahibi ülkeler arasındaki rekabeti arttırarak, doğrudan dış yatırımların ev sahibi ülkelere yönelmesinde talep cephesi belirleyenlerinin öne çıkmasına neden olmaktadır. Ancak doğrudan yabancı sermaye yatırımları hem ev sahibi ülkeye ilişkin talep cephesi faktörleri hem de kaynak ülkeye ilişkin arz cephesi faktörleri tarafından belirlenmektedir. Yani doğrudan yabancı sermaye yatırımlarının yapılabilmesi için kaynak ülkenin bazı itici faktörlere, ev sahibi ülkenin de bazı çekici faktörlere sahip olması gerekmektedir. Kaynak ülkenin itici faktörlerinden en önemlisi beklenilen karlılık seviyesidir ancak yatırım kararı alınırken sadece karlılık seviyesini göz önüne almak yeterli olmaz, diğer itici faktörler de dikkate alınmalıdır (Candemir, 2009:660). Bunun yanı sıra doğrudan yabancı sermaye yatırımlarının hangi ülkede yapılacağı ise ev sahibi ülkeye ait politik, ekonomik ve yerel bazı belirleyenlere yani ülkenin çekici faktörlerine bağlı olmaktadır.

Yabancı yatırımların oluşmasında temel faktörler bu noktada ikiye ayrılabilir (Batmaz ve Tekeli, 2009:19): Yatırımcı ülkeyi yapmaya iten faktörler ve yatırım için seçilecek ülkeyi yatırım için cazip kılan faktörleri Kutal ve Glassman (1982); itici ve çekici güçler olarak nitelendirdikleri bu faktörleri şu şekilde sıralamışlardır.

Tablo-1: Doğrudan Yabancı Sermaye Yatırımlarını Belirleyen Çekici ve İtici Güçler

	Yatırımcı Ülkenin İtici Güçleri	**Ev Sahibi Ülkenin Çekici Güçleri**
Kutal	*İç piyasa koşullarının yetersizliği *Mevcut pazarları muhafaza endişesi *Üretilen malların uluslararası niteliği *Yatırımcı ülkede ücretlerin yüksek, diğer sosyal hakların gelişmiş olması *Yatırımcı ülkenin vergi mevzuatı *Yatırımcı ülkenin yeniden ithal kolaylıkları sağlaması	*Geniş bir pazara sahip olma *Ev sahibi ülkenin himayeci tedbirleri *Ev sahibi ülkede işgücünün ucuz olması *Kamu otoritelerince sağlanan avantajlar

	*Yatırımcı ülkede üretimin daha rasyonel işletmecilik uygulamasına imkan vermemesi	
Glassm an	*Teknoloji, marka ve benzeri firmaya özgü avantajlar *İçselleştirme avantajları *Oligopolcü tepki *Dış ticaret politikası	*Ucuz enerji, doğal kaynaklar ve benzeri bölgesel avantajlar *Yatırım, vergi, altyapı teşvikleri ve benzeri politik bölgesel avantajlar

Kaynak: Batmaz ve Tekeli, 2009: 20.

Aynı zamanda UNCTAD'ın 1998 yılı Dünya Yatırım Raporunda; doğrudan yabancı sermaye yatırımlarını etkileyen faktörlere ilişkin yaptığı analizlerde de ortak bir takım görüşlerin savunulduğu görülmekte olup, Tablo-2'de buna ilişkin bir analize yer verilmiştir.

Tablo-2: Doğrudan Yabancı Sermaye Yatırımlarını Etkileyen Faktörler

<table>
<tr><th>Faktör Grupları</th><th colspan="2">Ev Sahibi Ülkelerdeki Faktörler</th></tr>
<tr><td>I.Politik Faktörler</td><td colspan="2">• Ekonomik, politik ve sosyal istikrar,
• Yabancı yatırımlara ilişkin uluslararası anlaşmalar,
• Vergi politikası,
• Ticaret politikası, ticaret politikası ve DYS yatırımlarının tutarlılığı,
• Özelleştirme politikası,
• Piyasaların yapısı ve işleyişine ilişkin politikalar (özellikle; rekabet ve şirket satın ve birleşme politikaları),
• Yabancı iştiraklerin anlaşma standartları.</td></tr>
<tr><td>II.Yatırım Ortamına İlişkin Faktörler</td><td colspan="2">• Yatırımların promosyonu (imaj yaratılması, ülkenin pazarlanması vb.)
• Yatırım teşvikleri
• Maliyetler (rüşvet, bürokratik etkinlik vb)
• Yatırım sonrası hizmetler
• (Yaşam kalitesi vb.) Sosyal etkenler</td></tr>
<tr><td rowspan="3">III.Ekonomik Faktörler</td><td>Yatırım Stratejileri</td><td>Faktörler</td></tr>
<tr><td>Pazara yönelme</td><td>• Pazar büyüklüğü ve kişi başına milli gelir.
• Piyasanın büyümesi.
• Bölgesel ve küresel piyasalara giriş imkanları.
• Tüketici tercihleri.
• Piyasaların yapısı.</td></tr>
<tr><td>Kaynağa/stratejik varlığa yönelme</td><td>• Hammaddeler
• Düşük ücretli vasıfsız işgücü
• Vasıflı işgücü</td></tr>
</table>

		• Fiziki altyapı (havaalanları, enerji, yollar ve telekomünikasyon) • AR-GE • Teknolojik, yenilikçi ve diğer yaratılmış varlıklar (markalar vb.)
	Etkinliğe yönelme	• Kaynakların/varlıkların maliyeti ve işgücünün verimliliği • Diğer girdilerin maliyeti (iletişim, ara mallar,) • Bölgesel entegrasyon anlaşmasına üyelik, ölçek ekonomisi.

Kaynak: UNCTAD, 1998:91.

Tablo-2'de sunulan faktörlerin her birinin etkinliğini belirlemek mümkün değildir. Bundan dolayı, aşağıdaki kısımda bazı ekonomik faktörlerin ne derece etkin oldukları incelenmiştir. Bunun için, öncelikle, söz konusu ekonomik faktörlerin etkinliğini belirlemeyi amaçlayan çalışmalar, aşağıdaki Tablo-3'de toplu olarak sunulmuştur.

Tablo-3: Doğrudan Yabancı Sermaye Yatırımlarının Belirleyicilerinin Etkileri

Potansiyel Belirleyiciler	**Farklı Çalışmalarda DYS Yatırımlarına Etkileri**		
	Pozitif	**Negatif**	**Önemsiz**
1. Piyasa Hacmi	Bandera & White (1968); Schmitz & Bieri (1975); Swedenborg (1979); Rott&Ahmed (1979); Dunning (1980); Lunn (1980); Kravis & Lipsey (1982) Nigh (1985); Papanastassiou & Frey (1985) Culem (1988); Pearce (1990); Wheeler & Mody (1992); Sader (1993); Tsai (1994); Shamsuddin (1994); Billington (1999); Pistoresi (2000)		

2. İşgücü Maliyeti	Caves(1974) Swedenborg (1979) Nankani (1979) Wheeler&Mody (1992)	Goldsbrough (1979) Saunders (1982) Flamm (84) Culem (1988) Schneider&Frey (1985) Shamsuddin (1994) Pistoresi (2000)	Owen (1982) Gupta (1983) Lucas (1990) Rolfe&White (1991) Sader (1993) Tsai (1994)
3.Ticaret Engelleri	Schmitz&Bieri (1972) Lunn (1980)	Culem (1988)	Beaurdeau (1986) Blonigen & Feenstra 1996
4. Büyüme Oranı	Bandera & White (1972) Lunn (1980) Schneider & Frey 1985) Culem (1988); Billington (1999)		Nigh (1988) Tsai (1994)
5.Açıklık	Kravis&Lipsey(1982) Culem(1988); Edwards(1990) Pistoresi(2000)		Schmitz & Bieri (1972) Wheeler & Mody (1992)
6. Bütçe Açığı	Culem(1988); Tsai (1994); Shamsuddin (1994)	Schneider&Frey (1985) Torissi(85);Lucas (1993), Hein(1992);Dollar(1992) Pistoresi (2000)	
7.Döviz Kuru	Edwards(1990)	Caves(1988) Contractor (1990) Froot & Stein (1991) Blonigen & Feenstra1996)	Calderon & Rossell (1985) Sader (1991) Blonigen (1997) Tuman & Emmert (1999)
8.Vergi	Swenson(1994)	Hartman (84) Kemsley (88); Barrel & Pain (1988) Grubert & Mutti (1991) Hines & Rice (1994) Loree & Guisinger (1995) Guisinger (95); Cassou (97) Billington (1999)	Wheeler & Mody (1992) Jackson & Markowski 1995 Yulin & Reed (1995) Porcano & Price (1996)

Kaynak: Chakrabati, 2002: 54.

Tablo-3'de dikkati çeken en önemli nokta, piyasa hacmi ile ilgili çalışmalara ilişkindir. Piyasa hacmi ile ilgili olarak yapılan araştırmaların sonuçları aynı yöndedir. Diğer belirleyici faktörlerle ilgili çalışmaların bulgularına göre, söz konusu faktörlerin doğrudan yabancı sermaye yatırımları üzerindeki etkilerine ilişkin, karşıt sonuçlara ulaşılmıştır.

Doğrudan yabancı sermaye yatırımlarını belirli ülkelere çeken ya da belirli ülkelere akışını engelleyen faktörler bulunmaktadır. Bunların arasında yaygın olarak kabul edilenler; piyasa hacmi, işgücü maliyeti, döviz kuru, enflasyon, ekonomik büyüme, açıklık, vergiler, hammadde kaynakları, yatırım teşvikleri ve altyapıdır. Değinilen ekonomik faktörlerin yanı sıra, politik ve yatırım ortamını ilgilendiren (psikolojik, sosyal ve kültürel gibi) başka faktörler de vardır (Gövdere, 2003:1).

1.2.3.1.1. Ekonomik Faktörler

Sermayenin kendi ülkesinden çıkıp diğer ülkelere geliş nedenleri arasında ekonomik nedenler oldukça önemlidir. Dolaysız yabancı sermaye yatırımlarının amacı, kendi ülkesinden daha yüksek kar elde etmek olduğundan, gidecekleri ülkelerin maliyet koşullarını dikkate alarak yatırımlarını gerçekleştirirler (İlkin,1981:206).

Doğrudan yabancı sermaye yatırımlarında önem verilen bir başka faktör ülkelerin içinde bulundukları ekonomik koşulladır. Bir ülkedeki piyasa hacmi, işgücü maliyeti, döviz kuru, enflasyon, ekonomik büyüme, açıklık, vergiler, hammadde kaynakları, yatırım teşvikleri ve altyapı gibi ekonomik belirleyenler yatırımın yapılacağı yerin seçilmesinde etkili olmaktadırlar.

1.2.3.1.1.1. Piyasa Büyüklüğü

Doğrudan yabancı yatırımları etkileyen faktörlerin en başında gelen ve hemen tüm çalışmalarda ilk sırayı alan faktör piyasa büyüklüğüdür. Piyasa büyüklüğü, piyasa arayan tipteki doğrudan yabancı yatırımlar için en önemli faktördür. Çalışmalarda söz konusu faktörün doğrudan yabancı yatırımlar ile ilişkisinin pozitif yönlü çıkması beklenmektedir. Çünkü doğrudan yabancı yatırımlar, özellikle de piyasa arayan doğrudan yabancı yatırımlar, satışlarını arttırmak için piyasası büyük yerlere gitmektedir (Demirel, 2006:66).

Yapılan literatür çalışmalarının sonuçlarına göre; firmaların başka ülkelerde üretim yapmasının en önemli sebebi yeni pazarlar ele geçirmek ile mevcut pazar hacmini korumak ve artırmak gibi ölçek ekonomilerinden yararlanmaktır. Bu nedenle yatırımı çekmek isteyen ülkenin sahip olabileceği en büyük avantaj geniş bir pazara sahip olmaktır (Batmaz ve Tekeli, 2009:21). Piyasa büyüklüğü, ev sahibi ülkenin kişi başına Gayri Safi Yurtiçi Hâsılası (GSYİH) ile ölçülmektedir. Genel kabul görmüş piyasa büyüklüğü hipotezine göre ev sahibi ülkedeki piyasanın büyümesi ve bununla birlikte artan talep doğrudan yatırımlarda bir artışa yol açmaktadır. Doğrudan yatırımlarda yaşanan bir artışa karşılık ev sahibi ülkeye yönelen diğer bileşenlerde (ihracat v.b) ise bir değişiklik görülmemektedir. Ev sahibi ülkelerdeki piyasanın büyümesi ilgili ülkenin yanı sıra diğer yerel piyasaları da etkilemektedir. Gelişen bir piyasaya komşu olan diğer ülkelerde doğrudan yabancı sermaye çekmede avantajlı bir konuma gelmektedir. Rakip ekonomilerin piyasa büyüklüğünde görülen artış da ev sahibi ekonomideki yabancı yatırımların artmasına yol açacaktır. Bu artışın sebebi rakip piyasada görülen genişleme ile birlikte bu piyasaya yapılabilecek ihracatın ve ticaretin artmış olmasıdır. Çok uluslu şirket ürünleri ülkeler arasındaki ticarete konu olmaya devam ettiği sürece rakip ekonomilerin piyasalarının büyümesi ev sahibi ekonomideki doğrudan yabancı yatırımları değil aynı zamanda diğer bölgelerdeki yatırımları da arttıracaktır. Bu durum ise ev sahibi ülkedeki yabancı sermaye yatırımlarını belirsiz bir konumda bırakmaktadır (Bilir, 2010:26).

Ancak piyasanın hacim olarak büyüklüğünün yanı sıra piyasadaki kişi başına düşen milli gelirin de, yani tüketicilerin alım gücünün de yüksek olması yatırımları çekici bir etken olmaktadır. Piyasa büyüklüğünün göstergesi olan nüfusun azlığı yanında satın alma güçlerinin düşük olması piyasayı daha küçük hale getirmektedir. Faaliyet gösterilecek bir ülkede üretilen malları alacak kadar gelire sahip olmayan tüketici grubunun olması doğrudan yabancı sermaye yatırım girişini olumsuz yönde etkileyecektir (Candemir, 2009:668).

1.2.3.1.1.2. İşgücü Maliyetleri

Düşük maliyet faktörünün direkt karlılığı etkileyen önemli faktörlerin başında gelmesi doğrudan yabancı sermaye yatırım kararlarının alınmasında işgücü maliyetlerinin önemini gittikçe artırmaktadır (Batmaz ve Tekeli, 2009:21). Doğrudan yabancı yatırımların belirleyicileri arasında en tartışmalı olan işgücü maliyetidir. Ucuz işgücünün yabancı yatırımlar için bir cazibe faktöru olduğu genel kabul gören bir görüştür. Ücretlerin yabancı yatırımları cezbetmede etkili olamayacağını savunan görüşler de bulunmaktadır (Candemir, 2009:670). Bu görüşlerden ilki, ücretlerin üretim maliyetleri içindeki payının azalması üzerinde durmaktadır. Bundan dolayı, ücretlerin yabancı yatırımcılar için cazibesi de gittikçe azalmaktadır. İkinci görüş ise, yabancı yatırımlar açısından cazip olabilmesi için sadece ücretlerin değil, verimliliğin de önemli olduğu şeklindedir. Ücret-verimlilik-doğrudan yabancı sermaye yatırımlar zinciri için J.M.C. Rollo, "düşük ücret seviyesinde yüksek kaliteli işgücü bulunabiliyorsa, bu yabancı sermaye için anahtar faktör olacaktır" diyerek, konuyu özetlemeyi tercih etmiştir.

1.2.3.1.1.3. Reel Döviz Kuru

Doğrudan yabancı sermaye yatırım kararlarının verilmesinde diğer bir faktör de döviz kurlarıdır. Yatırımcı firma açısından döviz kurlarının yatırıma etkisi, bu firmanın kullandığı ithal girdi oranına ve ne kadar ihracat yaptığına bağlı olarak değişirken, döviz kuru aynı zamanda yatırım ve kar transferleri konusunda da önem arz eder. Döviz kurundaki dalgalanmalar yatırım için ciddi bir risk oluşturacağından ve istikrardan uzak bir görüntü ortaya çıkaracağından yatırımcı firmanın asıl isteği, diğer faktörlerde olduğu gibi döviz kurunun da istikrarlı bir seyir izlemesidir (Batmaz ve Tekeli, 2009:23).

Günümüzde doğrudan yabancı sermaye yatırımlarının daha çok, çok uluslu şirketlerce yapıldığı söylenebilir. Aynı zamanda, bilindiği üzere, çok uluslu şirketler çok sayıda ülkede faaliyet gösterdikleri için, çok sayıda para birimi ile çalışmak durumundadırlar. Bundan dolayı, döviz kurlarındaki hareketlilik ve belirsizlikler, söz konusu firmaların hem karlılığını, hem de üretim yeri tercihlerini etkilemektedir. Döviz kurlarındaki hareketlilik, bu şirketler için bir yandan sorunlar yaratırken, diğer yandan da, yeni fırsatlar sunmaktadır (Gövdere, 2003:6). Firmalar bir yandan döviz kuru hareketliliğini yönetmek için çabalarken, diğer yandan, üretimi daha düşük maliyetli yavru şirketlere kaydırma olanaklarına kavuşmaktadırlar.

Döviz kurları ve doğrudan yabancı sermaye yatırımları arasındaki ilişki ilk kez 1970 yılında Aliber tarafından keşfedilmiştir. Yazar, "toplam doğrudan yabancı sermaye yatırımlarının coğrafi dağılımının, farklı para alanlarının varlığı ve aksak döviz piyasaları ile açıklanabileceğini" ileri sürmüştür (Gullet ve Figgins, 2000:5). Aliber'in teorisi, ABD'nin 1950 ve 1960'lardaki doğrudan yabancı sermaye yatırımlarını açıklamada son derece başarılı olmuş, ancak, daha sonraki dönem için açıklama gücünü yitirmiştir.

Doğrudan yabancı yatırım literatüründe rekabet gücünün göstergesi olarak kabul edilen döviz kuru, doğrudan yabancı yatırımları gelir ve maliyet etkisi olmak üzere iki şekilde etkilemektedir. Döviz kurlarının yükselmesi durumunda, üretimi ihracata yönelik yatırımcının üretiminde ulusal girdi kullanımını artırması, yatırımcının ihracatının ve karının artmasına imkan sağlayacaktır. Buna gelir etkisi denilmektedir ve bu durumda döviz kurunun yükselmesi doğrudan yabancı yatırımları pozitif yönde etkilemektedir. Diğer taraftan döviz kurunun yükselmesi durumunda, ihracata yönelik yatırımcının üretiminde ithal girdi kullanması ve ithal girdi bağımlılığının yüksek olması yatırımcının ihracatının ve karının düşmesine neden olabilecektir. Buna ise maliyet etkisi denilmektedir ve bu durumda döviz kurunun yükselmesi doğrudan yabancı yatırımları negatif yönde etkilemektedir. Döviz kurlarının doğrudan yabancı yatırımları üzerindeki net etkisi, gelir ve maliyet etkisinin büyüklüğüne göre değişmektedir. Gelir etkisi maliyet etkisinden büyükse, döviz kurunun yükselmesi doğrudan yabancı yatırımları pozitif, maliyet etkisi gelir etkisinden büyükse negatif yönde etkilemektedir (Yapraklı, 2006:29).

Bu konuda yapılan uygulamalı çalışmalarda tam bir fikir birliğine varılamamıştır. Örneğin Edwards (1990) yaptığı çalışmada kur değişmelerinin doğrudan yabancı yatırımları pozitif etkilediği sonucuna ulaşırken, Contractor (1990), Froot ve Stein (1991), Blonigen ve Feenstra (1996) ise negatif yönde etkilediği sonucuna varmışlardır. Diğer taraftan, Calderon ve Jorge (1985), Sader (1991), Tuman ve Emmert (1999) ise yaptıkları çalışmalarda iki değişken arasında önemli bir ilişki bulamamışlardır.

Reel döviz kurlarındaki tesadüfi dalgalanmalar doğrudan yatırımlar üzerinde beklenti etkisine ve riskin farklı oluşumuna neden olabilmektedir. Teorik modellere göre, risk ayarlamanın doğrudan etkisi, döviz kurunun reel olarak değer kazanması beklentisidir ve yabancı sermayenin maliyetinin azalmasıdır. Böylece doğrudan yatırım akımlarını teşvik edecektir. Ev sahibi ülke parasının aşırı değerlenmesi ise piyasa dengesizliğinin bir göstergesidir. Yerli paranın aşırı değerlenmesi ülkede üretim maliyetlerinin artması anlamına gelebilmektedir (Dursun ve Bozkurt, 2007:2).

Sonuç olarak; ev sahibi ülke para birimindeki bir değerlenme, bu ülkedeki tüketicilerin satın alma gücünü yükselteceği için yerel piyasa yönlü doğrudan yabancı sermaye yatırım girişini arttırabilir. Reel döviz kuru, refah seviyesi ve işgücü maliyetlerini etkileyen bir değişken olduğundan ev sahibi ülkenin parasında meydana gelen bir değer kaybı, yabancı işletmelerin refahını ve yabancıların yerli mallarına yönelik harcamalarını arttırabilir. Buna ek olarak reel bir değer kaybı, daha ucuz hale gelen yerli işgücüne yönelik avantaj sağlama isteği ile ülkeye sermaye akışını arttırabilir. Çünkü karşılaştırmalı üretim maliyetleri gibi belirleyenler reel döviz kuru seviyesi ile yakından ilişkilidir (Candemir, 2009:669)

1.2.3.1.1.4. Enflasyon

Ev sahibi ülkelerin enflasyon düzeyi, yatırım kararlarında etkili olmaktadır. Yüksek enflasyon, ekonomide belirsizliği ve riski arttırarak piyasa mekanizmasının etkinliğini büyük ölçüde azaltmaktadır. Riskin artması yatırımları azaltıcı bir faktör olabilir. Genel olarak yatırımcı işletmeler, enflasyon düzeyi düşük ve istikrarlı ülkelerde yatırım yapmayı tercih ederler. Böylelikle yüksek enflasyonun ve istikrarsızlığın doğuracağı fiili sermaye kayıplarına ve belirsizliğe karşı kendilerini savunmuş olurlar.

1.2.3.1.1.5. Ekonomik Büyüme

Doğrudan yabancı sermaye yatırımlarını etkileyen faktörlerden bir diğeri de iç pazar büyüklüğünü ve potansiyel talep yapısını göstermesi açısından ev sahibi ülkenin GSMH'sıdır. Ekonomik büyüme yıllık baz da GSMH'nın büyüme oranı olarak tanımlanmaktadır. Doğrudan yabancı sermaye yatırımları ile ekonomik büyüme arasındaki ilişki aslında iki yönlüdür. Yani ekonomik büyüme yabancı yatırımları çekerken yabancı yatırımlar da ekonomik büyümeyi hızlandırmaktadır. Gelirin artması ise piyasa büyüklüğü hipotezinde belirtildiği gibi yabancı yatırımların artmasında itici bir kuvvet oluşturmaktadır (Batmaz ve Tekeli, 2009:25). Öte yandan, ekonomik büyüme, bir ülke ekonomisinde yüksek getiri elde edilebileceğinin bir göstergesi olarak kabul edilmektedir. Bu nedenle, ekonomik büyümenin sürekliliği o ülkedeki ekonomik getirinin de devam edeceğinin bir göstergesidir (Akıncı, 2010:36).

Ekonomik büyüme ile doğrudan yabancı yatırımları arasında güçlü bir ilişki, gelişmekte olan ülkeler için daha gerçekçidir. Borensztein, Gregorio ve Lee (1998), 69 gelişmekte olan ülkeye yönelik yabancı yatırımlar üzerinde yaptıkları araştırmada, ekonomik büyüme ve doğrudan yabancı yatırımları arasında güçlü bir ilişki olduğunu bulmuşlardır. Söz konusu ülkelerde yabancı firmalar yerli firmalara göre daha verimli çalışmakta ve ülkenin teknolojik ve beşeri yapısını güçlendirirken, ekonomik büyümeye de katkı sağlamaktadır (Borensztein vd., 1998:134).

Dolayısıyla, daha hızlı büyüyen ekonomiler, işletmelere nispi olarak daha iyi fırsatlar sunmaktadır. Bir başka ifadeyle, daha iyi kar olanakları sağlamaktadırlar, bu nedenle daha çekici hale gelmektedirler.

1.2.3.1.1.6. Dışa Açıklık

Genel ekonomi politikalarının unsurlarından biri de dış ticaret politikasıdır. Açık ekonomiler ihracat ve ithalatın yapıldığı ekonomilerdir (Batmaz ve Tekeli, 2009:23).

Doğrudan yabancı sermaye yatırımlarının belirlenmesinde açıklığın anlamlılığı bakımından birbirinden farklı çalışmalar mevcuttur. Geçerliliğini koruyan hipoteze göre birçok yatırım projesinin ticaret edebilir sektörlere yönelmesi varsayımı altında uluslararası ticarette ülkenin açıklık derecesi karar vermede önemli bir faktördür (Chakrabarti, 2001, 99). Aslında açıklığın doğrudan yabancı sermaye yatırımları üzerindeki etkisi yatırımların türüne bağlıdır. Yatırımlar yerel piyasaya yönelik ise yani yatırım yapılan ülke piyasasında ticaret yapma amacı güdülüyorsa, ticaret kısıtlamaları buna bağlı olarak düşük bir açıklık oranı, doğrudan yabancı sermaye yatırımları üzerinde pozitif bir etkide bulunacaktır. Bu durumun aksine ihracata yönelik yatırım yapan çokuluslu şirketler, ticarete getirilen korumacılığın işlem maliyetlerini yükseltmesiyle aksak rekabet şartlarının artmasından dolayı, daha çok açıklık oranına sahip yerel ekonomileri tercih etmektedirler (Elbir, 2010:31).

1.2.3.1.1.7. Diğer Faktörler

Vergiler: Ülkelerinde uygulanan ağır vergi yükünden kurtulmaya çalışan yatırımcılar, karlılıklarını arttırmaya çabalarlar. Bu nedenle doğrudan yabancı sermaye yatırımları, vergi mevzuatının uygun olduğu bölgelere yönlendirilecektir. Dolayısıyla ülkelerini doğrudan yabancı sermaye yatırımları için çekici duruma getiren ülkeler, örneğin yerli yatırımcı ile yabancı yatırımcıya aynı vergi politikasını uyguladığında tercih edilecektirler. Yabancı yatırımcılarla ikili vergi anlaşmaları gibi uygulamalar da doğrudan yabancı sermaye yatırımları üzerinde önemli bir rol oynamaktadır (Candemir, 2009:667).

Hammadde Kaynakları: Çokuluslu şirketlerin üretim yerlerini çeşitlendirmelerindeki ana amaçlarından birisi, ana ülke ile ev sahibi ülke arasındaki maliyet farklılıklarıdır. Üretimlerin başka yerlerde gerçekleştirilmesi ise maliyetlerin düşürülmesi ve dolayısıyla da faaliyet sonucu elde edilecek kârın arttırılmak istenmesinden kaynaklanmaktadır. Maliyetlerini düşürmeye çalışan şirketler, doğal kaynakları bol olan ve enerji, ulaşım, iletişim gibi altyapı olanaklarının yeterli düzeye ulaştığı ülkelerde üretimlerini gerçekleştirmektedirler. Genelde daha ucuz ve bol doğal kaynaklar gelişmekte olan ülkelerde bulunduğundan dolayı, bu ülkeler lehine yatırım kararları alınmaktadır. Meksika, Brezilya, Sili ve petrol sahibi diğer ülkeler, doğal gaz yataklarına sahip bazı Orta Asya Cumhuriyetlerine yapılan yatırımlar, kaynak arayan yatırımcılara örnek verilebilir. Günümüzde bir ülkedeki hammadde zenginliği o ülke için avantaj olma özelliğini hala sürdürmektedir. Ancak hızla emek tasarrufu sağlayan yeni teknolojilerin geliştirilmesi ve bunların çokuluslu şirketler tarafından yoğun biçimde kullanılması sonucunda ucuz işgücü göreceli olarak önemini yitirmektedir (Akıncı, 2010:38).

Yatırım Teşvikleri: Gelişmekte olan ülkelerde merkezi planlamanın zayıflayarak piyasa ekonomisine geçişin hızlanmasıyla birlikte teşvik politikalarının kapsamının da daralacağı ve genel ekonomi politikası içindeki göreceli gücünün zayıflayacağı yönünde bir gelişme beklenmekteydi. Ancak, piyasa ekonomisine sonradan geçiş yapan bazı ülkelerin yatırım ve iş ortamı açısından cazip konuma gelerek, uluslararası alanda hareket eden doğrudan yabancı sermaye yatırımlarından daha fazla pay almak için teşvikleri yoğun olarak kullanmaları, bu beklentileri değiştirmiştir diyebiliriz.

Alt Yapı: Ev sahibi ülkenin ulaşım, iletişim imkanları ve dağıtımı kolaylaştıracak gelişmiş bir altyapısının olması, doğrudan yabancı yatırımların girişlerinde belirleyici bir faktör olarak karşımıza çıkmaktadır. Ülkede organize edilmiş sanayi bölgelerinin olması ve ulaşım ağının gelişmiş olması, yatırım kararlarında etkili olmaktadır. İlaveten, ülkede enerji ve iletişim harcamaları paylarının yüksek olması, doğrudan yabancı yatırımları olumlu yönde etkilemektedir. Altyapıda ve beşeri sermayede yapılan iyileştirmelere, doğrudan yabancı yatırımlar daha fazla önem vermektedirler (Akıncı, 2010:41).

1.2.3.1.2. Politik Faktörler

Yabancı sermaye yatırımcısının en fazla dikkat ettiği konu şüphesiz yatırım yapacağı ülkenin ekonomik ve siyasi istikrara sahip olmasıdır. Yabancı sermaye firmaları, genel olarak bir devletin politik durumunun yatırım kararlarını etkilediğini söylemektedirler. Pek çok durumda şirketler istikrarsız politik ortama sahip olan ülkelerde yatırım veya tekrar yatırım yapmaktan sakınmaktadırlar (Akdiş, 1988:4).

Siyasi istikrar, ekonomik istikrarı da sağlayan bir unsur olduğundan yabancı sermaye yatırımlarını ayrıca etkilemektedir. Çünkü yabancı sermaye ilk önce, emniyet ve güven beklemektedir. Eğer bir memleketin politik durumu bir projenin uzun dönem yaşamasını riskli yaparsa, örneğin, muhtemel bir savaş, saldırı veya devletin yıkılması endişesi varsa, yabancı firmalar yatırım yapmakta son derece isteksiz davranacaklardır.

Bunlarla birlikte yabancı firmaların var olan rejimi veya politikaları benimsememesi durumu, genellikle ticari beklentiler üstün görünürse ülke ile ticaret yapılmasını veya bu ülkeye yatırım yapılmasını engellemez. Demek ki, siyasi nedenler önemli olmakta, fakat ticari beklentiler büyük ise bu faktörler ihmal edilebilmektedir.

Yabancı sermaye yatırımının gerçekleşebilmesi yatırım yapılacak ülkenin iç politik istikranın yanında dış politikasının da istikrarlı olmasına bağlıdır. Politik istikrarın yanında, devlet idarecilerinin yabancı sermaye yatırımlarına olan yaklaşımları da oldukça önemli bir faktördür (Algan, 1998:98).

1.2.3.1.3. Psikolojik Faktörler

Psikolojik faktörler, yabancı sermaye yatırımlarını önemli ölçüde etkilemektedir. Bu faktörler geçmişten gelen bir takım endişeler ile gelecekten kötümser sonuçlar beklenmesine neden olmaktadır. Türkiye'ye yabancı sermaye gelmesinde karşılaşılan en büyük engelin bu olduğu söylenebilir. Nitekim Türkiye'deki yabancı sermaye yetkilileri de buna işaret etmişlerdir. Edgar Poffet ve Arnold Hornfeld Türkiye için Avrupa'da daima çekinme olduğunu ve Viyana kapısında Türkler imajının hala bilinçaltında durduğunu belirtmişlerdir (Poffet ve Hornfeld, 1984:21).

İdeolojik saplantıların yabancı sermaye konusundaki olumsuz kampanyaları da yabancı sermayeyi tedirgin etmektedir. Bu şirketler yatırım yapacakları ülkelerde halkın tepkisinden korktukları için bazı projelerini azaltmışlar veya terketmişlerdir. Kamuoyunun yabancı sermaye konusundaki düşüncesi firmalar için çok önemli olmaktadır. Bütün gelişmekte olan ülkelerde görülen yabancı sermaye karşıtı düşünceler yeni yatırımlardaki risk oranlarını yükseltmekte, korku ve endişe içerisinde çalışan mevcutlarının da ülke ekonomisi ile entegrasyonuna engel olmaktadır.

Yabancı sermayeden en fazla yararlanan Yunanistan, Belçika, Japonya, İrlanda gibi ülkelere baktığımızda bunların yabancı sermaye konusunda ön yargılı düşünceler taşımadığını görürüz (Connelly, 1983:17). Psikolojik rahatlığa kavuşan yabancı sermayenin bu ülkelerin ekonomilerine yaptığı katkılarda çok büyük olmuştur.

Psikolojik faktörler yabancı sermaye yatırımcılarının yatırım kararlarını verirken veya alternatif ülkeleri değerlendirirken gözönünde tuttukları önemli etkenler olmaktadır.

1.2.3.1.4. Sosyal ve Kültürel Faktörler

Ülkelerin gelişmişlik düzeylerini belirlemekte olan önemli kriterlerden birisi de sosyal ve kültürel yapıdır. Eğitim düzeyi düşük, okuma yazma oranı düşük, geleneksel yapıya sahip ülkelerde, yabancı sermayenin ülkeye girişi ile birlikte toplumsal bir değişim ve yabancı sermayenin ait olduğu ülkeye bağlılığın artacağı görüşü yaygındır (Algan, 1998:98).

Yabancı sermaye yatırımı yapılan ülke halkının bu değişime huzur ortamı yaratacak şekilde eğitilmesi gerekir. Yatırım yapılacak olan ülkenin ekonomik ve politik durumu ne kadar elverişli olursa olsun bu yatırımın gerçekleşeceği ülke halkının yabancı sermaye konusundaki düşünüş ve davranış şekilleri, yabancı sermayedar açısından bir risk ihtimalini doğurur. Bu durum, özellikle gelişmekte olan ülkelerde daha belirgin olarak karşımıza çıkmaktadır.

Yabancı sermaye yatırımlarında ekonomik ve politik nedenler daha önemli roller oynuyor olsalar da, ekonomik ve politik istikrarın sağlanması durumunda bile sosyal ve kültürel yapıdan kaynaklanan problemlerin var olması, yatırımcıyı caydırıcı yönde etkilemektedir.

Ülkenin sahip olduğu sosyal yapı, geleneksel özellikler, ahlaki ve moral değerlerin yabancı sermaye yatırımlarını etkilememesi gerekir. Bazı firmalar ahlaki ve moral düşüncelerini yatırım kararlarına girmemesi gerektiğini, ticari düşüncelerin hükmetmediğini belirtmişlerdir. Ancak yabancı yatırımcıların kendilerini yabancı hissetmeyecekleri bir ortamda çalışmak istemeyi tercih edecekleri beklenmelidir. Halkını tanıdıkları, kültürüne yabancı olmadıkları, alışkanlıklarını ve tepkilerini bildikleri bir ülkede yatırım, üretim ve satış herhalde daha kolay ve daha elverişlidir.

Sonuç olarak, yabancı sermaye yatırımlarının başlangıcından beri değişmeyen bir karakteri vardır. O da yapıldığı ülkenin, siyasal, sosyal, ekonomik politikasında dengeli olmasıdır. Çünkü bu faktörler yatırımcı çok uluslu şirketin sadece satış hâsılatı ve karını değil aynı zamanda uluslararası piyasalardaki ve özellikle gidilen ülkelerdeki varlığını ve bu varlığın devamını etkilemektedir (Şatıroğlu, 1984:215). Bu faktörlere ilave olarak, bürokratik engeller, koordinasyon eksikliği, yetki dağınıklığı, spekülatif haberler, çift vergileme sorunu, mevzuattaki aksaklıklar, sermaye piyasasının gelişmemiş olması, bölge ülkelerinin alternatif cazibeleri, kambiyo mevzuatındaki yetersizlikler, kar transferindeki zorluklar sayılabilmekle birlikte bunlar ana nedenler olmamaktadır. Ekonomik, siyasi, psikolojik ve moral değerler konusundaki istikrar, güvence ve yakınlaşmalar bir ülkenin yabancı yatırımcılar için çekiciliğini arttırmaktadır (Akdiş, 1988:6-7).

1.2.3.2. Portföy Yatırımlarını Etkileyen Faktörler

Bu faktörler arasında döviz kurunda yerli paranın değer kaybedeceği beklentisi ilk sırada yer almaktadır. Sıcak para giriş-çıkışına neden olan ana unsurlardan birinin döviz kurunun değişme olasılığı olduğu konusunda bir görüş birliği bulunmaktadır.

Diğer taraftan ülkeler arası faiz oranı farklılığı ve faiz arbitrajı portföy yatırımlar üzerinde etkili olmaktadır. Faiz arbitrajı ülkeler arası faiz oranları farklılığından yararlanmak için para piyasalarında yapılan kısa süreli işlemleri ifade etmektedir. Gelişmiş ülkelerdeki yatırımcılar kendi ülkelerindeki düşük faiz hadleri yerine gelişmekte olan ülkelerdeki yüksek faiz haddini görerek yüksek kâr sağlamak amacı ile bu ülkelere yönelik para transferinde bulunurlar.

Son olarak; ülkeler arası risk ve kârlılık farklılıkları da portföy yatırımlar üzerinde etkilidir. Yabancı yatırımcılar ellerindeki parayı yüksek gelir yaratan alanlara yöneltirken bu alanda kârlılık ve risk birlikte değerlendirilmektedir (Elbir, 2010:35).

1.3. Ekonomik Büyüme

Ulusal bir ekonomide toplam büyüklüğü ifade etmesinden dolayıdır ki, ekonomik büyümeyi etkileyen çok fazla değişken faktör söz konusudur. Dolayısıyla bu çalışmada da ekonomik büyümeyi etkileyen iki değişken baz alınmış ve bunlar kavramsal olarak açıklanmıştı. Bu kısımda ise son olarak, kavramsal boyutta ekonomik büyümenin açıklanmasına, ekonomik büyümenin kaynaklarına ve ekonomik büyümenin sağlanmasında dış finansmanın önemine değinilecektir.

1.3.1. Ekonomik Büyümenin Tanımı

Ekonomik büyümenin çok yönlü bir süreç olduğu bilinen bir gerçektir. Genel büyümenin çeşitli boyutlarını tek bir rakamla yansıtmak mümkün olmamakla beraber reel milli hasıla Gayri Safi Millî Hasıla(GSMH) en iyi göstergedir denilebilir (Samuelson, 1973:863).

Ekonomik büyüme, genel anlamda bir ekonominin üretim kapasitesindeki artıştır. Üretim kapasitesindeki artış GSMH, Gayri Safi Yurtiçi Hasıla (GSYİH) ya da kişi başına GSMH veya GSYİH'daki artış ile ölçülür. GSMH, bir ekonomide bir yıl içinde üretilen nihai mal ve hizmetlerin toplam değeridir. GSYİH ise sadece ülke sınırları içinde üretilen mal ve hizmet toplamını kapsamaktadır (Yalçın, 2005:3). Yerleşiklerin yurtdışında gerçekleştirdikleri mal ve hizmet üretimi GSYİH'nın dışındadır. Dolayısıyla, GSMH, GSYİH'ya göre daha geniş kapsamlıdır.

Ekonomik büyüme; reel GSYİH'nın zaman içinde sürekli artması demektir. Gayri safi yurtiçi hasıla bir ekonomide belli bir ekonomide (üç ay ya da bir yıl) üretilen bütün nihai mal ve hizmetlerin değeridir. GSYİH, ekonomik faaliyetin temel ölçüsüdür. Nominal GSYİH, ekonomideki toplam çıktının değerini, çıktının üretildiği dönemde geçerli olan fiyatlarla ölçer. Reel GSYİH, herhangi bir dönemde üretilen toplam çıktıyı temel bir yılın fiyatlarıyla ölçmektedir (Güvercin, 2007:24).

Ekonomik büyüme, bir ülkede üretilen mal ve hizmet miktarının zaman içinde artması şeklinde de tanımlanabilir. Ekonomik büyüme, bir ülkede yaşayan insanların yaşam standartlarını sürekli biçimde yükseltmenin tek yoludur. Bu nedenle temel makro ekonomik hedeflerden bir tanesi, hızlı bir ekonomik büyüme gerçekleştirmektir (Ünsal, 2007:15). Diğer bir tanımlamaya göre ekonomik büyüme, zamanla elde edilen hâsılanın artması demektir. Ekonomik büyümeden söz edebilmek için hâsılada bir artış olması şarttır. Hâsılada bir artış meydana gelmezse ekonomik durgunluk ya da gerileme söz konusu olacaktır. Ayrıca hâsıladaki artışın sürekli olması gerekmektedir (Karagül, 2002:37).

Ekonomik büyümenin, ülkelerin milli gelirlerinin kişi başına değerlerinde meydana gelen artışlar olarak da tanımlanması söz konusudur (Kibritçioğlu, 1998:207). Bir ekonomide kaynaklar yetersiz olursa, ekonomi gelişmez; hatta gerilemektedir. Milli gelir(GSMH) yaratılan katma değerden oluşur; katma değer ise üretimle gerçekleşmektedir. Üretim yapabilmek için belli girdilere ihtiyaç vardır. Gelişen ülkelerde yüksek getiri, ekonomik büyüme ve onun devam edeceği beklentisine bağlanabilir. Daha yüksek büyüme daha yüksek getiri demektir (Kavrakoğlu, 2004:20). Bunun anlamı sermayenin hızla büyüyen gelişen piyasalara akmaya devam etmesidir. Açık ekonomi felsefesinin devam edeceği taahhüdü ile birlikte bugün uluslararası yatırımlardaki amaç gelişen ülkelerin potansiyel büyümelerinin paylaşılması olmaktadır.

Teknolojik değişme, sermaye birikimi ve nüfus artışı ile birlikte karşılıklı etkileşim içinde ekonomik büyüme sağlar (Parasız, 1997:3). 18. ve 19. yüzyılda klasik iktisatçılar teknolojik değişme ve sermaye birikiminin büyümenin itici gücü olduğuna inanmaktaydılar.

Yazı ve konuşma dilinde büyüme yerine ara sıra benzeri terimlerin kullanıldığına rastlanmaktadır. Gelişme ve kalkınma terimleri bu kavramların başında gelmektedir. Bir kısım iktisatçılar bu kavramları farklı anlamlara geldiğine işaret etmişlerdir. İktisatçılar, ekonominin iki yönde değişeceğini savunmaktadırlar. Bir taraftan gövdesi ile genişlemekte (nüfusu, işgücü çoğalır, üretim araçları artar), diğer yandan bünye ve çatısı ile değişmektedir. Birincisine büyüme, ikincisine gelişme denir (Tanrıkulu, 1983:3).

Ekonomik büyüme süreci, sermaye birikimi, teknolojik gelişme, coğrafi ve kültürel etkenler, gelir dağılımı, hükümet politikaları ve makroekonomik istikrar gibi çeşitli olası etkenlerin kendi aralarındaki karşılıklı dinamik etkileşimlerinin sürekli değişim halindeki net sonucudur. Buna göre ekonomik büyüme literatürünün ekonomik büyüme sürecinde rol oynayan ve hem iktisadi hem de iktisadi olmayan faktörlerin birlikte ele alınması ve bu faktörler ile ekonomik büyüme arasındaki ilişkinin yönü ve büyüklüğünün saptanması gittikçe zenginleşen modern ekonomik büyüme kuramının ikame ediciliğinden çok tamamlayıcılık özelliğini göstermektedir (Yüksekdağ, 2008:4).

Bir ekonomide üretimi meydana getiren temel unsurlardan biri olan sermaye, emeğe göre kıt faktör olduğundan ekonomik büyüme açısından özel bir önem taşımaktadır. Ekonomide sermaye stoğunun artması büyüme göstergesi sayılmaktadır. Sermaye stoğunun artması, bu stoğa yapılan ilaveler olan net yatırımların artmasına bağlıdır. Ancak az gelişmiş ve gelişmekte olan ülkelerde gerek sermaye gerekse de yetişmiş iş gücünün yetersiz olduğu görülmektedir. Bu ülkeler kalkınmak için tasarruf açığının yanında yeterli teknoloji birikiminden de yoksundurlar. Modern teknoloji önemli ölçüde bilgi birikimi gerektirdiğinden yüksek gelire sahip ve araştırma geliştirme programlarına yeterli kaynak ayırabilen ülkelerden belli bir maliyetle sağlanabilmektedir. Doğrudan yatırımlar; sermaye, teknoloji, eğitilmiş beşeri sermaye gibi temel üretim faktörlerine yaptığı doğrudan katkı dolayısıyla önemli bir büyüklüğe ulaşıyorsa büyümenin de temel bir değişkeni olmaktadır (İTO, 2003:11).

Ekonomik büyümenin başlıca özelliklerini incelediğimiz takdirde şu sonuçlara ulaşılabilmektedir (Acar, 2002:35-36):

- Ekonomik büyüme sayısal bir olgudur, çünkü milli gelir ve gayri safi milli hâsılada meydana gelen değişimler sayısal olarak ölçümlenir.
- Bununla birlikte ekonomik büyüme uzun dönemli bir olgudur, çünkü yatırımlardan beklenen getirinin elde edilmesi ve buna bağlı olarak üretimde artışların sağlanması ancak uzun dönemde gerçekleşmektedir.
- Ekonomik büyüme reel bir artışı ifade eder. Buna göre reel olarak bir artış ifade etmeyen üretim faktörleri gelirlerinin artışı ekonomik büyüme olarak tanımlanamaz.
- Bu yaklaşımla, ekonomideki ikame yatırımların ekonomik büyümeye bir katkısı yoktur. Bunun nedeni ise ikame yatırımların milli gelirde reel bir artış ifade

etmiyor olmasıdır. İkame yatırımlar yalnızca milli gelirin reel değerinin bir önceki dönemle aynı düzeyde kalmasını sağlamaktadır.

- Ekonomik büyüme başlı başına gelir dağılımının iyileştiğinin bir göstergesi değildir. Çünkü gelir dağılımındaki iyileşme, ekonomide meydana gelen reel gelir artışının ekonomik aktörler arasında ne şekilde paylaştırıldığı ile ilgilidir.
- Ayrıca iktisadi büyüme dinamik bir makro ekonomik göstergedir. Büyüme beraberinde ekonomide hareketliliğe neden olur. Büyüme ekonomideki belli başlı bölgeleri ya da sektörleri değil ekonominin tümünü kapsar.

1.3.2. Ekonomik Büyümenin Kaynakları

Ekonomik büyümenin kaynakları konusunda çeşitli sınıflandırmalar mevcuttur. Genel olarak üretim fonksiyonunu oluşturan faktörlere dayandırılmakla birlikte, ikincil faktörler olarak adlandırılan bazı etkenler de büyüme kaynakları sınıflandırmasına dahil edilebilmektedir. Büyümeyi etkileyen birincil faktörler; çoğunlukla sermaye, işgücü ve doğal kaynaklar olarak kabul edilirken, ikincil faktörler ise; ülkedeki mevcut altyapı olanakları, eğitim düzeyi, teknolojik seviye, girişimcilerin sayısı ve niteliği, işgücünün kalitesi, çalışma koşulları ve halkın yenilikleri benimseme kapasitesi olarak sıralanabilir (Ertan, 2010:4).

Ekonomik büyümenin temel belirleyicileri ayrıntılı bir şekilde incelendiğinde, karşımıza üç belirleyici çıkmaktadır. Bunlardan ilki sermaye birikimidir. Sermaye birikimi iktisadi büyümenin temel dinamiği olarak kabul edilmektedir. Bir ülkede gelişimin sağlanabilmesi için temel şart yatırımın olmasıdır. Yatırımda ancak yüksek gelirle elde edilecek olan tasarruf artışına bağlıdır. İşte bu noktada meydana çıkan kısır döngüden kurtulmanın yolu sermaye birikiminin artırılmasıdır. İkinci büyüme belirleyicisi ise, teknolojik ilerlemedir. Teknoloji, üretimde gerek duyulan bilgi, organizasyon ve tekniklerin bütünüdür. Teknoloji sayesinde üretim sırasında aynı miktarda girdi kullanıp daha fazla çıktı elde edilebilecek, işgücü tasarrufu ve sermaye tasarrufu sağlanacaktır. Son belirleyici olarak nüfus ve işgücü artışı sayılabilir. Nüfus artışı ve akabinde yaşanacak olan işgücü artışı, ekonomik büyümeyi hızlandıran önemli bir uyarıcı olmaktadır (Dornbusch ve Fisher, 1998; 284-288).

Ekonomik büyümenin kaynaklarını sınıflandırırken, üretim miktarında artışı sağlayan üretim faktörleri göz önünde bulundurulmaktadır. Üretim artışında etkili olan temel faktörleri sınıflandıracak olursak; sermaye, doğal kaynaklar ve teknolojik gelişme ekonomik büyümenin temel kaynakları olarak sıralanabilir. Burada sözü geçen sermaye iki bileşenden oluşmaktadır; fiziksel sermaye ve beşeri sermaye. Fiziksel sermaye, üretimde kullanılan makine, bina, tesis gibi tüm fiziksel makine ve teçhizatı ifade ederken, beşeri sermaye ise üretimde kullanılan işgücünü ifade etmektedir. Diğer taraftan, altyapı, eğitim düzeyi, ülkedeki yasal ve politik düzenlemeler ve girişimcilik gibi ikincil faktörlerin de büyümeye katkıda bulunduğu açıktır.

Ekonomik büyümenin nedenini kavrayabilmek için büyümenin temel kaynaklarını detaylı biçimde incelemek gerekmektedir. Büyümenin başlıca kaynaklarını tasarruf ve yeni sermaye yatırımları, beşeri sermaye yatırımları ve yeni teknolojilerin bulunması oluşturmaktadır (Parasız, 1997:4). Bu kaynaklar kısaca açıklanacaktır.

1.3.2.1. Tasarruf ve Yeni Sermaye Yatırımı

Tasarruf ve yeni sermaye yatırımı emek başına sermaye miktarını ve beşeri prodüktiviteyi(kişisel verimlilik) artırmaktadır. Beşeri prodüktivite, sanayi devrimi esnasında emek başına sermaye miktarı artığı zaman çok büyük bir artış göstermiştir. El aletleri kullanan üretim süreciyle de kuşkusuz çok güzel şeyler yaratılabilir. Ancak büyük miktarda sermaye kullanan, örneğin otomobil fabrikasındaki üretim hattı gibi, üretim yöntemleri çok daha prodüktiftir. Çiftliklerde, tekstil fabrikalarında, yüksek fırınlarda, kömür madenlerinde, kimya endüstrisinde, otomobil fabrikalarında vb. gözlenen sermaye birikimi ekonomilerin prodüktivitesini çok büyük ölçüde arttırmıştır.

Fiziksel sermaye, üretimde emeğin verimliliğini artıran, fabrika, yol, baraj, tesis, gereç, aygıt, donanım vb. gibi, daha önce insanlar tarafından üretilmiş olan üretim araçlarıdır. İşgücü verimliliği sadece çalışanların bilgi ve becerilerine değil aynı zamanda üretimde kullandıkları makine ve teçhizata da bağlıdır. İşgücü miktarı sabitken, daha ileri teknoloji ile üretilmiş veya daha fazla miktarda fiziksel sermaye kullanımı, işgücü verimliliğini artırır. Bir ülkede fiziksel sermaye stokunu artırmanın yolu ise yapılan yatırımlar ve tasarruflardır. Tasarruflar ve yeni sermaye yatırımları, işgücü başına düşen sermaye miktarını artırır ve dolayısıyla toplam üretim miktarı artar (Ertan, 2010:6).

Sonuç olarak; üretimi gerçekleştiren ve büyümeyi sağlayan faktörlerden beklide en önemlisi sermayedir. Sermaye, ülkenin belli bir anda sahip olduğu üretim araçlarının toplamı olarak ifade edilebilir ve iktisadi büyümenin gerçekleştirilmesi büyük ölçüde, sermayenin nicelik veya niteliğinin artırılmasına bağlıdır(Samuelson ve Nordhaus, 1989:855). Sermayenin kaynağı tasarruftur. Kapitalist ekonomide sermaye bir mülktür ve sahiplerine üretimden pay alınmasını sağlar. Eğer sermaye, makineler ve fabrikalar gibi fiziki varlıkların bir toplamı olarak tanımlanırsa, net yatırımlar da bu stoğu artıran yeni makineler ve fabrikalardır. Sermaye stoğunda meydana gelecek bir artış üretimi de artıracaktır (Sloman, 2004:28).

1.3.2.2. Beşeri Sermaye Yatırımı

İnsanda beceri ve bilgi birikimini arttıran beşeri sermaye ekonomik büyümenin en temel kaynağıdır (Parasız, 1997:5). Beşeri sermaye hem artan prodüktivitenin hem de teknolojik ilerlemenin temel taşıdır. Üretime katılan çalışanların bilgi birikimlerini, becerilerini ve çabalarını ifade eden beşeri sermaye aynı zamanda önemli bir üretim faktörüdür. Bir ülkedeki işgücü miktarı, çalışma çağında olan nüfusun büyüklüğü ile orantılıdır. İşgücü miktarı, iki sebepten dolayı artabilir. Birincisi, nüfus artışının işgücü miktarında yol açtığı artıştır. İkincisi ise, çeşitli sebeplerden dolayı çalışmayan nüfustan çalışan nüfusa transfer olması ile gerçekleşen artıştır. Ancak üretim miktarı çalışan kesimin nüfusu kadar çalışma saatlerinin süresine de bağlıdır (Begg, Fischer ve Dornbusch, 1994:10).

İşgücü miktarındaki artışın yanı sıra işgücü verimliliğinde bir artış da toplam üretim miktarını artırır. Çalışanların eğitim seviyesinin yükselmesi ve yaptıkları işte tecrübe sahibi olmaları da aynı miktarda fiziksel sermaye ile daha fazla üretim yapılmasına olanak sağlar. Ayrıca; sağlık, eğitim, beslenme ve barınma gibi temel ihtiyaçların karşılanması ve yaşam koşullarının iyileştirilmesi de emek verimliliğini artıran faktörlerdendir (Ertan, 2010:5).

Genel eğitim düzeyi ile ekonomik büyüme arasındaki ilişkileri araştıran istisnasız tüm çalışmalarda ortaya çıkan önemli bir sonuç, genel eğitim düzeyi yükseldikçe kişi başı reel gelir düzeyi ve büyüme oranının arttığı yönündedir. Bunun yanısıra, hizmet içi eğitim ve mesleki-teknik eğitim düzeyi yükseldikçe işgücü verimliliği artmakta, bu da reel gelir düzeyini olumlu yönde etkilemektedir. Esasen, eğitime yönelik yapılan her türlü faaliyet, ölçeğe göre artan getiriler kapsamında yer almaktadır ki, bu da ekonomik büyüme üzerinde sürekli olumlu etki yaratan bir unsurdur.

Ülkelerin eğitim düzeyinin yükseltilmesinin yarattığı çok önemli bir etki ise, gelişmiş ülkelerde ortaya çıkan yeni teknolojilere erişimi kolaylaştırması ve teknoloji transferi ile dışarıdan elde edilen açık bilginin algılanması, özümsenmesi ve geliştirilmesinin ötesinde, örtük bilginin deşifre edilmesinde ve yeni yaratıcı fikirlerle buluşların ortaya çıkarılmasında oynadığı olumlu roldür.

Yapılan ampirik çalışmalarda, üniversite-sanayi işbirliğinin geliştirilmesinde ve ortaya çıkacak sinerjinin yaygınlaştırılmasında emek kalitesinin önemli olduğu vurgulanmaktadır. Emek kalitesini yükseltecek en önemli etken ise, eğitim ve öğretimin her düzeyde geliştirilmesidir (TEK, 2003:17).

1.3.2.3. Yeni Teknoloji Buluşları

Tasarruf, yeni sermaye yatırımı ve beşeri sermaye birikimi ekonomik büyümeye büyük bir katkı yapmaktadır. Ancak teknolojik değişmenin katkısı (yeni teknolojilerin bulunması, uygulanması ve yeni mallar) çok daha büyüktür denilebilir.

İnsanların bugünkü prodüktivitesi yüzyıl öncesine göre birçok kat daha fazladır. Bugün insanların daha prodüktif olmalarının nedeni kişi başına daha fazla buhar makinesi, kişi başına daha fazla beygir gücü olan motorlara sahip olmasından çok, yüzyıl önce bilinmeyen teknolojiler içeren makine ve ulaşım teçhizatı kullanmalarıdır. Teknolojik değişme artan prodüktiviteye çok büyük katkı yapmaktadır.

İktisat literatüründe yapılan yeni çalışmalar, ülkeler arasında gözlenen gelir uçurumunu ve aynı zamanda da var olan büyüme mucizelerini açıklayan tek ve evrensel bir kuramın bulunmadığına dikkat çekmektedir. Bu çalışmalardan, yeni teknolojilerin benimsenmesi ve bunun önündeki engellerin, ekonomik kalkınma düzeyini belirleyeceği sonucu çıkmaktadır. Bu engeller arasında; yasalara ve mevzuata dayalı kısıtlamalar, rüşvet, şiddet olayları, sabotajlar sayılabilir. Her durumda, bu engeller yeni teknoloji benimsenmesinin maliyetini artırmaktadır. O halde bu yaklaşıma göre, ülkeler yeni teknolojilerin benimsenmesinin önündeki engelleri azaltabildikleri derecede kalkınma yolunda ilerleyebilirler. Çalışmada, İkinci Dünya Savaşı sonrası kalkınma mucizesi gerçekleştiren ülkeler arasında Japonya, Fransa, (Batı) Almanya, Güney Kore ve Tayvan örnekleri gösterilmekte ve bu ülkelerin bu tür engelleri azaltmada başarılı oldukları vurgulanmaktadır (Parente ve Prescott, 1994:13).

Teknolojik gelişme, üretimde yeni yöntemlerin geliştirilmesi, yeni bilgilerin keşfedilmesi, buluşlar ve yenilikler ve/veya pazarlama ve yönetim tekniklerinin ilerlemesi sonucunda ortaya çıkan bir olgudur. Keşifler ve icatlar, teknik bilginin önemli ölçüde artmasını sağlar. Teknolojik gelişme, sanayi sektörü kadar tarım sektörüne de önemli katkıda bulunmaktadır (Begg, Fischer ve Dornbusch, 1994:15).

Büyümenin temel kaynakları olan tasarruflar, yeni sermaye yatırımları, beşeri sermaye yatırımları ve teknolojinin yanı sıra ülkedeki mevcut altyapı olanakları, genel eğitim seviyesi, bürokratik yapı, teknolojik seviye, mülkiyet hakları ve uygulanmakta olan politikalar gibi ülkeye özel etmenler de ekonomik büyüme üzerinde etkiye sahiptir. Örneğin, teknolojik ilerleme sonucunda elde edilen bilginin en iyi şekilde kullanılabilmesi için, yeterli eğitim düzeyi ve yeni bilgileri üretimde kullanılır hale getirecek girişimler gereklidir. Yasalar ve politik çevre de ilerleyen teknolojik seviyenin ve bilgi birikiminin üretim sürecinde uygulanabilir olmasına olanak sağlamalıdır.

1.3.3. Ekonomik Büyümenin Sağlanmasında Dış Finansman

Bir ülkenin kalkınması ve yüksek bir gelişme hızı elde edebilmesi için yeterli kaynağı yoksa yani yatırımlarını finanse edecek yeterli tasarrufa sahip değilse ortada iki çözüm yolu vardır. Ülke bu tasarruf açığını kapatabilmek için ya eski tasarrufları kalkınma için kullanacak ya da yabancı tasarrufları yurda çekmek isteyecektir. Bu ise ülkenin dış borçlanması veya ülkeye yabancı sermaye girişi ile sağlanacaktır (Karluk, 2001:102).

Gelişmekte olan ülkelerin dış borçlanma yerine daha çok finansal serbestleşme politikaları ile dışa açılma yolunu tercih ettiği ve bu sayede uluslar arası sermaye hareketlerini ülke içine çektikleri görülmektedir.

Gelişmekte olan ülkelerin kalkınma öncelikleri, sürdürülebilir bir ekonomik büyümenin başarılmasını, yatırımların artırılmasını, dünya pazarlarında ihracat gücünün artırılmasını, daha fazla ve daha iyi istihdam fırsatlarının yaratılmasını, teknolojik gelişmenin güçlendirilmesini ve gelecek nesiller için çevrenin korunmasını içermektedir. Dünya ekonomisindeki serbestleşme ve küreselleşme eğilimleri, gelişmekte olan ülkelerin bu hedefleri başarmasında kendi kaynaklarını ve kapasitelerini geliştirmesi için baskı yapmaktadır. Gelişmekte olan ülkelerin, ekonomik kalkınmalarının finansmanında var olan yapısal darboğazlar ve bunun hem nedeni hem de sonucu olarak ortaya çıkan sermaye birikimi yetersizliği karşısında tek alternatifi dış finansmanlardır (Yüksekdağ, 2008:8). Dış finansman tasarruf açığını kapatmada ve ekonomik kalkınmayı sağlamada ülkeler açısından en kolay yol olduğundan gelişmekte olan ülkeler bu yola daha çok başvurmaktadır.

Dış finansman gelişmekte olan bölgelere yabancı sermaye çekmenin en geleneksel şeklidir, aynı zamanda en tehlikelisidir. Genellikle özel sektöre yönelen doğrudan uluslar arası yatırımlardan farklı olarak, uluslar arası alanda kredi sağlama borçlu devleti yükümlülük altına sokmaktadır. Bu yükümlülük; döviz olarak geri ödeneceğinden borç alanın kendine ait ödeme gücüne, merkez bankasının sahip olduğu döviz rezervine bağlı olduğundan son derece önemlidir. Tamamlayıcı bir tasarrufa benzeyen dış finansman Ragnar Nurkse'nin tanımladığı gibi fakirlik kısır döngüsünü kırmayı sağlar. Gelirlerinin zayıflığı nedeniyle fakir ülkeler önemsiz bir tasarruf hacmine sahiptir ve gelir yaratacak yatırım finansmanlarından yoksundurlar. Makro ekonomik planda, dış finansmanın getireceği hazır para, borç alan ülke için ille de yatırım artışı demek değildir.

1.4. Reel Döviz Kuru, Doğrudan Yabancı Sermaye Yatırımları ve Ekonomik Büyümenin Birbirlerini Etkileme Kanalları

1980'lerde tüm dünya ülkelerinde başlayan mali piyasalar üzerindeki kısıtlamaların kalkmasıyla beraber uluslararası sermaye hareketleri serbestleştirilmiş ve bu gelişme iletişim teknolojisindeki hızlı ilerlemelerle de desteklenince, uluslararası sermaye akımlarının hacminde artışlar görülmüştür. Bugün uluslararası sermaye akımları ticaret akımlarından çok daha büyük boyutlara ulaşmış bulunmaktadır. Böyle bir ortamda kur değişimlerini açıklamada asıl ilginin ticaret akımlarından çok yabancı sermaye akımlarına doğru kayması da doğaldır. Yabancı sermaye hareketlerinin ve reel döviz kuru arasındaki ilişki ve bunun ekonomik büyüme üzerinde etki kanalı ekonominin genel dengesini belirlemede son derece önemlidir. Ülkenin yatırım ve tasarruf düzeyi, ihracatı ve ithalatı diğer bir deyişle dış dengesi özellikle tasarruf yetersizliği, dış açık ve bunun finansman şekli yabancı sermaye hareketlerinin ekonomik büyüme üzerinde en önemli kanalları olması dolayısı ile önem arz etmektedir.

Döviz kurlarının oluşumunu açıklayan geleneksel teoriler dış ticaret akımları yaklaşımı ile satınalma gücü paritesi teorisidir. Parasal yaklaşım ile portfolyo dengesi yaklaşımı ise yeni veya modern teorileri oluşturmaktadır. Dış ticaret akımları yaklaşımına göre, bir ülkenin parasının değerini belirleyen etken, o ülkenin mal ihracat ve ithalatıdır. İhracatın ithalattan büyük olması durumunda ulusal paranın dış değeri yükselir, tersi bir durumda ulusal para değer kaybeder. Aynı zamanda, bu teoriye göre dış ticareti etkileyen faktörler ulusal paranın dış değerini de etkiler. Örneğin, reel gelir artışlarının veya ekonomik büyüme sonucunda, ülkedeki ulusal gelir artışları ithal malları talebinin artmasına neden olmakta ve döviz kurunu yükseltici etkide bulunur. Satınalma gücü paritesi ise, uzun dönemli denge döviz kurlarının reel faktörlere bağlı olduğunu, kısa dönemde ise, özellikle sermaye akımlarının etkisinde kaldığını söylemektedir. Bunu açıklamak için, kurlardaki aşırı değerlenme ve eksik değerlenme konuları üzerinde durulmuştur. Satınalma gücü paritesi, uzun dönemde göreceli fiyat ilişkilerine bağlı denge kurlarını gösteren bir araç olarak kullanılabilmektedir. Örneğin, bir veya iki yıl gibi süreler dikkate alındığında, enflasyon oranları göreceli biçimde yüksek olan bir ülkede hükümet, döviz kurunun yükselmesine izin vermeyebilir ve böylece reel kurlar nominal kurların altına düşer ve ulusal para yapay olarak aşırı değerlendirilmiş duruma gelir. Hükümetler, döviz piyasası müdahaleleriyle böyle bir duruma neden olabilir. Döviz kurlarının hükümet müdahaleleriyle, ülkedeki göreceli enflasyon oranlarından daha düşük ölçülerde yükseltilmesine ulusal paranın aşırı değerlenmesi (dövizin eksik değerlenmesi), tersine, döviz kurlarının iç ve dış enflasyon oranları farkından daha yüksek oranda artırılması da reel kurun nominal kurun üzerine çıkması ve ulusal paranın eksik değerlendirlmesi (dövizin aşırı değerlendirilmesi) denir (Seyidoğlu, 2009:426-427).

Ülkenin, ulusal paranın aşırı değerlendirilmiş olduğu bir kur politikası uygulamasında çeşitli nedenler etkili olabilir. Örneğin sanayileşmekte olan bir ülkede, döviz kurları düşük tutularak, sanayiye ucuz yabancı girdi sağlanması düşünülebilir veya ihraç mallarının yüksek yabancı fiyatlardan satılarak, ticaret hadlerinin ülke lehine geliştirilmesi amaçlanmış olabilir. Dışarıdan ülkeye kısa süreli yabancı sermaye fonlarını çekebilmek için de bu yola başvurulabilir. Yüksek faiz oranlarından yararlanmak için dışarıdan gelen bu fonlar, ulusal paraya dönüştürülerek faize yatırılır ve yatırım süresinin sonunda tekrar yabancı paraya çevrilerek ülkeyi terk etmektedir.

Parasalcı yaklaşım göre, herhangi bir malın fiyatının, o malın arz ve talebine bağlı olduğu şeklindeki genel ilkenin ulusal paralar için de geçerli olduğunu savunmaktadır. Portfolyo modelinde ise, sermayenin kıt ve işgücünün ucuz olduğu bir ülkede finans sektörünün ve sermaye akımlarının liberalizasyonu, artan enflasyona ve reel döviz kurlarının değer kazanmasına yol açmaktadır (Vergil ve Çeştepe, 1997:39).

Bazı durumlarda, kurlar piyasaya bırakılmış, ancak merkez bankası yaptığı sürekli müdahalelerle piyasa kurunu denge değerinden düşük tutmaktadır. Bu tür uygulamaya aşırı değerlenmiş kur politikası dendiğini daha önce açıkladık. Örneğin, yakın geçmişte Türkiye'de ve birçok gelişmekte olan ülkede, özellikle kısa süreli yabancı sermayeyi ülkeye çekmek için böyle düşük kur politikaları, yüksek faiz politikaları ile birlikte uygulanmıştır. Fakat bu politikalar ihracatı caydırıp, ithalatı özendirerek ilgili ülkelerin cari işlemler açıklarını daha da büyütmektedir. Öte yandan para arzındaki bir genişleme dolaysız olarak faiz oranlarını düşürmektedir. Bu da ülkeden sermaye çıkışını özendirmektedir. Tersine, sıkı bir para politikası ile faizlerin yükseltilmesi de ülkeye yabancı sermaye girişini artırmaktadır. Dolayısıyla dış ödeme açığı veren bir ülke, faiz oranlarını yükselterek önemli hacimlerde yabancı sermaye çekmek ve dış açıklarını kapamak olanağına sahip bulunmaktadır (Seyidoğlu, 2009:492).

Neo-klasik teori, yerli tasarrufların yetersiz kaldığı durumlarda yabancı tasarrufların yerli yatırımlar ve büyüme için önemli bir kaynak oluşturacağını kabul etmektedir. Sermaye hareketlerinin serbestleştirilmesi tasarrufların sermaye darboğazı çeken ülkelere akmasına neden olacaktır; yani istenilen büyüme hızına ulaşmak için yurtiçi tasarrufları yeterli olmayan gelişmekte olan ülkelerde faiz oranı yükselecek, tasarruf fazlası olan ülkelerin tasarrufları bu ülkelere çekilebilecektir (Yentürk, 1997:136). Aşırı sermaye girişi sonucu yerli para yabancı para karşısında değer kazanmaktadır. Bu olgunun ihracatçı sektörlerin rekabet gücü ve dış ticaret dengesi üzerinde önemli olumsuz etkileri olmakta, ithalat hacmi ve ekonominin ithalata bağımlılığı artmaktadır (Yentürk, 1997:137). Bu yüksek faiz oranları ve değerli döviz kuru sadece spekülatif sermaye hareketlerine arbitraj olanağı sağlamaktadır. Aynı zamanda yüksek faizle borçlanan ülkeleri süreç itibariyle kısır bir döngüye sokmaktadır. Sürecin sonunda artan cari açık ve kamu açığı sonunda bu ülkelerden ciddi anlamda sermaye çıkışı başlamaktadır. Öte yandan, devalüasyon beklentileri, belirsizlik ve makroekonomik dengesizliklerin artacağı beklentisi doğrudan yatırımlara ilişkin sermaye girişini de olumsuz etkilemektedir. Reel döviz kurlarındaki tesadüfi dalgalanmalar doğrudan yatırımlar üzerinde beklenti etkisine ve riskin farklı oluşumuna neden olabilmektedir. Teorik modellere göre, risk ayarlamanın doğrudan etkisi, döviz kurunun reel olarak değer kazanması beklentisidir ve yabancı sermayenin maliyetinin azalmasıdır. Böylece doğrudan yatırım akımlarını teşvik edecektir. Ev sahibi ülke parasının aşırı değerlenmesi ise piyasa dengesizliğinin bir göstergesidir. Yerli paranın aşırı değerlenmesi ülkede üretim maliyetlerinin artması anlamına gelebilmektedir (Dursun ve Bozkurt, 2007:2). Doğrudan yabancı yatırımlar sözü edilen bu durumdan dolayı döviz kuru faktörüne karşı oldukça duyarlıdır. Aynı zamanda döviz kurlarındaki oynaklığın artması, gelecekte döviz kurlarında belirsizliğe neden olacak, bu durum bir risk oluşturabilecektir.

Aşırı sermaye girişinin olumsuz etkilerini azaltmak amacıyla başvurulan yöntem genellikle, rezervlerin artırılması yani sermaye girişinin daha düşük bir oranının cari açığı finanse etmekte kullanılmasıdır. Ancak uluslararası rezervlerin artması çeşitli sorunlara neden olmaktadır. Çünkü merkez bankaları uluslararası rezervleri artırmak için parasal tabanı genişletmekte bu da enflasyonu körüklemektedir. Ayrıca, sermaye girişlerindeki artış cari açığın artmasına olanak vermektedir. Çünkü sermaye girişlerinin artması sonucu ülkede döviz miktarında artış yaşanırken, diğer yandan da yerli para değer kazanıp, ithal malları ucuzlatmakta ve ihracatı pahalı hale getirmektedir (Yentürk, 1997:143, Yüksekdağ, 2008:52). Dolayısı ile sermaye hareketlerinin ekonominin dış ticaret dengesi üzerindeki etkisi döviz kuru aracılığı ile olmaktadır. Diğer yandan standart açık ekonomi modeline göre, sermaye girişleri likiditeyi arttırdığı, artan likiditenin de yurt içi nominal faiz oranlarını düşürdüğü ve bununda yurt içi harcamaları arttırarak toplam talebi arttırdığı görülmektedir. Ulusal paranın reel olarak değerlenmesi esnek kur sisteminde nominal kurun değer kazanması şeklinde olurken, sabit kur sisteminde ise dış ticarete konu olmayan malların fiyatlarındaki artış yolu ile olmaktadır (Yüksekdağ, 2008:52).

Öte yandan, azgelişmiş ve gelişmekte olan ülkelerde, yeterli düzeyde kalkınmanın gerçekleştirilebilmesi için, milli gelirin önemli bir kısmının yatırımlara ayrılması gerekir. Yatırımların kaynağı tasarruflardan oluştuğundan yüksek bir yatırım oranı tasarrufların artırılmasına bağlıdır. Oysa az gelişmiş ülkelerde milli gelir düşük olduğu için yeterince tasarruf yapılamaz ve buna bağlı olarak da istenen düzeyde üretim artışı sağlanamamaktadır. Azgelişmiş ekonomiler iç tasarruflarındaki bu boşluğu dış borçlanma yoluyla telafi etmeye çalışabilir. Ancak dış borçlanmanın da bir sınırı olduğundan kalkınma daha rasyonel bir yöntem olan dolaysız yabancı sermaye yatırımlarını ülkeye çekmek suretiyle mümkündür (Koyuncu, 2010:58). Yabancı sermaye sahiplerinin amacı ise, sermayelerini en fazla kar edecekleri ülkelere yatırmaktır. Sermayenin başka bir ülkede yatırım yapılabilmesi için, yatırımın karlılığı, piyasa hacmi, ülke ekonomisinin büyüme hızı, altyapı, politik ve ekonomik istikrar gibi faktörler ön plana çıkmaktadır. Buna karşılık yatırım yapılan ülkenin öncelikli amacı da sermayeyi kalkınmanın finansmanında kullanmaktır.

Yatırım yapılacak ülkenin döviz kuru politikaları da yabancı yatırımcı açısından önem arz etmektedir. Çünkü çok uluslu şirketler çok sayıda ülkede faaliyet gösterdikleri için çok sayıda para birimi ile çalışmak durumundadırlar. Bundan dolayı döviz kurlarındaki hareketlilik ve belirsizlikler, söz konusu firmaların hem kârlılığını hem de üretim yeri tercihlerini etkilemektedir (Gövdere, 2003:5; Kar ve Kara: 2004:71). Bir ülke parasının diğer ülke parası karşısında sürekli değer artışı parası değer kazanan ülkede maliyet ve fiyatların artışı demektir. Bu durumda sermaye parası değer kaybeden ülkeye doğru olacaktır. Ancak dikkat edilmesi gereken bir husus vardır ki, döviz kurlarının doğrudan yabancı sermaye yatırımları üzerindeki etkisi belirlenirken, bir firmanın ürünlerinin ne kadarını ihraç, ne kadarını ithal ettiği önem taşımaktadır. İç pazara yönelik üretim yapan yabancı yatırımcı için, döviz kurları sadece yatırım ve kâr transferi aşamasında önem arz eder. Buna karşın ihracata yönelik üretim yapan yatırımcı, ürünlerin satış aşamasında da döviz kurlarına dikkat etmek zorundadır (Kar ve Tatlısöz, 2008:11).

Özetle, bir ülkeye yabancı sermaye, girerken de çıkarken de ülkenin döviz piyasalarında dalgalanmalara yol açabilir. Özellikle, portföy yatırımları şeklinde gelen yabancı sermaye, ülkeye girişte döviz arzını artırarak, ulusal paranın aşırı değerlenmesine sebep olabilir. Bu da ithalatı artırıp ihracatı caydırarak dış ticaret bilançosunu olumsuz etkiler. Portföy yatırımlarının beklenmedik bir durumda, ülkeyi terk etmesi de, ülkenin döviz rezervlerini eriterek dış ödemelerde bir krize yol açabilir. Ayrıca doğrudan yabancı yatırımlar için böyle bir riskin olmağı söylenebilir. Çünkü, yabancı yatırımcının tesisini kapatıp, ya da yatırımını likiditeye çevirip yurt dışına transfer etmesi ve buna benzer durumlar daha da güçtür. Ayrıca da, doğrudan yabancı yatırımların ev sahibi ülkenin sermaye stokunu artırdığı, yeni teknolojilerle tanıştırdığı, hem yönetim hem de bilişim alanında ülkeye katkı sağladığı ve bütün bunların da ülkenin üretim kapasitesini artırdığı, ekonomik büyümeye kaynak sağladığı dolayısyla ekonomik istikrara olumlu etkisi kaçınılmazdır.

BÖLÜM II

TÜRKİYE'DE REEL DÖVİZ KURU, YABANCI SERMAYE YATIRIMLARI VE EKONOMİK BÜYÜMENİN GELİŞİMİ

2.1. Türkiye'de Döviz Kuru Rejimleri, Uygulanan Politikalar ve Reel Döviz Kuru Hareketleri

Uluslararası alanda yaşanan gelişmelere paralel olarak Türkiye'de de, döviz kuru rejim ve politikalarında zamanla farklı uygulamalar görülmüştür. Bazı dönemlerde sabit kur rejimleri uygulanırken, bazı dönemlerde serbest kur rejimleri benimsenmiştir. Türkiye'de uygulanan döviz kuru rejim ve politikaları, ekonomide dönüşüm yılı olan 1980 öncesi ve sonrası şeklinde iki ana başlık altında incelenmiştir.

2.1.1. 1980 Öncesi Dönem

Cumhuriyet'in ilk yıllarından günümüze kadar yürütülen kur rejimleri ve politika uygulamaları ana hatlarıyla incelendiğinde, uzun süre devam eden sabit kur rejimlerinin ağırlıkta olduğu görülmektedir. Özellikle bu durum Türkiye'nin 1946 yılında Bretton Woods sistemine dahil olmasıyla yasal bir statü kazanmıştır (Bulut, 2005:221). 1980 öncesi dönem incelendiğinde; dikkat çeken husus, uygulanan istikrar tedbirleri çerçevesinde ve ödemeler bilançosu sorunları karşısında en önemli aracın devalüasyon olarak belirlenmiş olmasıdır. Türkiye'de 1929 krizinden sonra, özellikle daha önceki dönemlerde temel alınan liberal ekonomi görüş yavaş yavaş terk edilmiştir (Arat, 2003:36).

Cumhuriyetin kuruluşundan 1929 yılına kadar geçen süreçte serbest kur rejimi uygulanmıştır. Dünya'da altın standardının yaşandığı bu dönemde TL'nin konvertibl olduğu gözlemlenmektedir (Karluk, 1999:529). İktisat kongresinde ulusal kapitalist politikalar benimsenmiş ve piyasa ekonomisine dayalı bir kalkınma stratejisi uygulanması mesajı çıkmıştır. Bu nedenle, 1923'ten 1929'a kadar uygulanan ekonomi politikaları liberal olarak nitelendirilmektedir. Liberal ekonomi politikalarının benimsenmesinin gerisinde ise, kalkınmada özel sektöre büyük umutlar bağlanması ve dış ticarette korumacılığın mümkün olmamasıdır (Tokgöz, 2000:339).

Ülke içinde siyasal, sosyal ve kültürel sorunlar aşılmaya çalışılırken 1929 Büyük Buhranı patlak vermiştir. Bu, dünyayı sarsan ekonomik kriz, özellikle tarım ürünleri piyasalarında fiyatların hızla düşmesine neden olmuştur. Geleneksel tarım ürünleri ihracatçısı olan Türkiye'nin döviz gelirlerinin hızla düşmesine sebep olmuştur. Böylece, ekonomik düzenini kurmaya çalışan Türkiye ekonomik seferberlik ilan etmiş ve liberal dönem terk edilerek devletçilik dönemi başlamıştır (Tokgöz, 1992:7). Bu dönemde, ekonomik gelişmenin ulusal nitelikli olması gerektiği vurgulanmış ve yabancı sermayeye karşı koruyucu bir tavır takınılmıştır.

Hükümet 1929-1930 ekonomik krizinin derinleştirdiği ekonomik sorunların çözümüyle ilgili olarak para politikası alanında o zamana kadar sürdürdüğü pasif tutumu bırakmıştır. Bu durum, ülke ekonomisinin gelişmesi ve endüstriyel faaliyetlerin finansmanı, istikrarlı bir para ve rasyonel bir kredi sistemine olan gereksinmeyi açıkça ortaya koymaktaydı (Parasız, 2003:396). Bu amaçla döviz piyasalarının doğrudan denetlenmesi amacıyla 25.02.1930'da 1567 sayılı Türk Parasının Kıymetini Koruma Kanunu (TPKK) yürürlüğe konmuştur. Döviz piyasasının denetimi için alınan bu tedbirler, ülke para politikasını yürütecek "Merkez Bankası"nın bulunmaması nedeniyle tam başarılı olamamıştır. Bu nedenle 11.06.1930'da T.C Merkez Bankası kurulmuştur (Arat, 2003:37). Aynı şekilde 1933'de "Ödünç Para Verme İşleri Kanunu" yürürlüğe konulmuş, bu kanunla serbest faiz uygulaması kaldırılarak TL'nin konvertibilitesine de son verilmiştir. Bu dönemden itibaren Türkiye'de sabit kur rejimi uygulanmaya başlanmış ve oldukça uzun zaman aralıklarıyla kurların devalüe edildiği görülmüştür.

Tablo-4'de Türkiye ekonomisinin dış ödemeler dengesinde ciddi önlemler almayı gerektiren sorunlar karşısında çözüm olarak, yaklaşık 10'ar yıllık periyotlarla gerçekleştirdiği devalüasyon oranlarını göstermektedir (Erdoğan, 2008:111). Alınan devalüasyon kararları genellikle ekonomik istikrar tedbirleriyle birlikte uygulamaya konulmuş, bu çerçevede kamu mal ve hizmetlerinde fiyat ayarlamaları yapılmış ve uluslararası kuruluşlar tarafından dış ticaret serbestliğinin sağlanması önerilmiştir (Erdoğan, 2008: 113). Cumhuriyetin kuruluşundan 1980'e kadar geçen süreçte 1930, 1946, 1961 ve 1971 yılları; Türkiye'de iktisat politikalarında gidilen değişiklikleri ve dünya konjonktüründe yaşanan önemli dönüşümleri göstermektedir. Bütün bu değişim ve dönüşümlerin Türkiye'nin 1923-1980 aralığındaki kur politikalarını belirlemiş olmasından dolayı, 1980 öncesi dönem bu çerçevede incelenmiştir.

Tablo-4: 1980 Öncesi Dönemde Yapılan Devalüasyonlar

	Dolar Kuru (TL)				
Devalüasyon Tarihi	**Karardan Önce**	**Karardan Sonra**	**Devalüasyon Oranı(%)**	**Devalüasyon Kararını Alma Nedeni**	**Ekonomideki Sonuçları**
7 Eylül 1946	1.30	2.82	115.4	IMF'ye dahil olmadan önce avantaj sağlamak	Etkisi olmadı
4 Ağustos 1958	2.82	9	221.4	Ekonomik Kriz	Durgunluk aşıldı
10 Ağustos 1970	9	15	66.7	Ekonomik Durgunluk	Petrol krizi, devalüasyonun olumlu

					sonuçlarını etkiledi
1 Mart 1978	19.25	25	29.9	Cari İşlemler Açığı	Sonuç alınamadı
10 Haziran 1979	26.50	47.10	77.7	Cari İşlemler Açığı	Sonuç alınamadı

Kaynak: Erdoğan, 2008: 114.

Türkiye Cumhuriyeti tarihindeki ilk devalüasyonu 7 Eylül 1946'da gerçekleştirdi. Devalüasyonla birlikte dış ticarette kısmi serbestleşmeye gidilmiş, ithalattaki kontenjanlar, miktar kısıtlamaları ve tavan uygulamalar kaldırılmıştır. İç tüketim için çok gerekli olan tüketim malları dışında kalan malların ihracatı üzerindeki kotalar ve sınırlamalara son verilmiştir (Şahin, 2002:94). Bu devalüasyondaki temel amaç; ithalat artısını sınırlı tutmak, sınırlı ihraç mallarının dolar cinsinden fiyatı düşürmek ve IMF'ye üyelik sonucu devalüasyon yetkisinin kısıtlanacak olması nedeniyle önlem almaktır. Ulusal paraya gerçek değerinin verilerek, iç ve dış fiyatlar arasındaki farkın ortadan kaldırılmasının ve dış ticaretin canlandırılmasının hedeflendiği bu devalüasyon sonrasında arzu edilen sonuçlara ulaşılamamıştır (Altınok ve Çetinkaya, 2003: 56). Aynı zamanda devalüasyonun bir yandan zamansız yapılması ve yeni kurun gereğinden daha düşük tespit edilmesi, öte yandan devalüasyondan sonra iç fiyat istikrarını sağlayacak tedbirlerin alınmamış olması ve ihracatın artırılamaması nedenleriyle başarısız olmuştur (Ay, 2007a:71).

Türkiye 19.02.1947'de IMF ve Dünya Bankasına üye olmuş ve ayarlanabilir sabit döviz kuru politikası uygulamaya başlamıştır. Dış ödemelerin 1953'ten itibaren sorun haline gelmeye başlamasıyla hükümet yeni önlemler almak zorunda kalmıştır. 1956'da turist ve benzeri dövizlerde 2.80 olan TL'nin ABD Doları karşısındaki paritesi 5.25-5.5 olarak yeniden tespit edilmiştir. Kambiyo denetiminin arttırılması, dış ticaret dengesinde olumlu gelişmeler sağlayamadığı gibi, sabit tutulan resmi döviz kurları ile karaborsa döviz kurları arasındaki fark büyümüştür. Bu ise dışarıya sermaye kaçışını hızlandırmış, kaçakçılığı arttırmış ve enflasyon oranını yükseltmiştir. 4 Ağustos 1958'de 1 ABD Doları =9 TL olacak şekilde devalüe edilmiştir. Benzer şekilde 10 Ağustos 1970 tarihli TPKK Hakkında 18 sayılı Karar ile yeni kur ayarlanmasına gidilmiş ve 1 ABD Doları = 15 TL olarak saptanmıştır. Bu devalüasyonun amacı olarak da ithalat talebini kısmak, ihraç mallarımızın dış piyasalardaki rekabet gücünü yükseltmek olduğu belirtilmiştir. Ayrıca devalüasyonun o zamana kadar bir kısmı, resmi yollarla yurda girmeyen turizm gelirlerini ve işçi dövizlerini artırıcı yönde etkileyeceği beklentisi de söz konusu kararı almada önemli rol oynamıştır. Bu tarihten sonra kur ayarlamalarının daha sıklıkla yapıldığı görülmektedir.

Türkiye ilk istikrar programının yürürlüğe girdiği 4 Ağustos 1958 tarihinden 24 Ocak 1980'e kadar olan 22 yıllık sürecin 13 yılını sabit kur sistemi içinde 9 yılını ise dalgalı kur sistemi içinde geçirmiştir. Bretton Woods sistemi fiilen 1971 yılında, resmi olarak da 1973 yılında sona ermiştir. Türkiye Ekonomisi sabit kur sistemi içinde 35 yıl geçirmiştir. Bu süreç içinde 1958 ve 1970 dönemleri olmak üzere iki istikrar programı deneyimi yaşanmıştır. 1971'de sabit kur sistemi fiilen sona ermiş ve bu dönemin ertesinde 1971-1980 arasındaki 9 yıllık zaman dilimi içerisinde iki istikrar programı daha yaşanmıştır (Bulut, 2005:223).

1974'de kur siteminde yeni uygulamaya geçilmesi, sık devalüasyonların temel nedenini oluşturmuştur. 1974'de uluslararası kambiyo kurları arasında gerekli uyumun sağlanması için IMF tarafından konulan kurallara uygun tedbirler alınmıştır. IMF'in hazırladığı yönteme göre, ülkelerin kendi paraları ile diğer üyelerin paraları arasındaki kurlarda herhangi iki alış veya iki satış kuru arasında en çok %2'lik fark olması gerektiği belirtilmiştir. Böylelikle, herhangi bir yabancı paranın uluslararası piyasada değer kazanması ya da kaybetmesi sonucu öteki yabancı paraların kurlarına göre %2'yi aşan fark meydana geldiğinde kurlar ayarlandığı için, 1974 yılında çeşitli tarihlerde bazı dövizlerin TL karşılığında kurları ayarlanmıştır. Kurlar 1976'da üç kez, 1977'de de 2 kez, 1978'de 3 kez, 1979'da da 3 kez kur ayarlamasına gidilmiştir (Arat, 2003:38).

Sonuç itibariyle; sabit kur politikası ve ithal ikameci sanayileşme stratejisi 1980 öncesi dönemin temel özellikleridir. Burada ithal ikameci sanayileşmenin kur politikası açısından taşıdığı öneme değinmekte yarar vardır. Amaç ihracatı artırmak değil yurtiçinde ithalata rakip endüstriyi geliştirmek amacıyla ithalat yapmaktır. Yapılan devalüasyonların başarıya ulaşamamasında bu içe dönük, maliyet ve fiyat bakımından dünyadan kopuk, tüketime dönük ve dövize endeksli sanayileşme yapısının büyük rolü olmuştur. İthal ikameci politikanın getirdiği en önemli sonuçlardan biri kurların aşırı değerlenmesi ve ihracatta istenen artışın sağlanamamasıdır (Bulut, 2005:226).

1980 yılına gelindiğinde dış ödeme güçlükleri ve yüksek enflasyon, ekonomiyi ağır bir bunalıma itmiş, bu durum toplumsal ve siyasal boyutlar kazanarak daha da ağırlaşmış ve Türkiye 24 Ocak 1980 yılında dış ve iç baskılar neticesinde yeni ekonomik kararlar almıştır (Ay, 2007a:115).

2.1.2. 1980 Sonrası Dönem

Türkiye'de hükümetlerin temel hedefi, eski dünya düzeninde büyüme ve gelir dağılımını iyileştirmek olmuştur. 1980'li yıllar ve özellikle de 1990 sonrasında temel hedef büyüme ve bölüşümün iyileştirilmesi olmaktan çıkmış ve yerini serbestleşme-özelleştirme-devletin küçültülmesi yoluyla küreselleşmeye bırakmıştır. 1980 sonrası dönemde, serbest dış ticaret yoluyla piyasaya yansıyan mal ve hizmet fiyatları, serbest sermaye hareketlerinin belirleyeceği döviz kuru ve faiz haddi ile yabancı sermaye yatırımları hem mikro hem makro düzeyde ekonominin gidişatını belirleyen faktörler olmuştur (Akçacı, 2006:91).

Türkiye 24 Ocak 1980 tarihinde bir yandan IMF tipi ve Liberalizm ağırlıklı Ortodoks istikrar önlemleri yürürlüğe konurken diğer yandan kamu ağırlıklı faiz ve döviz kurlarının baskı altında tutulduğu bir ekonomiden finansal liberalizasyonu ve TL konvertibilitesini aşamalı bir şekilde gerçekleştirmeyi amaçlayan önlemler alınmıştır (Parasız, 2003:403). 24 Ocak Kararlarının en önemli özelliği, sadece Türkiye'nin içine düşmüş bulunduğu ekonomik durumu gidermeyi amaçlamamış, aynı zamanda yıllardan beri ekonomide gerçekleştirilemeyen piyasa mekanizmasının rolünü artırmak öncelikli hedef olmuştur (Ay, 2007a:117). Ayrıca ticaretin liberalizasyonu yoluyla dışa açılmayı gerçekleştirme kapsamında; ithalat ve ihracat rejiminde serbestleşmeye gidilmiş, yabancı sermaye teşvik edilerek, kar transferlerine kolaylıklar sağlanmıştır (Ay, 2007a:126).

Tipik bir kapalı ekonomi modelinde dış denge, faiz oranlarından çok döviz kurları aracılığı ile etkilenmeye çalışılmaktadır. Türkiye'de 32 Sayılı Karara gelinceye kadar, kimi zaman farklar olsa da döviz kurları Türkiye Cumhuriyeti Merkez Bankası(TCMB) tarafından belirlenip ilan edilmiştir. 1980'li yılların sonuna kadar para politikası, kalkınma programlarının bir aracı olarak yürütülmüş, sabit döviz kuru sistemi söz konusu olduğundan, bu dönemde döviz kuru kalkınma planları çerçevesinde, ya olduğundan düşük ya da yüksek olarak belirlenmiştir. 1989 yılından sonra bu durum tamamen değişmemekle birlikte, para politikası, fiyat istikrarı hedefine göre uygulanmıştır. 24 Ocak 1980 kararları, ekonomiyi dışa açmak, bozulan dengeleri yeniden kurmak, döviz sorunu ile karşı karşıya kalan ülkenin dış ödemeler dengesini sağlayıp döviz birikimini oluşturmak ve fiyat istikrarını sağlamak, bir başka ifade ile yüzde 100'lere doğru tırmanan enflasyonla mücadele etmek amacıyla alınmıştır. IMF ile yapılan yapısal değişim anlaşması, Türkiye'nin dış kaynak gereksinimini çözmek amacıyla atılmış önemli bir adım sayılmaktadır. Türkiye aldığı bu kararlar ile kredibilitesinin yeniden sağlayarak dışarıdan daha kolay dış kaynak bulabilme ve 1974 yılından itibaren kaybedilen döviz rezervlerini de yeniden yerine koyabilme fırsatı bulmuştur (Uzunoğlu, 2007:114). Aynı zamanda sabit kur sistemi yerine esnek kur sisteminin kurulması ve Türk Parasını Koruma Kanunu'nun tadili ve döviz piyasasının oluşturulması 24 Ocak Kararları'nın hedeflerinden biri olmuştur.

Türkiye'de 24 Ocak 1980'de alınan ekonomik tedbirler paketinden sonra, kur rejiminde değişikliğe gidilerek sürünen parite rejimine geçilmiş ve ABD Dolarının değeri 70 TL'ye yükseltilmiştir. Bu tarihten itibaren kurlardaki ayarlamalarının daha sıklıkla yapılmaya başlandığı görülmektedir. Uluslararası piyasalar ve para piyasalarındaki gelişmeler göz önüne alınarak 1980 yılı içerisinde kurlar 16 defa değiştirilmiştir. 1 Mayıs 1981'e kadar 6 kur ayarlaması daha yapılmış, söz konusu tarihe kadar çoklu kur uygulaması sürdürülmüştür. 1 Mayıs 1981'den itibaren tek kur uygulamasına geçilmiş, döviz kurları Merkez Bankası tarafından günlük olarak ilan edilmeye başlanmıştır. Uluslararası piyasalar ve para piyasasındaki gelişmelere göre 1981'de 164 kez, 1982'de 245 kez, 1983'te 246 kez kurlar değiştirilmiştir. Diğer bir ifadeyle kurlar her iş günü yeniden tespit edilmiştir (Arat, 2003:38-39).

Türkiye'de ekonominin serbestleştirilmesi yolundaki çabalar ticaretin serbestleştirilmesi ile başlamıştır. Bu dönemde devletin ekonomiye müdahalesinin azaltılması hedeflenmiş ve kambiyo işlemleri üzerindeki kontroller aşamalı olarak kaldırılmıştır. Merkez Bankası ihracata dayalı büyüme stratejisiyle uyumlu bir para politikası izlemiştir. Sınırlı sermaye hareketleri,

Merkez Bankası'nın bir yandan faiz oranlarını kontrol ederken diğer yandan da daha önceden de ifade edildiği gibi- sürünen pariteler rejiminin uygulamasına imkan vermiştir. Ocak 1980 - Mayıs 1981 döneminde sürünen pariteler, kur rejimi olarak uygulanmıştır. 24 Ocak 1980 kararlarının ardından uzun aralıklarla yapılan devalüasyonlar ile kurlar Mayıs 1981'e kadar 6 kez düzenlenmiştir. Böylelikle, reel döviz kuru ile nominal kur arasındaki dengesizlikler ortadan kaldırılmaya çalışılmıştır. 1984'te Türk Parasının Kıymetini Koruma hakkında çıkartılan 28 ve 30 sayılı kararlar ile de Türkiye'de uygulanan kambiyo rejimi serbestleştirilmiştir (İnandım, 2005:54-55).

Günlük döviz kuru uygulamasına 29 Aralık 1983 tarihinde son veren Merkez Bankası, çıkarılan TPKK hakkındaki 28 sayılı karar ile sadece TL'nin ABD doları cinsinden esas kurunu belirleyip ilan etmeye başlamıştır. Merkez Bankasınca günlük olarak belirlenen esas kur (resmi kur) etrafındaki dalgalanma marjının, fiyat artışları da gözetilerek aylık devalüasyon oranında olma ilkesi benimsenmiştir (Taban ve Altıntaş, 2004: 10).

1988 yılı Ağustos ayında mali piyasalarda yapılan bir değişiklikle döviz kurlarının piyasa koşulları altında tespiti sistemine geçilmiştir. Bu amaçla Merkez Bankası bünyesinde Döviz ve Efektif Piyasaları kurulmuştur. Günümüz kur rejimi tercihini ve kur politikasını derinden etkileyen en önemli değişiklik ise 11 Ağustos 1989 tarihli Resmi Gazete'de yayımlanan Türk Parası Kıymetini Koruma Hakkında 32 Sayılı Karar ile gerçekleşmiştir. 32 Sayılı Karar tam konvertibiliteye geçiş kararı olarak da kabul edilmektedir. Söz konusu Karara göre, Türkiye'de yerleşik kişilere bankalar, özel finans kurumları ve yetkili müesseselerden istedikleri kadar döviz satın alma ve bunu yurtdışına transfer izni verilmiştir. Ayrıca, dışarıda yerleşik kişilerin borsada işlem gören Türk Menkul Kıymetlerini, Türkiye'de Sermaye Piyasası Kanununa göre faaliyet gösteren bankalar ve aracı kurumlar aracılığıyla satın almaları, satmaları, bu kurumlar aracılığıyla transfer ettirmeleri ile Türkiye'de yerleşik kişilerin bankalar ve özel finans kurumları aracılığıyla yabancı borsalarda işlem gören menkul kıymetleri satın almaları ve bu kıymetlerin alış bedellerini transfer ettirmeleri serbest bırakılmıştır. Bunlara ek olarak, Türkiye'de yerleşik kişilerin yurtdışından her tür kredi almalarını ve Türk bankalarının döviz kredisi açmalarını düzenleyen esaslar da liberalleştirilmiştir (Arat, 2003:39).

1989 yılında sermaye hareketleri tamamen serbestleştirilmiş ve bunu takip eden dönemde bankacılık sektörünün uluslararası piyasalardan borçlanması ve İMKB bünyesindeki piyasalara portföy yatırımları şeklinde gözlenen hızlı sermaye girişleri yaşanmıştır. Bunun sonucunda reel döviz kuru 1989-1990 döneminde yüzde 15-20 oranlarında değer kazanmıştır. Körfez Krizi döviz kuru üzerinde belirsizlik yaratmış ve Merkez Bankası'nın söz konusu dönemde temel amacı bu belirsizliğin asgari seviyeye indirilmesi olmuştur. Ancak, 1991 yılında Türk lirası reel olarak yüzde 5-7 oranında değer kaybetmiştir. 1992 yılında kur politikası Türk lirasının 1989-1990 yıllarındaki gibi değer kazanmasına izin vermemiş ve 1 ABD doları+1,5 Alman Markı olarak açıklanan döviz kuru sepeti reel olarak yüzde 2 oranında değerlenmiştir. 1993 yılında döviz kuru reel olarak istikrarlı bir seyir izlemişse de Türk lirasında 1993 yılı sonunda 1989-1990 döneminden kalan yüzde 10'luk bir değerlenme vardır. 1993'ün son aylarından itibaren piyasadaki fazla TL likiditesi ve açık pozisyon kapamaya yönelik döviz talebi, döviz kurları üzerinde baskı oluşturmuştur (Uğurlu, 2006:25). 1994 yılında büyüyen kamu açıkları ve iç dengesizlikler sonucu Merkez Bankası rezervleri büyük bir atakla karşı karşıya kalmıştır. Rezervlerin erimesi, büyük mali kriz ve sık ve küçük devalüasyonların ardından 5 Nisan 1994'te hükümet, Türk lirasını yaklaşık yüzde 20 oranında devalüe etmiştir. Bununla birlikte, reel kur 1994 yılında yüzde 10-15 oranında değer kaybetmiştir. Kriz yılı olan 1994 sonrası dönemde, reel döviz kuru 1995'te bir miktar değer kazanmışsa da, 1995 yılı sonunda 1993 yılı sonuna göre daha düşük bir değerde kalmıştır (Berument, 2002:4).

Faiz oranlarındaki yükseliş, reel döviz kurundaki gelişmeler ve sermaye hareketlerine ilişkin mevzuat değişiklikleri nedeniyle 1989 sonrasında Türkiye'ye yönelen sermaye girişleri, Türk lirasının değerlenmesini hızlandırmıştır. Gelişmekte olan diğer bazı ülkelerde de gözlendiği gibi, özellikle sermaye hareketlerinin serbestleştirilmesinin ilk yıllarında yerli paradaki değerlenme daha hızlı olmuştur. Ancak, sermaye hareketlerinin tamamen serbestleşmesiyle birlikte artan sermaye girişleri Türkiye'nin iç dinamiklerinden kaynaklanan sorunları geçici olarak çözmekle birlikte, uzun vadeli sürdürülebilir bir büyüme sürecini beraberinde getirememiştir (İnandım, 2005:55). Bu noktada, Türkiye'ye yönelen sermayede, doğrudan yatırımların payının, kısa vadeli sermaye hareketlerinin ve "sıcak para" akımlarının payı ile karşılaştırıldığında oldukça düşük olmasının da etkisi bulunmaktadır. Söz konusu dönemde, Türkiye'ye yönelik özel sermaye girişleri daha çok portföy yatırımı ve kısa vadeli sermaye yatırımı şeklindedir ve bu sermaye türleri doğaları gereği dalgalı bir seyir izleyerek bazı yıllarda Türkiye'den hızlı ve yüksek miktarda yabancı sermaye çıkışları yaşanmasına neden olmuşlardır.

1993 yılının son aylarından itibaren Hazine'nin iç borçlanma ihalelerini iptal etmesi başka bir ifade ile az miktarda borçlanması üzerine piyasadaki TL likiditesi giderek artış kaydetmiş ve döviz kurları üzerinde baskı yaratmaya başlamıştır. Söz konusu baskı 1994'ün ilk aylarında da devam etmiştir. Merkez Bankası, faiz oranlarını arttırarak fazla likiditeyi çekmeye ve döviz kurları üzerindeki baskıyı kaldırmaya çalışmış ancak başarılı olamamıştır. Daha sonra 5 Nisan Kararlarıyla bir dizi ekonomik tedbir yürürlüğe konmuştur. Alınan tedbirler çerçevesinde, Merkez Bankası 5 Nisan 1994 tarihinden itibaren ticari ve gayri ticari işlemlere ilişkin olarak yapılan döviz ve efektif alım-satımlarında uygulanacak döviz kurlarının bankalar, yetkili müesseseler, özel finans kurumları ve PTT'ce piyasa kuralları dahilinde serbestçe belirleneceğini duyurmuştur. Bunlara ek olarak, Merkez Bankası tarafından serbest döviz piyasasında oluşan kurları yansıtan "gösterge niteliğinde" olan kurlar ilan edilmeye başlanılmıştır. 1994 yılında uygulamaya başlanan istikrar programının bir parçası olarak kur politikasının, enflasyonun düşürülmesinde nominal çapa olarak kullanılması öngörülmüştür (Arat, 2003:40-41).

1994 yılında istikrar programı uygulanmaya başlanmıştır. Bu programda enflasyonun düşürülmesi amacıyla nominal kur çapa olarak kullanılmaya başlanmıştır (Arat, 2003:42). Nisan 1994 tarihinden itibaren uygulamaya konulan ekonomik program çerçevesinde, kurların merkez bankası tarafından her ay içerisinde belirlenecek bir bant içerisinde serbest olarak dalgalanmasına izin verilmiştir (Karluk, 1999: 538). 1995 yılı başında IMF ile bir stand-by anlaşması imzalanmış ve yapılan anlaşma çerçevesinde, kur sepeti 1 ABD Doları + 1,5 Alman Markı olarak tanımlanmış ve aylık değerlerinin öngörülen enflasyon oranları kadar artırılması kararı alınmış ve hedef değerleri piyasalara duyurulmuştur. 1996 yılında ise Merkez Bankası döviz kuru politikasını uygulamakta olduğu para politikası çerçevesinde, reel döviz kurundaki dalgalanmayı en aza indirgeyerek finansal piyasalarda istikrarı sağlamaya çalışmıştır; fakat reel döviz kurunun değerlenmesinin önüne geçilememiştir. Merkez Bankası 1997 ve 1998 yılında da aylık nominal devalüasyon oranını öngörülen enflasyon oranına paralel olacak şekilde belirlemeye devam etmiştir. Bu yıllarda uygulanan politika 1996 yılındakine benzer bir şekilde reel döviz kurlarından yararlanmıştır (Uğurlu, 2006:25).

1997 yılında Asya'da yaşanan ve 1998 yılında Rusya'ya sıçrayan kriz Türkiye'yi de etkilemiş, bütün gelişmekte olan ülkelere yönelik portföy yatırımlarında önemli ölçüde çıkışlar yaşanmıştır. Ocak 1998'de 119.3 seviyesinde olan reel döviz kuru, Şubat ayından itibaren düşmeye başlamış, Mart, Nisan, Haziran ve Temmuz'da denge değerinin altında kalmış (en yüksek sapma değeri Nisan 1998'de görülmüştür: -10.36) ve Temmuz 1998'de 116.3 seviyesine gerilemiştir. Reel döviz kuru, Temmuz 1998'den itibaren tekrar bir artış sürecine girmiştir (İnandım, 2005:60).

Reel döviz kurları söz konusu bu döneminde göreli bir istikrara sahip olmuş ancak kriz dönemlerinde önemli oranlarda dalgalanma göstermiştir. Türkiye 1989 yılında IMF'ye Türk lirasının konvertibl olması için başvurmuştur. Bu tarihten 2 Ocak 2000 tarihine kadar, Türkiye döviz kuru politikasında ara rejim uygulamıştır. Başka bir ifadeyle, bu dönemde döviz kuru rejimi olarak serbest dalgalanma rejimi ya da önceden açıklanan döviz kurları rejimi uygulanmamış, ancak Merkez Bankası söz konusu döneminin önemli bir bölümünde reel döviz kurunun önemli ölçüde dalgalanmasına izin vermemiştir. Merkez Bankası, 22 Şubat 2001 tarihine kadar nominal döviz kurları için günlük kotasyon vermiş ve piyasalara açıklanan bu kotasyonlardan müdahale edeceğini taahhüt etmiştir. Piyasalar, Merkez Bankası'nın günlük döviz kotasyonlarını dikkatlice izlemiş ve serbest piyasada oluşan kurlar örneklem döneminde 1994 yılının ilk ayları hariç açıklanan resmi kurlardan büyük oranlı bir sapma gözlenmemiştir. Söz konusu dönemin büyük bölümünde Merkez Bankası nominal döviz kurunu politika aracı olarak kullanmıştır (Berument, 2002:2-3).

1990'lı yılların sonlarına gelindiğinde, ekonomiyi istikrara kavuşturma çabaları başarılı olamamış, yüksek enflasyona, dalgalı büyüme oranlarına, çok yüksek miktarda kamu açıklarına ve kırılgan bir bankacılık sistemine sahip, yüksek oranda dolarize olmuş bir ekonomi ile karşı karşıya kalınmıştır. Tüm bu gelişmeler sonrasında, Türkiye ekonomisini istikrara kavuşturmak için kapsamlı bir programa ihtiyaç duyulmuştur. Aralık 1999'da, IMF destekli bir enflasyonu düşürme programı uygulanmaya başlanmıştır. Program nominal olarak çapalanmış bir döviz sepetine, Merkez Bankası net iç varlıkları pozisyonuna üst limit koyan bir parasal kontrole ve sıkı mali politikalara dayanmaktadır. Programın amacı enflasyon oranını 2002 sonu itibariyle tek haneli rakama düşürmektir (Özlale ve Yeldan, 2004:36).

Program ile hem enflasyonun, hem de reel faiz oranlarının eş zamanlı olarak düşürülerek, Türk ekonomisinin uzun dönem büyüme potansiyelini iyileştirecek istikrarlı bir makro ekonomik çevre oluşturulmaya çalışılmıştır. 2000 programı döviz kuru bazlı bir programdır. Döviz kurlarından fiyatlara geçişkenlik etkisinin yüksek olduğu Türkiye ekonomisinde, kredibiliteyi artırmayı amaçlayan bir istikrar programı, enflasyon problemini çözecek en iyi yol olarak görülmüştür (İnandım, 2005:60). 2000 Yılı Enflasyonla Mücadele Programı ile birlikte kur politikasında değişikliğe gidilmiş ve 2 Ocak 2000'den itibaren 12 aylık kayan dönemler için 1 ABD doları+ 0,77 Euro olarak açıklanan döviz kuru sepetinin alacağı değerler önceden açıklanmıştır. Döviz kuru 2000 yılında yüzde 20 olan TEFE enflasyon hedefi oranında artırılmıştır. Diğer ülkelerde uygulanan döviz kuruna bağlı istikrar programlarına benzer şekilde enflasyon oranı nominal döviz kurunun artış oranına programın başlamasından iki üç ay sonra yaklaşmaya başlamıştır. Ancak yıl sonu TEFE artış oranı, yüzde 33 ile son on dört yılın en düşük seviyesine ulaşmasına rağmen açıklanan hedefin oldukça üstünde olmuştur. Kasım 2000 krizi sonrası kırılganlığı artan mali piyasalarda Şubat 2001'in sonlarındaki gelişmelerin piyasalarda istikrarsızlığa neden olması ve Merkez Bankası rezervlerinin çok büyük bir atakla karşı karşıya kalmasıyla, kur politikasında 22 Şubat 2001 tarihinde bir değişikliğe gidilmiş ve dalgalı kur rejimine geçilmiştir (Berument, 2002:5). Bu tarihte, ABD doları Türk lirası karşısında yüzde 40 oranında değer kazanmıştır. Dalgalı kur rejimine geçişle birlikte nominal döviz kuru Kasım 2001 tarihine kadar yükselmiş ve Türk lirası 2001'de reel olarak yüzde 15-25 oranında değer kaybetmiştir.

Dalgalı kura geçiş ile birlikte Merkez Bankası tarafından belirlenen gösterge kurları bankaların ortalama alış ve satışlarının ortalaması alınarak tespit edilmeye başlanmış, Merkez Bankası'nın uzun dönemde kurları etkilemeden kısa dönemli aşırı dalgalanmaları önlemeye yönelik müdahalesi öngörülmüştür (MBSGB, 2002:118). 2002 yılının ilk üç aylık döneminde ise ödemeler dengesinde beklenenden daha iyi gerçekleşmeler döviz kurundaki istikrarı sürdürmüştür. Ancak Nisan ayından itibaren Türk Lirasının aşırı değerli olduğu yönündeki açıklamalar ve siyasi belirsizlik beklentilerinin artması kurlarda artışa neden olmuştur. Alınan seçim kararı ve Avrupa Birliği uyum yasalarının çıkması bu hareketliliği durdurmuştur. Seçim sonrasında oluşan güven ortamı kurların önemli ölçüde düşmesine yol açmıştır. Ancak Avrupa Birliği zirvesinde alınan karar, Irak'a yönelik olası operasyon beklentilerinin artması piyasalarca olumsuz karşılanmış, döviz kuru artış eğilimine girmiştir. 2003 yılının ilk çeyreğinde Irak savaşına ilişkin belirsizlikler döviz kurlarının oldukça hareketli bir seyir izlemesine neden olmuş, Mayıs ayı başlarından itibaren savaşın sona ermesi ve belirsizliklerin azalması ile Türk Lirası yabancı para birimleri karşısında hızlı bir değer kazanma sürecine girmiş ve bu eğilim Eylül ayı sonuna kadar devam etmiştir. Savaşın beklenenden çok daha kısa sürede sona ermesi, makro ekonomik göstergelerin bundan etkilenmemesi, ekonomi ile ilgili açıklanan verilerin olumlu olması beklentileri de olumlu etkilemiş, savaş sonrasında Türk lirası yatırım araçlarından yüksek getiri beklentisi ile ters para ikamesi hızlanmıştır. Merkez Bankası rezervlerini güçlendirme ve arz fazlalığını dikkate alarak 6 Mayıs'tan itibaren tekrar döviz alım ihaleleri düzenlemeye başlamıştır (MBSGB, 2003:114-115).

2004 yılının ilk çeyreğindeki enflasyon düzeyinin 2004 yılı enflasyon hedefine ulaşılacağı inancını kuvvetlendirmesi, kur istikrarının sağlanmasında önemli rol oynamıştır. Bu dönemde Kıbrıs ve Irak'taki gelişmeler zaman zaman döviz kurlarının yukarı hareketine neden olduysa da IMF ile 7. gözden geçirmenin tamamlanması, uluslararası derecelendirme kuruluşlarının Türkiye'ye dair olumlu değerlendirmeleri döviz kurlarının aşağı yönlü hareketini desteklemiştir. Ancak daha sonra iç ve dış gelişmelerin etkisi ve döviz likiditesindeki daralma nedeniyle döviz kurlarında aşırı dalgalanma meydana gelmiştir. Merkez Bankasının Mayıs ayındaki müdahalesiyle dalgalanma azalmış ve döviz kurları düşmeye başlamıştır. Ağustos ayında döviz kurları yükselme eğilimine girmiş, ancak 6 Ekim'de AB Komisyonunun Türkiye'ye müzakere tarihi verilmesi tavsiyesinde bulunması ile kurlardaki yükselme eğilimi durmuştur (MBSGB, 2004:113). 2004 yılında, Merkez Bankası döviz arzındaki gelişmeleri dikkate alarak 23 Ekim 2003 tarihinden itibaren ara verdiği döviz alım ihalelerine 23 Ocak 2004 tarihinden itibaren yeniden başlamıştır. Kıbrıs görüşmeleri konusundaki olumlu beklentilere bağlı olarak dalgalanmanın artması üzerine ise 16 Şubat 2004'te döviz piyasasına doğrudan müdahalede bulunmuş ve 24 Nisan 2004 tarihinden itibaren ise ihalelere ara vermiştir. Ancak döviz likiditesindeki daralma nedeniyle döviz kurlarında aşırı dalgalanma meydana gelmiş bunun üzerine 11 Mayıs 2004 tarihinde Merkez Bankası doğrudan satım müdahalesinde bulunmuştur. Merkez Bankasının müdahalesiyle Mayıs ayının ortalarından itibaren döviz kurları yeniden gerilemeye başlamıştır. Cari açığın finansmanına dair tartışmalar Ağustos-Eylül döneminde döviz kurlarının yeniden artmasına yol açtıysa da; özellikle yılın son iki ayında Euro/ABD doları paritesinin Euro lehine hareket etmesi, güçlü ekonomik veriler, gelişen piyasalara artan yatırımcı ilgisi ve IMF ile üç yıllık yeni bir anlaşma yapılacak olmasının etkisiyle Türk lirası değer kazanmıştır.

2005 yılında da dalgalı kur rejimi uygulanmaya devam edilmiş olup, döviz kurlarının piyasa koşullarında oluşmasına özen gösterilmiştir. 2005 yılında küresel likidite koşullarının olumlu seyretmesi ve ters para ikamesinin sürmesi nedeniyle döviz arzında meydana gelen artış, kurlarda aşırı oynaklık oluşmasına neden olmuş ve Merkez Bankası döviz kurlarına toplam altı kez doğrudan alım müdahalesinde bulunarak 14,6 milyar ABD doları alım yapmıştır. Diğer taraftan Merkez Bankası, döviz ihalelerine devam etmiş ve bu yolla 2005 yılı süresince toplam 7,4 milyar ABD doları satın almıştır. Böylece 2005 yılında Merkez Bankası hem ihaleler hem de doğrudan alım müdahaleleri ile toplam 22 milyar ABD doları satın almıştır. Diğer taraftan Merkez Bankası daha önceki yıllarda yapmış olduğu duyurularda belirttiği üzere, döviz ve efektif piyasalarındaki aracılık işlemlerinden aşamalı olarak çekilmeye başlamış ve 26 Aralık 2005 tarihinde bu aracılık faaliyetleri bitmiştir. Döviz satışlarındaki artışlar nedeniyle, 15 Şubat 2006'da döviz alım müdahalesinde bulunan Merkez Bankası, global likidite koşullarından kaynaklanan döviz arzındaki azalma nedeniyle 16 Mayıs 2006'da döviz alım ihalelerine ara vermiştir. 13 Haziran ve 23 Haziran 2006 tarihlerinde döviz satım müdahalesinde bulunan Merkez Bankası, dışsal faktörlerden kaynaklanan kur dalgalanmaları ve döviz likiditesindeki azalmanın dalgalanma sürecini beslemesi nedeniyle 26 Haziran ve 27 Haziran 2006 tarihlerinde döviz satım ihalesi yapmıştır (MBSGB, 2006:90).

Dolar kuru, 2005 yılına IMF ile 3 yıllık stand-by anlaşmasının yapılacağına dair açıklamalar nedeniyle gerileyerek başlamıştır. 2006 yılının ilk iki ayında gerilemesini sürdüren dolar kuru, Mart ayından itibaren, uluslararası likidite koşullarında yaşanan bozulma ile birlikte yükselmiştir. Nisan ayında bir miktar gerileyen dolar kuru, Mayıs ayında yaşanan sermaye çıkışı nedeniyle yükselmiş, Temmuz ayı ortalarından itibaren ise gerilemeye başlamıştır. 2007 yılına gerileyerek başlayan dolar kuru, Ocak ve Şubat ayı boyunca gerilemesini sürdürmüştür. Ancak Şubat ayı sonunda uluslararası piyasalarda ortaya çıkan dalgalanmanın etkisiyle yükselmeye başlamış ve bu eğilim Mart ayı ortalarına kadar devam etmiştir. Daha sonra piyasaların sakinleşmesiyle beraber dolar kuru, gerilemeye başlamış ve yıl içindeki hafif yükselişler dışında, Ağustos ayı ortalarına kadar gerileme eğilimini sürdürmüştür. Ancak, Temmuz ayında ABD'de yüksek riskli tut-sat (subprime mortgage) piyasasında yaşanmaya başlanan sorunların yol açtığı endişelerin yurtdışı piyasalarda yarattığı dalgalanmadan Türkiye de olumsuz etkilenmiş ve dolar kuru Ağustos ayı ortalarından itibaren bir miktar yükselmiştir. Piyasaların kısa sürede toparlanmasıyla birlikte Ağustos ayı sonlarından itibaren kur tekrar gerilemeye başlamış ve yılsonuna kadar gerileme devam ederek Aralık sonu itibariyle 1,1647 olmuştur.

Uluslararası piyasalarda doların değer kaybetmesi sonucunda yurtiçi piyasalarda TL 2008 yılına dolar karşısında güçlü başlamıştır. Ancak uluslararası piyasalarda yaşanan dalgalanmaların diğer gelişmekte olan ülkelere paralel olarak ülkemiz finansal piyasalarında da etkisi görülmüştür. 2008 yılı Şubat ayından itibaren TL değer kaybetme eğilimine girmiştir. Mart ayı sonunda ise 2007 yılı sonuna göre TL dolar karşısında yüzde 9,6 oranında değer kaybetmiştir. Nisan ayının ikinci yarısından sonra ise Türk parası yeniden değer kazanmaya başlayarak Ağustos ayının sonuna kadar değer kazanmaya devam etmiştir. Bu dönemde TL dolar karşısında yüzde 9,6 oranında değer kazanmıştır. Eylül ayında ise uluslararası piyasalarda doların değer kazanması TL'nin dolar karşısında değer kaybetmesini beraberinde getirmiştir. Bu süreç Ekim ayı ortalarına kadar devam etmiştir (MBSGB, 2008:134).

2008 yılının son çeyreğinden itibaren uluslararası kredi piyasalarında yaşanmakta olan sorunlar derinleşerek pek çok ülke piyasalarında olduğu gibi ülkemizde de likidite sorunları yaşanmasına neden olmuştur. Merkez Bankası bu dönemde, küresel finans krizinin Türkiye ekonomisi ve finansal istikrar üzerindeki olumsuz etkilerini önlemek amacıyla, faiz indirimlerinin yanısıra TL ve döviz likiditesi sıkışıklığını giderecek, kredi piyasalarının sağlıklı işlemesini sağlayacak ve reel sektörü destekleyecek önlemler almıştır. Merkez Bankası 2008 yılının Ekim ayından itibaren, ihalelerle kalıcı olarak döviz piyasasından çekilen likiditenin sistemde kalarak Türk bankalarının likiditelerinin daha da güçlendirilmesi amacıyla döviz alım ihalelerine ara vermiştir.

2008 yılının son çeyreğinde dünya finans piyasalarında ortaya çıkan belirsizliklerin derinleşmesi küresel likidite akışını olumsuz yönde etkilerken, özellikle ABD doları likiditesine olan talep artmış ve bütün gelişmekte olan ülke paralarında olduğu gibi Türk Lirası' da değer kaybetmeye başlamıştır. 2008 yılının Aralık ayı sonunda dolar 1,51230 TL, euro 2,14080 TL seviyesine yükselmiştir. Yıllık bazda 2008 yılında ortalama dolar kuru 1,29789 TL, euro ise 1,89864 TL olarak gerçekleşmiştir (TOBB, 2009: 20).

Şekil-1: Reel Döviz Kurunun Zaman İtibariyle Seyri

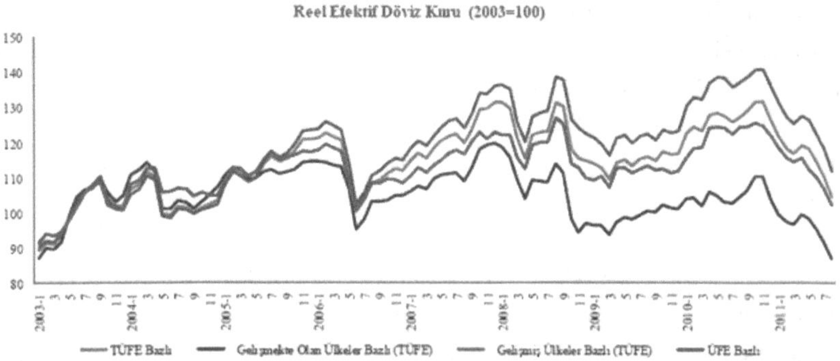

Kaynak: TCMB Veri Dağıtım Sistemi.

Yabancı ülkelerde üretilen malların yurtiçinde üretilen mallar cinsinden göreli fiyatını yansıtan ve uluslararası rekabeti ölçmek için yaygın bir şekilde kullanılan göstergelerden birisi olan reel efektif döviz kuru endeksi, 2002 yılından 2008 yılının Ağustos ayına kadar; gerçekleştirilen yapısal reformlar, AB katılım sürecinde önemli ilerlemeler kaydedilmesi ve küresel likidite koşullarının gelişmekte olan ülkeler lehine değişmesi gibi etkenlerden dolayı yükselme eğilimi içinde olmuştur. 2008 yılının Ağustos ayında yaptığı zirveden sonra küresel krizin etkisini iyice hissettirmeye başlamasıyla, düşüş eğilimine giren reel efektif döviz kuru endeksi, bu eğilimini 2009 yılının Mart ayı sonuna kadar sürdürmüştür (TOBB, 2009:145). Merkez Bankası'nın yeni yayınlamaya başladığı fiyat bazlı endekslere göre (Bkz. Şekil-1) (Yeni Endekslerle 2003-2010 Dönemi Reel Efektif Döviz Kuru) bu reel değerlenme, ağırlıklı olarak gelişmiş ülke ticaret ortaklarımıza karşı olmakta, gelişmekte olan ticaret ortaklarımıza karşı TL, görece istikrarlı bir seyir izlemektedir.

Türkiye'de 2001 yılından bu yana dalgalı döviz kuru politikası uygulanmış ve 2009 yılında da enflasyon hedeflemesi ile birlikte bu politikaya devam edilmiştir. Dalgalı döviz kuru uygulamasında döviz kurları bir politika aracı ya da hedef değildir ve piyasada arz ve talep koşulları tarafından belirlenmektedir. Piyasadaki döviz arz ve talebini, uygulanan para ve maliye politikaları, uluslararası gelişmeler, ekonomik temeller ve bekleyişler belirlemektedir. Dalgalı döviz kuru uygulamasında korunması gereken bir kur seviyesi olmamasına rağmen, güçlü döviz rezerv pozisyonuna sahip olmak, karşılaşılabilecek iç ve dış şokların olumsuz etkilerinin giderilmesinde ve ekonomimize duyulan güvenin artırılmasında önem taşımaktadır. Bu nedenle döviz likidite gelişmeleri takip edilerek döviz arzının döviz talebine göre arttığı dönemlerde rezerv biriktirme amaçlı döviz alım ihaleleri gerçekleştirilmektedir.

Döviz piyasasında derinliğin kaybolmasına bağlı olarak sağlıksız fiyat oluşumlarının gözlenmesi üzerine, döviz likiditesini destekleyerek döviz piyasasının sağlıklı çalışmasını sağlamak amacıyla 10 Mart 2009 tarihinden itibaren günlük 50 milyon dolarlık döviz satım ihalelerine yeniden başlamıştır. Bu ihalelere 2 Nisan 2009 tarihine kadar devam edilmiş ve 18 ihalede toplam 900 milyon dolar satılmıştır. Bu tarihten sonra ise, küresel piyasalardaki olumlu gelişmelerin etkisiyle döviz piyasasında derinliğe ilişkin kaygıların azaldığının görülmesi üzerine 3 Nisan 2009 tarihinde başlayarak döviz satım ihalelerinin durdurulmasına karar verilmiştir. Reel efektif döviz kuru endeksi, 2009 yılı Nisan ayından itibaren TL'nin yeniden değer kazanmaya başlamasıyla yükselmeye başlamıştır. Haziran ayında tekrar bir düşüş yaşayan kur, sonra yükselişe geçmiştir. Merkez Bankası küresel ekonomiye ilişkin olumlu beklentilerin etkisiyle likidite ve risk iştahının tekrar güçlenmesi, bu durumun ülkemize yönelik sermaye akımlarını artırması ve döviz piyasasının göreceli olarak istikrara kavuşması üzerine, döviz rezervlerini artırmak için 4 Ağustos 2009 tarihinden itibaren döviz alım ihalelerine tekrar başlamıştır. İhalelerde alımı yapılacak tutar günlük 30 milyon dolar ve 30 milyon dolar opsiyon olmak üzere en fazla 60 milyon dolar olarak açıklanmıştır.

Döviz likiditesine ilişkin gelişmelerde büyük ölçüde dış dünyadaki koşullar etkili olmaktadır. Bu yüzden Merkez Bankası, küresel ekonomideki belirsizliklerin yüksek seviyelerde olduğu 2009 yılında döviz rezervlerini öncelikli olarak bankacılık sistemimizin döviz likiditesini desteklemek amacıyla kullanmıştır. Bu çerçevede, 21 Kasım 2008 tarihinden itibaren Döviz Depo Piyasasında bankaların kendilerine tanınan borçlanma limitleri çerçevesinde, ABD doları ve euro cinsinden Merkez Bankası'ndan alabilecekleri döviz depolarının vadesi ve borç verme faiz oranları düşürülmüştür. Merkez Bankası küresel krizin reel sektör üzerindeki olumsuz etkilerini azaltmak amacıyla da 5 Aralık 2008 tarihinden itibaren ihracat reeskont kredisi uygulamasına yönelik yeni düzenlemeler yaparak, ihracat reeskont kredisi limitini yükseltmiş ve kullanım kolaylığı getirmiştir. 20 Mart 2009 ve 17 Nisan 2009 tarihlerinde ihracat reeskont kredisi kullanımının yaygınlaştırılmasına yönelik olarak daha fazla firmanın bu krediden yararlanmasını sağlayacak düzenlemeler yapmış, kredi limitlerini yükseltmiştir. 20 Şubat 2009 tarihinde döviz piyasasında döviz likiditesi akışkanlığının artırılması sağlanarak finansal sistemdeki akışkanlığı ve kredi piyasalarının etkin çalışmasını desteklemek için bankacılık sistemine sağlanan döviz likidite imkan koşulları yeniden düzenlenmiştir.

2009 yılının ilk çeyreğinde küresel ekonomiye ilişkin olumsuz beklentilerin artarak devam etmesiyle dolar yükselişini sürdürmüştür. Yılın ikinci yarısında ise, uluslararası piyasalarda risk iştahının artmaya başlamasının, gelişmekte olan ülkelere yönelik sermaye akımlarını artırması TL'nin değer kazanmasına neden olmuştur. Türk lirasında Temmuz ayından itibaren başlayan değer kazanma eğilimi yıl sonuna kadar devam etmiştir. Ancak bu eğilim sınırlı düzeyde kalmıştır. 2009 yılı sonunda yıllık ortalama değerlere göre nominal olarak Türk Lirası karşısında ABD Doları % 19,2 değer kazanarak 1,54679 TL'ye, İngiliz Sterlini % 1,2 değer kazanarak 2,41212 TL'ye, Japon Yeni % 30,6 değer kazanarak 1,65107 TL'ye, Euro % 13,2 değer kazanarak 2,15003 TL'ye yükselmiştir (TOBB, 2009:25).

2008 yılının son çeyreği itibarıyla, dünya finans piyasalarındaki belirsizliğin derinleşmesi küresel likidite akışını olumsuz yönde etkilerken, özellikle ABD dolarına talep artmış ve bütün gelişmekte olan ülkelerde olduğu gibi TL değer kaybetmeye başlamıştır. Ancak küresel toparlanmayla birlikte, 2009'un son çeyreği itibarıyla TL yeniden değer kazanmaya başlamıştır. Döviz kurlarında meydana gelen değişmeler sonucunda, 2010 yılı sonu itibarıyla TÜFE bazlı reel efektif kur endeksi yükselmeye başlamış, ancak bu süreç 2010 yılının son çeyreği ile birlikte düşüş eğilimine girmiştir. 2011 yılı Ağustos ayı itibarıyla TÜFE bazlı reel efektif kur endeksi gerilemiştir. Benzer bir durumun birim iş gücü bazlı endekslerde de oluşmaya başladığı gözlemlenmektedir. Merkez Bankası'nın yayınladığı fiyat bazlı endekslere göre bu reel değerlenme, ağırlıklı olarak gelişmiş ülke ticaret ortaklarımıza karşı olmakta, gelişmekte olan ticaret ortaklarımıza karşı TL, görece istikrarlı bir seyir izlemektedir.

2.2. Türkiye'de Yabancı Sermaye Hareketleri

Türkiye'ye yabancı sermaye girişi Osmanlı Devletine kadar uzanmaktadır. Ancak dünyadaki sermaye hareketlerinin özellikle ikinci dünya savaşı sonrası önemli gelişmeler kaydettiği görülmektedir. Fakat Türkiye ekonomisine, tam anlamıyla yabancı sermaye 1950'den sonra uygulamaya konulan liberal ekonominin bir sonucu olarak girmiştir. Bu kısımda, Türkiye'de dönemler itibariyle yabancı sermaye yatırımları, doğrudan yabancı sermaye yatırımlarının sektörel dağılımı, ülke ekonomisi üzerindeki etkileri, Türkiye'nin doğrudan yabancı yatırım çekmesindeki avantaj-dezavantajları ile doğrudan yabancı sermaye yatırımların teşvik edilmesinde gerekli unsurlar değerlendirme altına alınacaktır.

2.2.1. Yabancı Sermaye Hareketlerinin Gelişimi

Türkiye'de doğrudan yabancı sermaye yatırımlarının oldukça eski bir geçmişinin olduğunu söylemek ve bu geçmişi Osmanlı İmparatorluğu dönemine kadar uzatabilmek mümkündür. Türkiye Cumhuriyeti yeni bir devlet olmasına rağmen, Osmanlı Devletinin borçları ve yabancı sermaye konusundaki yükümlülüklerini reddetmemiştir (Erten, 2005:39). 1923 yılında toplanan İzmir İktisat Kongresinde, ülkenin ekonomik kalkınmasına katkıda bulunmak ve siyasal otoritesinin zedelenmemesi koşuluyla, yabancı yatırımları uyaran bir politikanın izlenmesi gerekliliği belirtilmiştir. Cumhuriyetin ilk yıllarında yabancı sermayeye karşı katı, olumsuz bir tavır takınılmamıştır. En azından böyle bir tavrın takınılmaması gerektiği konusunda yetkililerin bilinçli oldukları açıklamalarından anlaşılmaktadır. Henüz Türkiye Cumhuriyeti'nin kurulmasından önce, kurtuluş hareketinin önemli aşamalarından biri olan

Erzurum Kongresi sırasında kongre kararlarının 7'nci maddesinde "herhangi bir devletin fenni, sınai, iktisadi yardımını memnuniyetle karşılarız" hükmü yer almıştır (Erten, 2005:41).

Cumhuriyet'in ilanından sonra Türkiye'nin Osmanlı borçlarından kendi payına düşeni ödeyip ödemeyeceği konusundaki belirsizlik, Türkiye'ye yeni yabancı sermaye gelmesini olumsuz yönde etkilemiştir. Buna rağmen 1930 yılına kadar, yabancı sermaye girişleri artan bir tempoyla gerçekleşmiştir (Kovacı, 1982:62). Bu artış 1927 Teşvik-i Sanayi Kanundan sonra daha da belirginleşmiştir (Tezel, 1994:25). Ancak Türkiye'nin 1923-50 dönemine ilişkin ödemeler dengesi hakkında güvenilir rakamlar olmadığından bu dönemdeki yabancı sermaye girişi ve uluslararası sermaye hareketleri konusunda bir değerlendirme yapmak zorlaşmaktadır. Bu dönemde yabancı sermayenin ülkeye hiç girmediğini söyleyemeyiz. Aksine, bu dönemde de yabancı sermayeli birçok şirket kurulmuştur. Kurulan bu şirketler, genel olarak yerli ortaklarla kurulmuş olup bazılarında yerli sermayenin payı sembolik bir oranı teşkil etmiştir (Ökçün, 1971:17).

Osmanlı İmparatorluğunun çöküşü sırasında, bağımsız bir dış ticaret politikası izleyebilme imkânından yoksun bir açık pazar konumunda kalmış olmasından dolayı, Cumhuriyetin ilk yıllarında uygulanan sanayileşme politikalarının büyük ölçüde etkilendiği söylenebilir. Cumhuriyetin başlangıcı olarak adlandırılan 1923 dönemi, kurumları henüz yeterince oluşmamış, hemen hemen tümüyle tarıma dayalı, geniş ölçüde dışa bağımlı ve geri bir ekonomiyi sanayileşmiş, dışa karşı bağımsız, teşkilatlanmasını geliştirmiş, ileri bir ekonomiye dönüştürme çabalarının başlatıldığı yıllar olmuştur (Cebecican, 1999:1). Bu politika da ülkenin temel ihtiyaç maddelerinin üretimi ve altyapı yatırımlarında kendine yeterlik ilkesi esas alınmıştır (Tuncer, 1968:70).

Türkiye'de yabancı sermaye ile ilgili ilk mevzuat 1925 yılında yürürlüğe giren 1447 sayılı Menkul Kıymetler ve Kambiyo Borsaları Kanunudur. Bu kanun döviz kontrolünü düzenlemiştir. Bu yasayla borsalarda serbest işlem gören yabancı hisse senetleri alışverişleri denetim altına alınmıştır. Bunu 1930 yılında Türk Parasının Kıymetini Koruma Kanunu izlemiştir. Bu kanunun amacı ise döviz ve yabancı sermaye hareketlerini düzenlemek ve denetlemektir. Bu kanun 1947 yılına kadar, Türkiye'de yabancı sermayeyi engelleme politikasının bir aracı olarak kullanılmıştır. Bu dönem, yabancı sermayenin engellenmesi dönemi, bu kanuna ilişkin olarak çıkarılan Bakanlar Kurulu Kararı ile (22 Mayıs 1947 tarihli ve 13 sayılı karar) son bulmuştur. Bu kararla yabancı sermayenin geliş şekli, transferi, amacı hakkında ek düzenlemeler yapılmıştır (Türkyılmaz, 2004:4).

Türkiye'nin 1929 yılına gelene kadar etkili bir korumacı dış ticaret politikası izleyemediği söylenebilir. Bunun da sebebi, genç Türk Devletinin Osmanlı gümrük tarifelerinden ancak Lozan Barış Anlaşmasının imzalanmasından 5 yıl sonra kurtulabilmiş olmasıdır. Genç Türkiye Cumhuriyeti bu Osmanlı mirasından ancak 1929 yılında kurtulabilmiş ve o yıl Türkiye Büyük Millet meclisinin kabul ettiği Gümrük Tarife kanunu ile kendi muhtar tarifesine ve dolayısıyla korumacı bir dış ticaret politikası izleme imkânına kavuşmuştur. Görüldüğü gibi Türkiye 1923-1929 yılları arasında zoraki liberal bir dış ticaret politikası izlemek zorunda kalmıştır. Daha önceden de belirtildiği gibi, genç Türk devletinin yabancı sermayeye karşı olduğu söylenemez. Ne var ki, yabancı sermaye, bir yandan Türkiye'deki güven ve istikrar şartlarını yeterli görmediğinden, diğer yandan nüfus yoğunluğunun az olması, ekonomik faaliyetler düzeyinin düşüklüğü ve pazar darlığı sebepleriyle Türkiye'ye gelmek istememişlerdir (Aktan, 1999:41). Özellikle Lozan Barış görüşmelerinin bir sonuca bağlanması, Cumhuriyetin ilanı, Saltanatın ve Hilafetin kaldırılması, dış borçlar sorunun uygun bir çözüme bağlanamaması, yurtiçi isyanlar gibi etkenler ülkemizi yabancı sermayeye, diğer şartlar elverişli olsaydı bile, sevimsiz ve cazibesiz bırakmaya yetmiştir.

1930-1950 döneminde 1936'da hazırlanan ikinci beş yıllık sanayi planı, ikinci dünya savaşının başlamasıyla uygulamaya konamamıştır (Erten, 2005:47). 1923-1939 dönemini İkinci Dünya Savaşı'nın izlemesi ekonomik politikada bir değişiklik yaratmamıştır. Ancak savaşa katılmamış olmakla birlikte Türkiye'de bu dönemde savaş ekonomisinin kuralları geçerli olmuştur. Nitekim, 1939-1948 yılları arasında ekonomik performans çok düşük olmuştur. Bu performans düşüklüğü şüphesiz kısmen ikinci dünya savaşının getirdiği menfi konjonktüre bağlı olmakla beraber, kısmen katı bir devletçilik rejimi uygulaması ile açıklanmaktadır. İkinci Dünya Savaşı sonrası dönemde Türk ekonomisinin yeniden yapılanması bir zorunluluk olarak ortaya çıkmış ve otuzlu yılların başından itibaren uygulanan devletçiliğe dayanan sıkı ekonomi politikalarının değiştirilmesinin gerektiği hissedilmeye, bu nedenle de, bu dönemde yavaş yavaş yabancı sermayeyi teşvik yönünde ciddi düzenlemeler yapılmaya başlanmıştır (Erten, 2005:47). Ancak, söz konusu düzenlemeler incelendiğinde yine de yabancı sermayeye karşı hassas ve kontrolcü davranıldığı, beklenen orandaki yabancı sermayeyi ülkemize çekmek için gerekli teşviklerin sağlanamadığı söylenebilir.

1950 genel seçimleri liberal görüşü temsil eden Demokrat Parti'nin büyük çoğunlukla iktidara gelmesi ve Cumhuriyet Halk Partisi'nin muhalefete çekilmesi ile sonuçlanmıştır. 1950'li yıllar dünya çapında da büyük olayların meydana geldiği yıllardır (Tuncer, 1968:75). Bu tarihlerde, başta ABD olmak üzere, batı devletleri özel teşebbüsün ve özel yabancı sermayenin teşvikini, aynı zamanda dış ticaretin serbestleştirilmesini tavsiye etmekteydiler. Demokrat Parti de bu doğrultuda programında iktisadi hayatta özel teşebbüs ve sermaye faaliyetlerinin esas olduğu ilkesi belirlendikten sonra, faaliyet sahaları iyice sınırlandırılmak şartıyla, özel teşebbüsle devlet teşebbüslerinin birbirine engel olmadan, birbirlerini tamamlayıcı bir ahenk içinde çalışmalarının mümkün ve faydalı olacağı açıklanmaktaydı (Yaşa, 1966:47-48). Bu cümleler karma bir ekonomi sistemine işaret etmekteydi. Demokrat Parti döneminde dış yardımlar ve özel yabancı sermaye ile ilgili tutum farklı olmuştur. Gerek Atatürk, gerek İnönü devrinde dış kredi imkânları kısıtlı idi. Fakat Duyun-u Umumiye kötü tecrübesine rağmen o devirlerde mevcut kısıtlı imkanlardan yararlanılmıştır (Uras, 1979:104). Demokrat Parti döneminde dış kredi imkanları büyük ölçüde genişlemiştir. Yine Atatürk döneminde özel yabancı sermayenin ülke kanunları çerçevesinde, yani kapitülasyonlar söz konusu olmamak şartıyla, teşviki ilkesi kabul edilmiş, ancak bu dönemde her hangi bir özel yabancı sermaye girişi olmamıştır.

1950'den sonra, bu imkan ortaya çıkmakla beraber, yine de gelişen ülkelere, bu arada Türkiye'ye giren özel yabancı sermaye, köklü teşviklere rağmen, sınırlı seviyede kalmıştır. Bu dönemde, ekonomi politikası alanında yapılan bazı hatalara rağmen, Türkiye, Atatürk dönemini izleyerek ikinci kalkınma hamlesini gerçekleştirmiştir, denilebilir. 27 Mayıs 1960 yılında, demokrasinin aksamadan yürümesi ve ekonomik hataların düzeltilmesi gayesiyle yapılan askeri müdahale ile ekonomi politikası alanında planlama getirilmiş, yatırımların verimli alanlara yönelmesi ve enflasyonun önlenmesi düşünülmüş, ayrıca Toprak Reformu, İktisadi Devlet Teşekküllerinin reformu ve mali reform gibi çeşitli reformlar öngörülmüştür (Uras, 1979:110).

Bu dönemde yabancı sermaye ile ilgili ilk düzenleme 1950 yılında çıkarılan 5583 sayılı hazinece özel teşebbüslere kefalet edilmesine ve döviz taahhüdünde bulunulmasına dair kanundur (Erten, 2005:48). Bu kanun özel teşebbüslere dövizle borçlanma imkanı getirmektedir. 5583 sayılı kanun bir yıl sonra kaldırılmış, 8 Eylül 1951 yılında kabul edilen 5821 sayılı Yabancı Sermaye Yatırımlarını Teşvik Kanunu yürürlüğe konmuştur. Bu kanuna göre yabancı sermaye, Türk özel sermayesine açık olan işlerde kullanılacak, tekel ve ayrıcalık öngörmeyecek, sanayi, enerji, maden, bayındırlık, ulaştırma ve turizm alanlarında çalışabilecektir (Berksoy ve Doğruel, 1989:20). Yine bu kanuna göre yabancı sermayenin yıllık kar transferi %10'u geçmemelidir. Ancak bu yasa beklenen sonuçları vermemiş, yaklaşık üç senelik dönemde sadece 42 müracaat olmuş bunlarında ancak onu kabul edilmiştir. 1954 yılında 6224 sayılı 'yabancı sermayeyi teşvik kanunu ile yabancı sermayeye yerli özel teşebbüslere açık bırakılan alanlarda çalışma imkanı verilmiş ve kanundan yararlanacak faaliyet kolları daha da genişletilmiştir (Şenyıl, 1980:45). 6224 sayılı Yabancı Sermayeyi Teşvik Kanunu büyük ümitlerle 18.01.1954 tarihinde kabul edilip, 23.01.1954 tarihinde yürürlüğe konmuştur (Oksay, 1967:10). Bu kanun bir iki değişiklikle birlikte 17.06.2003 tarihine kadar yürürlükte kalmıştır. Dünyanın en liberal yabancı sermaye kanunu" olarak tanımlanan bu kanunun yanında, 7 Nisan 1954 tarih ve 6326 sayılı Petrol yasası, 28 Şubat 1960 tarihli ve 7462 sayılı Ereğli Demir-Çelik fabrikaları kanunu ile 11 Ağustos 1962 tarih ve 1567 sayılı Türk Parasının Kıymetini Koruma Hakkında kanun ve kanuna ilişkin 17 sayılı kararı görmekteyiz. 18 Ocak 1954 yılında kabul edilen 6224 sayılı Yabancı Sermaye Teşvik Kanunu, yabancı sermayeyi düzenleyen mevzuat içinde önemli bir yere sahiptir. Bu kanun, belirgin bir şekilde yabancı sermayeyi teşvik amacıyla hazırlanmış ve o zamandan beri petrol arama çıkarma, işletme ve dağıtımıyla ilgili yatırımların dışındaki tüm yabancı yatırımların dayandığı yasal düzenlemeyi oluşturmuştur. Bu yasanın en önemli özelliklerinden bir kaçını saymak gerekirse:

- Bu kanuna göre, ülkenin ekonomik gelişmesine yararlı olmak, tekel veya imtiyazlar ifade etmemek koşulu ile Türk özel teşebbüsüne açık bulunan her alanda yabancı sermayeye çalışma olanağı tanımıştır.
- Kanun yerli girişimcilere tanınan tüm haklar muafiyetler ve kolaylıklardan aynı alanda çalışan yabancı sermayeli firmaların da yararlanabilmelerine olanak tanımaktadır.

- 5821 sayılı kanunda tarım ve ticaret sektörleri yabancı sermayeye kapalı tutulmuşken, bu kanun ile her iki sektör de yabancı sermayeye açılmıştır. Ancak kanun, 6326 sayılı Petrol Kanunu kapsamındaki yatırımları içermemektedir.

Görünüşte 6224 sayılı kanun yabancı yatırımcılara karşı çok olumlu bir tavır sergilemekteydi. Ancak özellikle yabancı yatırımların onaylanması ile ilgili ön şartlar konusunda kanun koyucusunun çok genel bir ifade kullanmış olması pratikte başvuruları yoruma açık hale getirmekteydi. Bunun sonucu olarak yabancı yatırımcıların birçok başvurusu ya çok uzun süren ve karmaşık bir onaylama sürecinde terkedilmiş ya da reddedilmişti (Erdem, 1984:56). 6224 sayılı yabancı sermayeyi teşvik kanunu gereğince Türkiye'de 1954'den 1980'e kadar geçen 27 yılda 325 milyon dolar tutarında yabancı sermaye girmiştir. Bu değerin 1981 Temmuz sonu itibariyle toplam 523 milyon dolara 1983 mayıs sonunda ise 830 milyon dolara çıktığı görülmektedir.

6326 Sayılı Petrol Kanunu, 1954 yılında yürürlüğe girmiştir. Kanun petrolde devletçilikten vazgeçmekte, petrol kaynaklarının özel teşebbüs eliyle değerlendirilmesini kabul etmektedir. Bu karardan sonra Shell ve Mobil gibi yabancı şirketlerle eşit olarak çalışmak durumunda bırakılan Türkiye Petrolleri bir anonim şirket olarak kurulmuştur. 1957 yılında, Petrol Kanununda değişiklik yapılmış ve Petrol şirketlerine rafineri kurma hakkı sağlanmıştır. 17 Nisan 1973 yılında çıkarılan 1702 sayılı Petrol Reformu Yasası ile devlet adına izin, arama ve işletme ruhsatnamesi ile diğer belge alma hakkı Türkiye Petrolleri Anonim Ortaklığı'na verilmiştir. Faaliyetlerini kontrol etmek ve yönlendirmek amacıyla yeni düzenlemelerin yapılmasından sonra yabancı sermayeli petrol şirketlerinin büyük bir kısmı yatırımlarını geri çekmiştir. Türk Petrolleri Anonim Ortaklığı ise gereken üretiminin çok gerisinde kalmıştır.

Petrol Kanuna göre, Türkiye'ye gelen yabancı sermaye diğer yollarla gelen sermayeye oranla büyük bir pay teşkil etmektedir. 1965 yılı sonunda bu kanuna dayanarak 1.849.547 bin TL tutarında yabancı sermaye girmiş bulunmaktadır. Bu sermayenin %59'luk kısmı arama işlemleri, %41'lik kısmı da tasfiye işlemleri ile ilgilidir (Tuncer, 1968:80). Bu dönemde dışa açılma politikasının doğrudan yabancı sermaye yatırımlarıyla büyümeye katkı yapma amacının çok etkili işlediği söylenemez. Dışa açık büyüyen sanayi mamul ihracatçısı ülkelerde yabancı sermayenin dolaysız yatırımlar ve çeşitli hizmet şirketleriyle ülkenin dışa açıklığını sağlayan serbest bölge olgusu Türkiye'de etkili olamamıştır. Ayrıca girdiği kadarıyla doğrudan yabancı sermaye yatırım tutarı çok azdır, bu dönemde alınan toplam dış kredilerin %5'ine bile ulaşamaz (Kazgan, 1988:272). 1954-1979 arasındaki 25 yılda Türkiye'ye giren yabancı sermaye yatırımı tutarı 228 milyon dolar civarındadır. Bu rakam Türkiye gibi iç piyasası geniş, ekonomik potansiyeli zengin ve stratejik konumu çok elverişli bir ülke için son derece yetersizdir (Şahin, 2000:347).

Petrol arama ve işletmeciliğinin geliştirmek ve yabancı sermayenin daha çok teşvik edilmesi amacıyla 6326 sayılı Petrol Kanunda, 28 Nisan 1983'de 2802 nolu yasayla değişiklikler yapılmıştır. Kanunda, petrol hakları ile ilgili başvuru ve karar sürelerini kısaltan ve işlemleri hızlandıran gerekli değişiklikler de yer almıştır. Bu kanunun en önemli maddelerinden biri de kar transferiyle ilgili olandır. Buna göre, yabancı şirketlerin yurtdışına yaptıkları satışdan elde ettikleri dövizleri transfer hakkından düşebilmeleri ve petrolle ilgili her türlü ödemelerde kullanabilmeleri olanağı doğmuştur.

1567 Sayılı Türk Parasının Kıymetini Koruma Kanunu ve Kanuna ilişkin 17 sayılı karara göre Türkiye'ye gelecek yabancı sermayeli kuruluş, Türkiye Cumhuriyeti Merkez Bankası ve Maliye Bakanlığına başvuracaktır. Ülkeye gelen sermaye, belli koşulları yerine getirdiğinde, ülkeden geri çıkabilir. 17 sayılı karara göre, 6224 sayılı Yabancı Sermayeyi Teşvik Kanunu kapsam dışında kalan gerçek veya tüzel kişiler, dış ülkelerden kredi sağlayabilir. Ancak kredinin alınabilmesi için Maliye Bakanlığı aracılığıyla Bakanlar Kurulunun izin vermesi gereklidir. 17 sayılı karar esas olarak üretimle uğraşacak yabancı sermayeyi hedef almadığı halde, Türkiye pazarında büyük payı olan bazı sanayi faaliyetler 17 sayılı karar çerçevesinde sürdürülmüştür. 29 Aralık 1983 tarihli Resmi Gazete'de yayınlanan "Türk parasının Kıymetini Koruma Hakkında ki 28 sayılı karar" 17 sayılı kararı yürürlükten kaldırılmıştır. Yürürlükten kaldırılan karar hükümlerine göre başlamış olan işlemler, eski hükümlere bağlı olacak ve yeni kararın ilgililer olan hükümlerinden de yararlanacaklardır. 28 sayılı karar ile (Karluk, 1983:69):

- Türkiye'ye her türlü yoldan ve cinsten döviz ithali, hiçbir kayda tutulmaksızın, serbest bırakılmıştır.
- Türkiye'de yerleşik kişilerin, beraberlerinde döviz bulundurmaları kayda tabi tutulmaksızın serbest kılınmıştır.
- Türkiye'ye yerleşik kişilerin yurt dışına çıkışlarında, beraberlerinde 3000 doları veya eşitine kadar döviz çıkarabilmeleri esası getirilmiştir.

Türkiye'de planlı dönem ise 1963 yılında başlar. Bu dönemde yabancı sermayenin ihracata ve turizm sektörüne kaydırılmasına ağırlık verilmiştir. Aynı dönemde izin alındığı halde, faaliyete geçmeyen, faaliyetini durduran, gerçekleştirme sürecini aşanların izinleri geri alınmıştır. İthal edilen değerlerin tescil edilmesi sağlanmıştır. İzin verilen yatırımların gümrük muaflığından ve yatırım indiriminden faydalanması, transfer edilen teknolojiyi ülke şartlarına uydurmaları, araştırma laboratuarları kurmaları, öncelikle makine, imalat, kimya, elektronik sektörlerin ara malı ve yatırım malı niteliğinde olanlara öncelik verilmesi ile 'Türk ekonomisinin iktisadi gelişmesine yararlı olma' prensibi ortaya konulmuştur (Uludağ, 1999:23). Birinci planlı döneminde sermaye ithalinin öngörülen düzeye varmamasının özellikle konsorsiyum, proje ve program kredisi olarak talep edilen yatırımlara istenen ölçüde ve zamanda cevap verememesinin payı büyük olmuştur.

Yabancı sermaye yatırımları 1970'de en yüksek seviyesine ulaşmıştır. Bu rakam ikinci beş yıllık plan hedefinin 11, program hedefinin ise 33 milyon dolar üstünde olmuştur. 1970'den sonra yabancı sermayenin tekrar azalmakta olduğu görülmektedir (Batmaz ve Tunca, 2005:104-105). Üçüncü beş yıllık planda kısa dönemli sermaye hareketlerinde artış görülmüştür. Buna karşın özel yabancı sermaye girişi istenen boyutlarda gerçekleşememiştir. 4. beş yıllık plan döneminde Türkiye'de 1980 yılı sonu itibariyle 6224 sayılı kanuna göre 100 yabancı sermayeli firma faaliyette bulunmaktaydı. Yabancı sermaye bakımından en çekici sektör olan imalat sanayinde yer alan firma sayısı 84 adettir. Bu sektörü turizm, bankacılık, mühendislik, tarım ve madencilik izlemektedir (Batmaz ve Tunca, 2005:105).

Bu gelişmelere bağlı olarak, gerek mevzuat ve uygulamadaki bazı aksaklıklar gerekse dünyadaki yabancı sermaye hareketlerindeki durgunluk nedeniyle 1980'lere kadar yabancı sermaye girişinde kayda değer bir gelişme sağlanamamıştır (Gözet, 1989:79). Bu durum aşağıdaki Tablo-5 yardımı ile incelenmektedir (DPT, 1981:69):

Tablo-5: Türkiye'ye Gelen Yabancı Sermaye (1980 Öncesi)

YILLAR	YILLIK (MİLYON $)	KÜMÜLATİF (MİLYON $)
1954'e kadar	2.8	2.8
1954	2.2	5.0
1955	1.2	6.2
1956	3.4	9.6
1957	1.3	10.9
1958	1.1	12.0
1959	3.4	15.4
1960	1.9	17.3
1961	1.2	18.5
1962	4.2	22.7
1963	4.5	27.2
1964	11.9	39.1
1965	11.6	50.7
1966	9.7	60.4
1967	9.0	69.4
1968	13.9	83.3
1969	13.2	96.5
1970	9.0	105.5
1971	11.7	117.2
1972	12.8	130.0
1973	67.8	197.3
1974	-7.7	189.6
1975	15.1	204.7
1976	8.9	213.6
1977	9.2	222.8
1978	11.7	234.5
1979	-6.4	228.1

Kaynak: DPT, 2000: 42.

Buna göre, 1980 öncesinde yaşanan en dikkat çekici gelişme 1973 yılındaki artıştır. Bu gelişmenin en önemli nedeni bu dönemde iç pazara yönelik üretim yapan yabancı şirketlerin üretimi gerçekleştirmek için girdilerin önemli bir kısmını ithalat yoluyla karşılamakta olmalarına rağmen ithalatı kolaylaştırıcı önlemler devreye konulmaya başlanmıştır. Ayrıca 1973 yılında Avrupa Topluluğu ile imzalanan Katma Protokol gereği yapılması gereken gümrük indirimleri yerine getirilmeye başlanmıştır.

1970'lı yılların sonunda ekonomide hem fiyat istikrarı bozulmuş hem de GSMH yıllık büyüme oranları gerilemiştir. Örneğin 1979'da GSMH yıllık büyüme oranı %1'e kadar düşmüştür. Enflasyon oranı ise 1980'de %100'ü aşmıştır (Şahin, 2000:165). 1980'den sonra Türkiye'de ekonomik, politik ve sosyal yönden bir değişim sürecine girilmiştir. Bu gelişme ile birlikte yabancı sermaye yatırımları konusuna oldukça ağırlık verilmiş, yabancı sermaye ile ilgili yasal düzenlemelere gidilmiştir. Bunun sonucunda ise ülkeye gelen yabancı sermaye miktarında bir artış olmuştur. 1979 yılı sonuna kadar Türkiye'ye gelen yabancı sermaye miktarı 228 milyon dolarken, 1989 sonunda 4 milyar dolara yükselmiştir. Yabancı sermayenin 1979 yılına kadar yetersiz bir düzeyde kalmasının nedenleri şöyle sıralanabilir (Şahin, 2000:170):

İstikrarsızlık: Bunu idari, ekonomik ve politik istikrarsızlık olarak üçe ayırabiliriz. Önceki yıllarda iktidarda bulunan partilerin yabancı sermaye konusunda farklı düşünmeleri yabancı sermayenin güvenini sarsmıştır. Özellikle 1970'li yıllarda bu tedirginlik daha da artmış ve siyasi istikrasızlıktan kaynaklanan ekonomideki yalpalanma ve son yıllarda içinde bulunduğumuz bunalımın, yabancı sermayeyi korkuttuğu söylenebilir. Buna paralel olarak, bu konudaki uygulamadan da etkilenilmiştir. Sonuç olarak, yabancı sermaye girişinin çok sınırlı kaldığı söylenebilir.

Yetki dağılımı: Yabancı sermaye konusunda belli bir karar almak için birçok mercie başvurmak gerekmektedir. Bir talep içinde kredi varsa Maliye Bakanlığı'na, yatırım varsa Sanayi Bakanlığı'na gidilmekteydi. Bunun yanında DPT de yabancı sermaye ile ilgilenmekteydi. Ayrıca yabancı sermaye ile ilgili her konuda bir kararname düzenlenmekteydi.

İsteksizlik: Yabancı sermayeye karşı kamuoyunda oluşturulmuş hava, bir ölçüde kapitülasyon uygulamasından etkilenerek, güvensizlik doğurmuştur. Yabancı sermaye gelirse bizi sömürür duygusu yerleşmiş, bu yüzden, adeta yabancı sermayenin gelmemesi teşvik edilmiştir.

Eşitsizlik: 6224 sayılı kanunda öngörülen şartlara göre faaliyette bulunmasına izin verilen yabancı sermayeli kuruluşların yerli kuruluşlarla aynı avantajlardan yararlanacağı öngörülmesine rağmen, uygulama farklı olmuştur.

Yıllar boyunca sermaye yetersizliği içinde bulunan ülkemizde, 1980'li yıllara kadar dış borçlanma yoluyla kaynak sağlanması yolu tercih edilmiş, yabancı sermayeye gereken önem verilmemiştir. Bu şekilde dış borç yükünün artması Türk ekonomisinde yatırımlara ve yatırımların teşvikine yeterince kaynak ayrılamamasına sebep olurken, artan dış borç ödemeleri de ülkede dar boğaz yaratan önemli unsurlardan biri olmuştur. Bütün bunlar ülkemiz ekonomisine yeniden yön verecek birtakım istikrar tedbirlerinin alınmasını zorunlu kılmıştır.

Bu kapsamda, 24 Ocak 1980 tarihinde alınan ekonomik kararlarda, ülkemize daha fazla yabancı sermaye çekebilmek için politika, mevzuat, teşkilat ve uygulama açılarından yeni yaklaşımlara da yer verilmiştir. Söz konusu 24 Ocak Kararları Türk Ekonomisi için bir dönüm noktası olmuştur (Erten, 2005:54-55). Alınan reform niteliğindeki kararlarla sadece yabancı sermaye alanında değil, ekonominin tüm alanlarında değişikliklere gidilmiş, ekonominin dışa açılması yönünde politikalar üretilmiştir. İstikrar programında ekonomik büyümenin sağlanmasında dış kaynaklara büyük önem verildiğinden, özel yabancı sermayeyi teşvik politikası 1980 sonrası dönemde önem kazanmıştır. 24 Ocak istikrar tedbirleri arasında, yabancı sermaye sorunlarıyla ilgilenmek, yabancı sermaye yatırım, karar ve uygulamalarına yön vermek üzere 8-168 sayılı Yabancı Sermaye Çerçeve Kararnamesi yayınlanmıştır (Batmaz ve Tunca, 2005:105). Bu kararnamenin birinci maddesi ile, 6224 sayılı yabancı sermaye teşvik kanunu 1. md.'de belirtilen yatırımları yapacak şirketlerin ülkenin ekonomik kalkınmasında yararlı olması, özel sektörde açık bir faaliyet sahasında çalışması, tekel veya özel imtiyaz ifade etmemesi şartıyla bu kararname hükümlerine göre değerlendirilmesi uygun görülmüştür. Bu amaçla, yabancı sermaye ile ilgili kararlarda ve işlemlerde ahenk ve sürat sağlamak üzere, maliye, ticaret, sanayi ve teknoloji bakanlıkları ile DPT tarafından yürütülen hizmetleri bir arada toplamak amacıyla başbakanlığa bağlı sermaye dairesi kurulmuştur (Karluk, 1983:142).

24 Ocak kararları ile getirilen yeni düzenlemelerde yabancı sermayeye daha gerçekçi bir gözle bakılmış; geçmişte karşılaşılan güçlüklere süratli çözümler getirilmeye çalışılmış, yeni yatırım izinleri verilmiş, yabancı sermayeye güven veren bir siyasi ve ekonomik ortam yaratılmaya özen gösterilerek yabancı sermaye girişlerinin bir ölçüde de olsa hızlandırılması sağlanmıştır (Uludağ, 1999:23).

1960'dan sonra hızlanan ikame sanayi görevini tamamladıktan sonra 1980'li yıllarda ekonominin serbest rekabete yönelmesi ve kambiyo rejiminin liberalleşmesi sanayi kesiminde dışa yönelik bir gelişmenin oluşmasına yol açmıştır (DPT, 1981:8). Sanayinin dışa açılması bir sonuç değil aksine sanayileşmenin yol açtığı bir birikimin ihracat bakımından başlangıcı sayılmaktadır. Ne var ki, 1984'den itibaren hızlı bir gelişim gösteren ihracat sanayi, kuruluşlarının kendilerine yenileme imkanlarından uzaklaştırılmaları nedeniyle geriye doğru azalan bir trend izlemeye başlamıştır. Giderek dış satımın sanayileşmeye tercih edilmesi, birbirini tamamlaması gereken üretim-ihracat dengesinin kopmasına neden olmuştur.

Yabancı sermaye açısından 1990'lı yıllara baktığımızda; 1991 yılı, hükümet krizi ve erken seçim atmosferi dolayısıyla yabancı yatırımcılar için kötü bir yıl olduğu söylenebilir. 1992 yılı ve 1993 yılının ilk yarısında yabancı yatırımcı bir yandan yeni hükümetin kurulması, programın açıklanması, daha sonra programda yer alan hususlarla ilgili uygulamaları beklerken, liberalleşmenin hız kaybetmesinden ve bu durumun faaliyetlerinde yarattığı negatif etkilerinden rahatsız olurken, diğer yandan, Türkiye'nin 1980'lerin ikinci yarısında kazandığı ivme sonucu, hızlı büyüme, talep patlaması, dış pazara açılma ve diğer tüm olumlu gelişmeler nedeniyle Türkiye'de faaliyet göstermeye devam etmekteydi. Yabancı yatırımcıya göre, Türkiye dünyanın en büyük 15 pazarından biri olmanın yanında, iyi yetişmiş ya da eğitilebilir insan kaynaklarına, liberal yabancı yatırım mevzuatına ve önemli eko-stratejik bir konuma ve çevre bağlantısına sahip bir ülkeydi (Şahin, 2000:70). 1993 yılı sonunda yabancı yatırımcıda hakim olan düşünceler olarak bunlar sıralanabilir. Bu nedenle, hem Türkiye'de yatırımı olanlar yatırımlarına devam ediyor, hem de yeni uluslararası kuruluşlar Türkiye'ye yapılan yatırımlarına devam etmekteydiler.

1994 yılı başında patlak veren kriz, yerli sermayeyi olduğu kadar yabancı sermayeyi de olumsuz yönde etkilediği söylenebilir. Cumhuriyet tarihinin en ağır ekonomik bunalımının yaşandığı bu dönemde yabancı yatırımcı nedenini yeterince anlayamadığı bu krizle ilgili alınması gereken tedbirlerin gecikmesi sonucu olumsuz etkilenmiştir. Bu krizin devamında alınan 5 Nisan kararlarının parasal olanları dışında, özellikle yapısal tedbirlerle ilgili bölümünün bir türlü uygulamaya konmaması ve parasal tedbirlerle kazanılan sürelerin her geçen günle birlikte yitirilmesi, yabancı yatırımcının, Türkiye'nin kriz sonrası koşulları değiştirerek ekonominin dengelerini yeniden tesis edeceğine olan güveninin sarsılmış olduğu söylenebilir.

Bütün bu kriz sonrası olumsuzluklar yaşanırken, Türkiye bir yandan da Gümrük Birliği'nin başlamış olması, diğer yandan da parasal önlemlerle sağlanan nisbi ferahlık, yabancı yatırımcının geleceğe umutla bakmasına neden olmuş, ancak hem gümrük birliği kararı öncesinde yapılması gerekenler, hem de yapısal tedbirler gecikmeye başlamıştır. 19 Aralık 1994'te Gümrük Birliği kararının 6 Mart 1995'e ertelenişi, yabancı yatırımcıda ikinci bir şok yaratmış ve bütün dikkatler 6 Mart'a odaklanmıştır. 6 Mart'da Gümrük Birliği kararının alınmasının ve ekonominin nisbi olarak toparlanmasının yarattığı ferahlık, yerini hükümetin istifasıyla olumsuz politik gelişmelere bırakmıştır. Tüm yabancı yatırımcılar Aralık ayındaki seçimleri ve Avrupa Parlamentosunun Gümrük Birliği ile ilgili kararını beklemeye başladı. Türkiye seçimlerden hiçbir partinin tek başına iktidara gelemediği bir tablo ile çıkmış ve üç buçuk ay hükümet kurulamamıştır. Kurulan koalisyon hükümeti bir 45 gün Hazine Müsteşarı ve Merkez Bankası Başkanını atayamamış ve mayıs ayında yeni bir hükümet krizine girilmiştir. İki aya yakın bir süreden sonra Haziran 1996 sonunda yeni bir hükümet kurulabilmiştir.

1995 Eylül'ünden sonra ortaya çıkan tüm bu olumsuz gelişmeler özellikle de 1 Ocak 1996'dan sonra Gümrük Birliği kararının kağıt üzerinde kalması, yabancı yatırımcıda yavaş yavaş Türkiye'nin geleceğine ilişkin umutların kaybolmasına, yeni bir kriz beklentisine ve dolayısıyla yatırım kararlarının ertelenmesine yol açmıştır. Bu nedenle yeni yatırımlar hemen hemen tamamen durmuş, mevcutlar yatırım kararlarını askıya almaya başlamışlardır.

1980'den sonra Türkiye'nin ekonomik olaylara daha farklı ve olumlu yaklaşımı ortaya koyduğunu söylemek mümkündür. Ancak, bütün bu gayretlerin kısa sürede sonuç vermesini beklemek iyimser bir düşünce olmakla birlikte Türkiye'de Tablo-6'ya bakıldığında 1980-86 döneminde yabancı sermaye yatırımlarında olumlu gelişmeler görülmektedir.

Tablo-6: Türkiye'de Yabancı Sermaye Yatırımlarının Yıllara Göre Dağılımı

YILLAR	GİRİŞLER (Milyon Dolar)	ÇIKIŞLAR (Milyon Dolar)	NET (Milyon Dolar)
1981	141	46	95
1982	103	48	55
1983	87	41	46
1984	113	0	113
1985	99	0	99
1986	125	0	125
1987	115	0	115
1988	354	0	354
1989	663	0	663
1990	684	0	684
1991	907	97	810
1992	911	67	844
1993	746	110	636
1994	636	28	608
1995	934	49	885
1996	914	192	722
1997	852	47	805
1998	953	13	940
1999	813	30	783
2000	1.707	725	982
2001	3.374	22	3.352
2002	622	5	617
2003	745	8	737
2004	1.291	100	1.191
2005	8.546	336	8.210
2006	17.446	657	16.789
Toplam	43.881	2.621	41.260

Kaynak: DPT, 2007: 20.

1979 yılı sonu itibariyle Türkiye'ye gelmesine izin verilen yabancı sermaye tutarı birikimli olarak 228, 1 milyon ABD Doları gibi düşük bir miktar iken, bu miktar sadece 1980 yılında 97 milyon (fiilen gelen 35milyon), 1981 yılında 338 milyon (fiilen gelen 141 milyon), 1982 yılında ise 167 milyon (fiilen gelen 103 milyon) ABD Dolarına ulaşmıştır. İhtilalin yarattığı belirsizlik belli bir süre artışı yavaşlatmış, 1983 yılında demokratik hayata geçilmesinden sonra, siyasi ortamın istikrara kavuşması ile yabancı sermaye izinlerinde ve fiili girişlerde hissedilir bir artış gözlenmiştir (YASED, 1987:10).

1990 yılının Ağustos ayında ilk Körfez Savaşının ortaya çıkmasıyla bölgede oluşan belirsizliğin ülkemizi de olumsuz etkilemesi sonucu, yabancı yatırım izinlerinde ve girişlerinde azalma görülmüştür. Savaşın bitişinden sonra yabancı sermaye izinlerinde ve girişlerinde tekrar artış yaşanmaya başlanmıştır (Erten, 2005:69). Tablo-6 incelendiği zaman 1994 yılında yabancı sermaye izinleri 1.478 milyon (fiilen gelen 636 milyon) ABD Doları iken, 1995 yılında, izinler 2.938 milyon (fiilen gelen 934 milyon) ABD Dolarına ulaşarak tekrar artışa geçtiği görülmektedir. 2001 yılında telekomünikasyon sektörüne gelen yatırımlar nedeniyle Türkiye tarihinin en yüksek yabancı sermaye transferi yaşanmıştır. Buna göre, 2001 yılında 2.725 milyon (fiilen gelen 3.374 milyon) ABD Doları tutarında yabancı sermaye girişine izin verilmiştir.

Tablo-6'da da görüldüğü gibi, yabancı sermaye girişlerindeki asıl gelişme 1980'lerin sonuna doğru başlamıştır. Son 25 yılda ülkeye çekilen toplam yabancı sermaye 17 milyar doların biraz üzerindedir. Bu da bu yıllar arasında ortalama %5 büyüyen Türkiye ekonomisi için oldukça küçük bir rakamdır. Türkiye, reel büyümesine olumlu katkı yapacak düzeyde yabancı sermaye girişinden yoksundur diyebiliriz. 2000 yılında, Cumhuriyet tarihinde ilk defa doğrudan yabancı sermaye girişleri 1 milyar doların üzerine çıkmış, 1.7 milyar dolara ulaşmıştır. Bu artış aslında Telecom Italia'nın, Türkiye İş Bankası ile birlikte Türkiye'nin üçüncü GSM lisansı için kurduğu ortaklıktan ve küresel enerji üreticisi Amerikalı Intergen şirketinin Enka ile ortaklaşa giriştiği doğalgaz çevrim santrali yatırımından kaynaklanmıştır (Arıkan, 2006:57). 2001 yılında ise yabancı sermaye girişi 3 milyar 374 milyon dolara ulaşmıştır. Bu yıl verilen izinler bankacılık-finans, otomotiv ve iletişim sektörlerinde yoğunlaşmıştır (HMYSGM, 2002:3). HSBC bankasının Demirbank'ı satın alması da bu yıl içerisinde gerçekleşmiştir.

Şekil-2: Doğrudan Yabancı Sermaye Yatırımlarının Zaman İtibariyle Seyri

Kaynak: Arıkan, 2006: 58.

Her ne kadar 2000 ve 2001 yıllarındaki görüntü ekonominin geleceği için umut verici olmuş olsa da, 2001 yılının başında yaşanan kriz ve dünya ekonomisinin de durgunluğa girmesi sonucu 2002 ve 2003 yıllarında Türkiye'ye giren yabancı sermaye miktarında büyük bir düşüş gerçekleşmiştir. 2002 yılında yabancı sermaye girişi 622 milyon dolara gerilemiş 1988'den bu yana en düşük seviyesine ulaşmıştır. Bunun sonucunda Türkiye, UNCTAD'ın 2001-2003 yılları arasındaki doğrudan yatırım çekme performansı endeksinde 140 ülke içerisinde Nijer, Malawi, Botswana, Moğolistan, Uganda, Gana, Gabon, Kamerun, Cezayir gibi ülkelerin ardından ancak 110. sırada yer edinebilmiştir (UNCTAD, 2004:14).

Türkiye 1980 yılı sonrasında başladığı liberalleşme politikaları ile birlikte, dünyadaki gelişmelere paralel olarak devletin elindeki ekonomik kuruluşları özelleştirme amacında olmuştur. Bu kuruluşları satın alabilecek yerli sermaye gruplarının sayılı olması, bu kuruluşları rehabilite edecek bilgi ve teknolojiye sahip olmaması, özelleştirme konusunda da beklentileri yabancı yatırımcılar yönüne çekmektedir (Gürbüz, 1989:127). Kamu kuruluşlarının özelleştirilmesi aşamalarında, yabancı yatırımcıların da alıcı olarak ihalelere katılmaları halinde, bir rekabet ortamı oluşacağından, özelleştirme için teklif edilen fiyatın daha yüksek olacağı beklenilmektedir.

AB ile girilen Gümrük Birliği süreci ile birlikte yabancı sermaye girişlerinde, beklendiği kadar olmasa da bir artış görülmüştür (Bkz Tablo-6). Girişin iki yönlü olacağı tahmin edilmiştir. Buna göre, AB pazarına girmek için Japonya ve ABD gibi ülkelerden gelen yabancı yatırımların ilk yönü, Bağımsız Devletler Topluluğu, Kafkasya ve Ortadoğu pazarına açılmak isteyen AB ülkelerinden gelecek yabancı yatırımların ise ikinci yönü oluşturacağı belirtilmiştir (Erten, 2005:71). YSGM'nin sayısal verileri incelendiğinde, gelişmelerin tahminler doğrultusunda olduğu görülmektedir. Ayrıca, yerli yatırımcıların (özellikle küçük ve orta büyüklükteki işletmelerin) gümrük duvarlarının kalkması sonucu oluşacak rekabet ortamında ayakta kalabilmeleri için ya kendi aralarında ya da yabancı şirketlerle birleşmeleri bir çare olarak gözükmektedir (Yalçınkaya, 1989:127).

Aynı zamanda, 5 Haziran 2003 kabul tarihli 4875 sayılı Doğrudan Yabancı Yatımlar kanunu ile Yabancı Sermaye Teşvik Kanunu Yürürlükten kaldırılırken, doğrudan yabancı yatırımların özendirilmesine yönelik olarak hazırlanan bu yasa mevcut son yasadır. Tarihsel süreç dikkate alındığında gelinen nokta da artık bu yasayla yabancı sermaye yatırımları ülkemiz için olmazsa olmaz bir kaynak olarak kabul görmüştür. Korumacı ve devletçilik yanlısı politikalarla liberal ve dışa açılmayı savunan politikalar arasındaki tarihsel süreç, liberal anlayıştan yana bu yasayla noktalanmıştır. Yeni yasayla, izin ve onay yükümlülüğü yerini bildirime bırakmıştır. Ayrıca 'yabancılık' unsuruyla ilgili yeni tanımlamalar getirilmiştir. Bu yasayla yurt dışında yerleşik Türk vatandaşlarının yatırımları da böylece yabancı sermaye yatırımlarına tanınan ayrıcalıklardan yararlanma hakkına kavuşmuştur. Yabancılık unsuru taşıyan uyuşmazlıkların çözümlenmesinde 4686 sayılı Milletlerarası Tahkim kanunu yetkili kılınmıştır. Ayrıca yatırım serbestisi ve milli muamele, yabancı yatırımcıların, mütekabiliyet esası gözetilmeden taşınmaz mal edinme ayrıcalığı, devlet ile olan uyuşmazlıkların milli mahkemelerde değil tahkimde çözülmesi, doğrudan yabancı yatırımların kamu yararı gerektirmedikçe ve karşılıkları ödenmedikçe kamulaştırılamayacağı ve devletleştirilemeyeceği, yabancı yatırımcıların, kâr, temettü, dış kredi vb.lerini yurt dışına serbestçe transferi, sayı ve iş niteliği olmaksızın yabancı personel istihdamı ayrıcalığı gibi ana başlıklarla yeni ve köklü düzenlemeler getirilmiştir. Yeni yasanın neticelerinin hazırlanma amacına hizmet edip etmeyeceğini şüphesiz zaman gösterecektir. Son yıllara damgasını vuran AB'ne tam üyelik bütün planların ve politikaların değişmez referansı olduğunu kabul etmekle aslında son yıllarda özgün bir süreç yaşamadığımız söylenebilir. Yaşanan süreçte yerine getirilen kriterlerin ya da ileride yerine getirilecek ekonomik kriterlerin zeminini hazırlamaya talip olan yeni yabancı sermaye yasası yaşanan tarihsel süreçteki evrimin son evresi olarak kabul edilebilir.

2004 yılında Merkez Bankasının aldığı karar ile gayrimenkul şeklindeki yatırımlarda doğrudan yabancı sermaye kapsamına alınmasıyla, 2004 yılında fiili giriş, 2.795 milyar dolar olarak gerçekleşmiştir (Çetinkaya, 2004:17). Bu tutarın %52'sini gayrimenkul yatırımları oluşturmaktadır. 2005 yılının ilk yedi ayında, 2,5 milyar dolarlık yatırım gerçekleşmiş, bunun da yaklaşık %45'lik payı gayrimenkul yatırımlarından oluşmuştur. 2006 yılı Ocak-Aralık döneminde net uluslararası doğrudan yatırım girişi (fiili giriş), 20.185 milyar doları düzeyinde gerçekleşmiştir. Uluslararası doğrudan yatırım girişleri kaleminde yer alan sermaye girişi 2006 yılında toplam 16.876 milyar dolara ulaşmış olup, 2005 yılının aynı döneminde gerçekleşen 8.053 milyar dolara göre 2 kattan fazla bir artış göstermiştir (Hazine Müsteşarlığı, 2007:5). 2006 yılı Ocak-Aralık döneminde 20.185 milyar doları olan uluslararası doğrudan yatırım girişinin başta mali aracı kuruluşların faaliyetleri sektörü olmak üzere, ulaştırma, haberleşme ve depolama hizmetleri, toptan-perakende ticaret ve imalat sanayi sektörlerinde gerçekleştiği görülmektedir.

Türkiye'de 2009 yılında 8,4 milyar dolar seviyesinde olan uluslararası doğrudan yatırım girişi, 2010 yılında 9,1 milyar dolar olarak gerçekleşmiştir. 2010 yılında Türkiye'de gerçekleşen 9,1 milyar dolar düzeyinde toplam uluslararası doğrudan yatırımın, 6,6 milyar dolarlık kısmı sermaye bileşeni, 2,5 milyar dolarlık kısmı ise yurt dışında yerleşik gerçek ve tüzel kişilerin Türkiye'deki gayrimenkul alımlarından oluşmaktadır (Tablo-7).

Tablo-7: 1995-2010 Döneminde Uluslararası Doğrudan Yatırım Bileşenleri (Milyar $)

	1995-2002 Birikimli	2003	2004	2005	2006	2007	2008	2009	2010
UDY Toplam	9.551	1.702	2.785	10.031	20.185	22.047	19.504	8.411	9.071
Uluslararası Doğrudan Sermaye	9.551	704	1.442	8.190	17.263	19.121	16.567	6.629	6.577
Sermaye (Net)	9.035	556	888	8.063	16.876	18.100	14.313	5.382	5.901
Giriş	10.118	564	986	8.454	17.533	18.843	14.348	5.464	5.936
Çıkış	-1.083	-8	-98	-401	-657	-743	-35	-82	-35
Yeniden Yatırımda Kullanılan Kazançlar	-	132	204	81	106	294	399	788	600
Diğer Sermaye	516	16	350	56	281	727	1.855	459	76
Gayrimenkul (Net)	-	998	1.343	1.841	2.922	2.926	2.937	1.782	2.494

Kaynak: Hazine Müsteşarlığı, 2011: 9.

a)2010 yılı tahmini değerdir.

b)Uluslararası sermayeli şirketlerin yabancı ortaklarından aldığı kredi.

2.2.2. Türkiye'de Doğrudan Yabancı Sermaye Yatırımların Sektörel Dağılımı

Türkiye'deki doğrudan yabancı sermaye yatırımlarını sektörel açıdan değerlendirmek istediğimizde kullanabileceğimiz iki değişken; sektörlerde faaliyet gösteren yabancı firma sayıları ve yabancı sermaye miktarları olacaktır (Batmaz ve Tunca, 2005:109). Yabancı sermaye yatırımları sektörel açıdan incelendiğinde imalat sanayinin ve hizmetler sektörünün büyük bir ağırlığa sahip olduğu görülmektedir. Uluslararası doğrudan yatırım verileri kapsamında doğrudan yatırım girişlerinin yanı sıra, Türkiye'de kurulan yabancı sermayeli şirketler, mevcut şirketlere yapılan iştirakler ve şube sayıları baz alınarak hazırlanan uluslararası sermayeli şirket sayıları da uluslararası doğrudan yatırımlara ilişkin analiz ve değerlendirmelere katkı sağlayan önemli birer gösterge niteliğindedir (Hazine Müsteşarlığı, 2006:22).

Ülkemizde 1954 yılından 2010 yılına kadar kurulan yabancı sermayeli şirket sayısına bakıldığında, 1954–2005 yıllarında 10.273 şirket kurulduğunu görmekteyiz (Tablo-8). 2005 yılından sonraki takip eden yıllarda yabacı sermayeli firma sayısında artış olmuş, 2006'da 2.920, 2007'de 3.304, 2008'de 3.171, 2009'da 2.936 ve 2010 yılında ise 3.344 yabancı sermayeli şirket kurulmuştur. Türkiye'de 2010 yılı sonu itibariyle toplam 20.479 adet yabancı sermayeli şirket ve 654 şube kurulmuş olup, 4.815 adet yerli sermayeli şirkete de yabancı sermaye iştiraki gerçekleşmiştir. Toplamda 25.948 adet uluslararası sermayeli şirket ülkemizde faaliyette bulunmaktadır.

Uluslararası sermayeli şirket sayısında; 2008 yılında %4, 2009 yılında ise %7 oranlarında azalma olurken, 2010 yılında %13 düzeyinde artma olmuştur. 2010 yılı sonu itibarıyla Türkiye'de faaliyette bulunan 25.948 adet uluslar arası sermayeli şirketin %77'si limited şirketlerden, %20,8'i anonim şirketlerden, geri kalan %2,2'lik bölümü ise şubelerden ve komandit, kolektif, adi şirket, iş ortaklığı ve adi komandit şirketlerden oluşmaktadır. 2006-2010 yılları arasında yeni şirket ve şube kuruluşlarının toplam uluslar arası sermayeli şirketler içerisindeki ortalama payı %81 seviyesindedir.

Tablo-8: Yıllar İtibariyle Kuruluş Türlerine Göre Uluslararası Sermayeli Şirketlerin Sayısı (Adet)

	1954-2005 (Birikimli)	2006	2007	2008	2009	2010	Genel Toplam
Yeni	8.080	2.266	2.624	2.483	2.302	2.724	20.479
İştirak	1.870	596	616	624	566	543	4.815
Şube	323	58	64	64	68	77	654
Toplam	10.273	2.920	3.304	3.171	2.936	3.344	25.948

Kaynak: Hazine Müsteşarlığı, 2011: 16.

Uluslararası yatırımcılar açısından önemli kolaylıklar getiren 4875 sayılı "Doğrudan Yabancı Yatırımlar Kanununun 17 Haziran 2003 tarihinde yürürlüğe girmesiyle, Türkiye'deki uluslararası sermayeli şirket sayısında hızlı bir artış gözlenmiştir. 17 Haziran 2003–31 Aralık 2006 döneminde, önceki yıllarda kurulmuş olan toplam uluslararası sermayeli şirket sayısından fazla uluslararası sermayeli şirket kurulmuştur.

2010 yılında Türkiye'deki uluslararası yatırımlar açısından ilk üç sektör; elektrik, gaz, buhar ve sıcak su üretimi ve dağıtımı (enerji), mali aracı kuruluşların faaliyetleri ve imalat sanayii olmuştur. Uluslararası doğrudan yatırımların %56,5'i, enerji sektörü ile mali aracı kuruluş faaliyetleri sektöründe gerçekleşmiştir (Tablo-9). Enerji sektöründe 2010 yılında yaklaşık 2,1 milyar dolar uluslararası doğrudan yatırım gerçekleşmiştir. Bu sektör son iki yılda en çok uluslararası doğrudan yatırım çeken sektör olmuştur. Türkiye'de enerji sektörünün yükselen eğilimi ile paralel olarak kurulan uluslararası sermayeli şirket sayısı 2005 yılında toplam 97 adet iken, 2010 yılında 126 adet şirkete ulaşmıştır. 2010 yılında sektörde faaliyette bulunan 126 adet şirketin 33 adedinin sermaye büyüklüğü 500.000 doların üzerindedir.

Tablo-9: Sektörlere Göre Uluslararası Doğrudan Yatırım Girişleri, 2010 (Milyon $)

Sıra	**Sektör**	**Sermaye Girişi**	**Oran(%)**
1	Elektrik, Gaz, Buhar ve Sıcak Su Üretimi ve Dağıtımı	2.063	31,6
2	Mali Aracı Kuruluşların Faaliyetleri	1.630	24,9
3	İmalat	867	13,3
4	Toptan ve Perakende Ticaret	389	6,0
5	İnşaat	372	5,7
6	Gayrimenkul, Kiralama ve İş Faaliyetleri	368	5,6
7	Ulaştırma, Depolama ve Haberleşme	210	3,2
8	Madencilik ve Taşocakçılığı	196	3,0
9	Sağlık İşleri ve Sosyal Hizmetler	114	1,7
10	Diğer Sosyal, Toplumsal ve Kişisel Hizmet Faaliyetleri	114	1,7
	Diğer	213	3,3
	Toplam	**6.536**	**100,0**

Kaynak: Hazine Müsteşarlığı, 2011: 11.

2010 yılı sonu itibarıyla Türkiye'deki 25.948 adet uluslararası sermayeli şirketin, 7.847 adedinin toptan ve perakende ticaret, 4.369 adedinin imalat sanayi, 4.144 adedinin ise gayrimenkul kiralama ve iş faaliyetleri sektörlerinde faaliyette bulunduğu görülmektedir. İmalat sanayinde uluslararası sermayeli şirket sayısı bakımından kimyasal madde ve ürünler imalatı birinci sırada yer alırken, gıda ürünleri, içecek ve tütün imalatı ile tekstil ürünleri imalatı takip eden alt sektörler konumundadır.

Tablo-10: Uluslararası Sermayeli Şirket Sayılarının Sektörlere Göre Dağılımı

Sektörler	**1954-2005 (Birikimli)**	**2006**	**2007**	**2008**	**2009**	**2010**	**1954-2010 Toplam**
Tarım, Avcılık, Ormancılık ve Balıkçılık	156	39	46	52	55	63	411
Madencilik ve Taşocakçılığı	182	45	77	87	73	79	543
İmalat Sanayi	2.237	412	463	454	388	415	4.369
Gıda Ürünleri, İçecek ve Tütün İmalatı	244	42	34	34	50	64	468
Tekstil Ürünleri İmalatı	290	45	46	21	18	20	440
Kimyasal Madde ve Ürünlerin İmalatı	254	40	54	45	39	52	484

B.Y.S. Makine ve Teçhizat İmalatı	164	51	44	46	29	23	357
Motorlu Kara Taşıtı, Römork ve Yarı-Römork imalatı	157	15	19	23	18	7	239
Diğer İmalat	1.128	219	266	285	234	249	2.381
Elektrik, Gaz ve Su	97	40	69	108	128	126	568
İnşaat	624	386	444	344	299	319	2.416
Toptan ve Perakende Ticaret	3.579	717	757	760	913	1.121	7.847
Oteller ve Lokantalar	849	182	196	203	171	154	1.755
Ulaştırma, Haberleşme ve Depolama Hizmetleri	867	256	270	282	264	344	2.283
Mali Aracı Kuruluşların Faaliyetleri	138	46	42	42	17	14	299
Gayrimenkul Kiralama ve İş Faaliyetleri	1.104	626	779	635	468	532	4.144
Diğer Toplumsal, Sosyal ve Kişisel Hizmet Faaliyetleri	440	171	161	204	160	177	1.313
Toplam	**10.273**	**2.920**	**3.304**	**3.171**	**2.936**	**3.344**	**25.948**

Kaynak: Hazine Müsteşarlığı, 2011: 20.

2010 yılı sonu itibarıyla mali aracı kuruluşların faaliyetleri sektöründe 299 adet uluslararası sermayeli şirket faaliyet göstermektedir. 2010 yılında 867 milyon dolar uluslararası doğrudan yatırımın gerçekleştiği imalat sanayinde ise büyük ölçekli birleşme ve satın alma işlemi gerçekleşmemesine karşın, çok sayıda şirket tarafından gerçekleştirilen uluslararası doğrudan sermaye transferleri ile yıllar itibarıyla genel eğilim korunmuştur. Türkiye'de imalat sanayiinde 2010 yılı sonu itibarıyla 4.369 adet uluslararası sermayeli şirket faaliyet göstermektedir. Bu rakam, toplam uluslararası sermayeli şirketlerin %17'sini oluşturmaktadır. İmalat sanayii içerisinde kimya sektörü 484, gıda ürünleri, içecek ve tütün sektörü 468 ve tekstil sektörü 440 adet uluslararası sermayeli şirket ile ilk üç sırayı paylaşan alt sektörler olmuşlardır.

Tablo-11: Sektörlere Göre Uluslararası Doğrudan Yatırım Girişleri 2002-2010 (Milyon $)

Sektörler	2002	2003	2004	2005	2006	2007	2008	2009	2010
Mali Aracı Kuruluşların Faaliyetleri	246	51	69	4.018	6.957	11.662	6.069	666	1.630
Ulaştırma, Depolama ve Haberleşme	1	1	639	3.285	6.696	1.117	170	391	210

Elektrik, Gaz, Buhar ve Sıcak Su Üretimi ve Dağıtımı	68	86	66	4	112	568	1.068	2.126	2.063
Toptan ve Perakende Ticaret, Motorlu Taşıt, Motosiklet, Kişisel ve Ev Eşyalarının Onarımı	75	58	72	68	1.166	165	2.085	389	389
Gıda Ürünleri ve İçecek İmalatı	14	249	78	68	608	766	1.252	196	149
Kimyasal Madde ve Ürünler ile Suni Elyaf İmalatı	8	9	38	174	601	1.109	200	336	102
Ana Metal ve Fabrikasyon Metal Ürünleri İmalatı	18	1	6	139	158	515	1.243	31	160
Gayrimenkul, Kiralama ve İş Faaliyetleri	0	3	3	29	99	560	641	560	368
Diğer	141	238	219	750	1.242	2.675	2.019	1.557	1.465
Toplam	**571**	**696**	**1.190**	**8.535**	**17.639**	**19.137**	**14.747**	**6.252**	**6.536**

Kaynak: Hazine Müsteşarlığı, 2011: 13.

Dünya genelinde 2009 yılında imalat ve hizmet sektörlerinde yapılan uluslararası doğrudan yatırımlarda düşüş yaşanmıştır. Ancak, uluslararası doğrudan yatırım içinde imalat sektörünün payı düşerken, hizmetler sektörünün payı artmıştır. 2009 yılında küresel ekonomik krizden olumsuz yönde etkilenen motorlu kara taşıtı, römork ve yarı-römork imalatı 2010 yılında toparlanmaya başlamıştır. Motorlu kara taşıtı üretimi 2010 yılında dünya genelinde %25,8 oranında artış göstermiştir. Dünya'da kimyasal madde ve ürünlerin imalatı ve gıda ürünleri, içecek ve tütün imalatı gibi başlangıçta krize dayanıklı sektörler 2009 yılında krizden olumsuz etkilenmişlerdir. Bununla beraber elektrik, gaz ve su dağıtımı, elektronik ekipmanlar, inşaat ve telekomünikasyon sektörlerinde 2008 yılına göre 2009 yılında daha fazla uluslararası doğrudan yatırım yapıldığı gözlemlenmiştir.

Dünya genelinde uluslararası doğrudan yatırımların hizmetler sektöründe gözlenen yoğunlaşma eğilimi, Türkiye'de de önemli oranda geçerlilik taşımaktadır. 2006-2010 yılları arasında faaliyette bulunan uluslararası sermayeli şirketlerin sektörel dağılımına bakıldığında; toptan ve perakende ticaret, gayrimenkul kiralama ve iş faaliyetleri ile imalat sanayi sektörleri ilk üç sırada yer almıştır. İmalat sanayi sektörü 2005 yılına kadar toptan ve perakende ticaret sektörünü takip ederken, 2006 yılından itibaren gayrimenkul kiralama ve iş faaliyetleri sektöründen sonra yer almaya başlamıştır. Küresel ekonomik krizden olumsuz etkilenen motorlu kara taşıtı, römork ve yarı-römork imalatında faaliyette bulunan uluslararası sermayeli şirketlerin sayısında 2009 yılında başlayan azalma devam etmiş, 2010 yılında da bu sektördeki uluslararası doğrudan yatırım girişlerindeki %82'lik düşüş, şirket sayısına da %61,1'lik düşüşle yansımıştır. 2010 yılında sektörlerde faaliyette bulunan uluslararası sermayeli şirket sayılarında, ulaştırma, haberleşme ve depolama hizmetleri sektöründe %30,3 oranında, toptan ve perakende ticaret sektöründe ise %22,8 oranında, tarım, avcılık, ormancılık ve balıkçılık sektöründe %14,5 oranında, gayrimenkul kiralama ve iş faaliyetleri sektöründe %13,7 oranında, imalat sanayinde ise %7 oranında artış olurken, mali aracı kuruluşların faaliyetleri sektöründe % 17,6 oranında, oteller ve lokantalar sektöründe %9,9 oranında, elektrik, gaz ve su sektöründe ise 1,6 oranında düşüş gerçekleşmiştir. İmalat sanayinde faaliyette bulunan uluslararası sermayeli şirketler arasında kimyasal madde ve ürünler imalatında %33,3 oranında, gıda ürünleri, içecek ve tütün imalatında %28 oranında artış gözlenirken, motorlu kara taşıtı, römork ve yarı-römork imalatında %61,1 oranında, kimyasal madde ve ürünlerin imalatında %20,7'lik düşüş gerçekleşmiştir.

2.2.3. Doğrudan Yabancı Sermaye Yatırımların Ülke Ekonomisi Üzerindeki Etkileri

Gelişmekte olan ülkelerde ekonomi politikasının temel hedefi, ekonomik kalkınmayı gerçekleştirmektir. Ekonomik kalkınmanın gerçekleşebilmesi için bu ülkeler genellikle sermaye birikimi ve finansman sorunu ile karşı karşıya kalmaktadırlar. Bu tür ülkelerde sermaye kıtlığı ve emek bolluğu, ülkelerin başka bir belirleyici özelliği olmaktadır. Bu özellik göz önüne alındığında, kalkınmanın sağlanabilmesi amacıyla yurtiçi tasarruflara ilaveten, sermaye açığını ortadan kaldırabilmenin iki yolu vardır: Bunlardan birincisi dış borç, ikincisi ise, yabancı sermaye yatırımlarıdır (Çetinkaya, 2004:18). Yabancı sermaye yatırımlarının dış borçlanmaya göre avantajlarının daha çok olduğu söylenebilir. Doğrudan yabancı sermaye olarak gelen kaynak kesin suretle yatırıma dönüşmektedir. Kısaca bu durumda parasal sermaye değil de gerçek sermaye söz konusudur. Dış borçlanma da böyle bir durum söz konusu değildir. Dış borçlanmada kesin yatırım yapılacak garantisi söz konusu olmayıp borçlanma, mevcut hükümet tarafından yapıldığı için, alınacak borcun hükümetin denetiminde olması sonucu bu kaynağın üretken olmayan bazı yatırımlara dönüşmesinin ihtimali her zaman söz konusudur.

Yabancı sermayede en önemli üstünlük olarak ülke ekonomisine, beraberinde, teknoloji ve know-how gibi başka kaynakları da getirmesi söylenebilir. Dolayısıyla, yabancı sermaye yatırımları ülke ekonomisine dışarıdan sağlanacak kaynaklardan riskini kendisinin üslenmesinden dolayı dış borçlanmaya göre daha avantajlıdır.

Gelişmekte olan ülkelerde olduğu gibi ülkemizin de en önemli ekonomik sorunlarından birisi, sermaye birikiminin yetersizliğidir. Türkiye'de yatırımları gerçekleştirecek ve dolayısıyla ekonomik büyümesini sağlayacak yeterli miktarda tasarruf miktarı ve dış alemle yaptığı işlemlerden genelde bir açık ile karşılaştığından dolayı bunlar ekonomi için iki önemli problem kaynağı olmaktadır. Yıllarca kamu kaynaklarının büyük bir bölümü cari harcamalara ayrılmış, geri kalan kısmı ise borç faizi ödemelerine gitmiştir. Bu nedenle daha çok tasarruf yapılarak yatırımlar için gerekli olan finansmanın ayrılması pek mümkün olmamıştır. Dolayısıyla, ülke iç kaynaklarının yetersiz, dış borçlanma ile yatırımları finanse etmenin maliyetinin çok yüksek ve riskli olması nedeniyle, doğrudan yabancı yatırımların getireceği teknoloji, know-how, modern işletme ve pazarlama yöntemlerinin ülke ekonomisi için önemi büyüktür (Çetinkaya, 2004:21). Ayrıca, doğrudan yabancı yatırımları, Türkiye açısından özellikle dört noktada önem taşımaktadır: Bunlar, finans gücü, teknoloji transferi, yönetim becerisi ve dış pazar imkânlarıdır. Türkiye'de yabancı sermaye yatırımlarının arttırılmasının, büyük ölçüde sermaye açığının ortadan kalkmasına, üretimde eski teknoloji yerine yeni teknolojinin kullanılmasına ve yeni teknoloji ile birlikte üretimde verimliliğin artmasına ve yeni dış pazarlara açılmasında büyük imkânlar sağlanabilir (Erçakar ve Karagöl, 2011:21). Yabancı sermayenin Türkiye ekonomisine yapacağı en büyük katkı teknoloji transferidir. Türkiye açısından teknolojiyi üretebilme imkanının oldukça kısıtlı olmasının bir sonucu olarak, teknolojik açığın kapatılmasının en uygun yolu, yabancı sermaye yatırımlarıdır (Ay, 2007b:551).

Yabancı sermaye yatırımların aynı zamanda ülke ekonomisine yaratılacak olan katma değerle milli gelirin artışına, istihdam kapasitesinin ve döviz gelirlerinin artırılmasına, ekonominin dışa açılması ve uluslararası ekonomilerle bütünleşmesine katkıda bulunması beklenmektedir. Ancak, Türkiye ekonomisinde bu katkıların görülmesi ve ülkeye gelen doğrudan yabancı sermaye akımının hızlanması için makro dengelerde istikrarın sağlanması gerekmektedir (Batmaz ve Tekeli, 2009:146).

Yabancı sermaye yatırımlarının, ülkenin ödemeler dengesini iki açıdan etkilemesi beklenmektedir. İlk etki, bu tür yatırımların ithal ürünlerin ikamesini sağlayabileceği için ödemeler dengesinin ithalat ile ilgili döviz ödemelerinden kaynaklanan yükünü azaltmasıdır. İkinci etki ise, yapılan üretimin bir kısmının dış piyasalara yönelik olması ile ihracatı artırmasıdır. Türkiye'de yıllardır süre gelen ödemeler dengesi dış ticaret açığı ve buna bağlı olarak cari açığın kapatılmasına yönelik olarak, yabancı sermaye yatırımların ithalatı azaltıp ihracatı artırıcı etkilerde bulunarak ve sermaye hareketlerini de olumlu etkilemesi sonucu ödemler dengesine olumlu yönde katkıda bulunması beklenmektedir (Batmaz ve Tekeli, 2009:147). Öte yandan, İstanbul Sanayi Odası'nın 2005 yılında 500 büyük sanayi kuruluşu arasında yaptığı çalışmada, en fazla ihracat yapan 50 kuruluş incelendiğinde, bunlardan 20 tanesi yabancı sermayeli firmalardan oluşmaktadır (Ay, 2007b:548).

Türkiye'de yabancı sermaye yatırımlarından beklenen en önemli unsur yeni istihdam alanlarının yaratılmasıdır. Yurtiçi tasarruf ve yatırımlara ilaveten, yabancı sermaye yatırımlarıyla yeni yatırım imkanlarının ortaya çıkması işsizliğin ortadan kalkmasına önemli katkılar sağlamaktadır. Ülkemizde yüksek işsizlik oranına karşı yurtiçi tasarruf ve yatırımların yetersiz kalması, işsizliğin önlenmesinde yabancı yatırımların önemini artırmaktadır (Ay, 2007b:544). İstanbul Sanayi Odası'nın 2005 yılı 500 büyük sanayi kuruluşu ile ilgili yaptığı çalışmada, en çok kişi çalıştıran 50 kuruluş içerisinden 16 tanesi yabancı sermayeli firmadır. Bu 16 firmanın bünyelerinde çalıştırdığı kişi sayısı 59.597 kişidir ve toplam çalışan kişilerin yaklaşık %27'sini oluşturmaktadır (Ay, 2007b:546).

Türkiye'de tasarrufları ve en önemlisi de yatırımları artırabilme konusunda gerekli olan finansman ihtiyacı yabancı sermaye yatırımları vasıtasıyla sağlanabilir. Hızlı bir kalkınma süreci için hem tasarrufların hem de yatırımların artırılması gerekmektedir. Kalkınma sorunun önünde önemli bir engel olan yatırımların yeterli düzeyde olmaması, ancak dışarıdan ülkeye yapılacak olan tasarruflarla yani yabancı sermaye transferi ile gerçekleşebilir (Karluk, 1983:209).

2.2.4. Doğrudan Yabancı Sermaye Yatırımları Konusunda Avantajlar ve Dezavantajlar

Dünyanın en gelişmiş 20 ekonomisi arasında yer alan ve ABD Ticaret Bakanlığı'nca gelişmekte olan ülkeler arasında Çin'den sonra en önemli ikinci ülke olarak gösterilen Türkiye'nin hiç kuşkusuz coğrafi konumu, nüfusu ve demografik yapısı yanında gelişme yönünde ortaya koyduğu iradeden kaynaklanan ve doğrudan yabancı yatırım çekme konusunda yararına olarak gösterilebilecek bazı avantajları vardır (Ekinci, 2005:123). Türkiye'nin Asya ve Avrupa arasında bir köprü oluşturan coğrafi konumu ve Afrika'ya yakınlığı, Orta Asya Cumhuriyetleri ve Kafkaslarla arasındaki tarihi ve kültürel bağlardan doğan ve bölgedeki etkinliğini artıran konumu, Orta Doğu ülkeleri ile tarihi bağları, petrol ve doğal gaz havzaları ile pazarı arasında doğal bir ulaşım güzergâhı olması, eğitimli ve nitelikli insanları ve genç nüfusu ile önemli bir pazar ve önemli bir büyüme potansiyeline sahip olması, altyapı konusunda iyi durumda bulunması, AB ile Gümrük Birliği ilişkisi ve birliğe girme çabaları, uluslararası tahkime ilişkin yasal düzenlemelerin yapılmış olması ve enerji ve diğer altyapı sektörlerinde özel sektörün de yatırım yapmasına olanak tanınmış olması yabancı yatırım girişlerine katkıda bulunacaktır (DPT, 2000:12).

Türkiye'de yatırım yapacak olan yabancı yatırımcı doğal olarak öncelikle yatırımın güvenliğini ve Türkiye'ye yatırım yapmak sureti ile varsa alabileceği riskleri değerlendirmek zorundadır. Türkiye'nin yabancı yatırımcıların gözüyle taşıdığı riskler, bölgede yaşanan çatışmaların Türkiye'ye sıçrayabileceği endişesi, terörün sebep olabileceği istikrarsızlıklar ve ekonomik istikrarsızlıktan kaynaklanan krizler şeklinde özetlenebilir (Ekinci, 2005:124).

Türkiye, birçok yönüyle, doğrudan yabancı yatırımlar için cazip bir ülkedir. Türkiye dünyanın en büyük 15-20 pazarından biridir. Hem ulaşım, enerji ve yeterli teknolojik altyapıya, hem de insan kaynakları açısından yatırımcı için cazip koşullara sahiptir. Kolay eğitilebilen vasıfsız işgücünün yanı sıra, çok iyi eğitim görmüş bir yönetici sınıfı ve ortaklık yapabilecek son derece girişimci, dinamik bir kesime sahip bulunmaktadır. İşgücü maliyetleri ve diğer üretim faktörleri de diğer ülkelere göre nisbi olarak ucuz bulunmaktadır. Coğrafi açıdan ise Doğu Avrupa, Orta Asya ve Orta Doğu'nun ortasında, tüm pazarlarla ilişki içinde olan bir jeo-politik konuma sahiptir. Bunlara ilaveten, Türkiye dünyanın en liberal yabancı yatırım mevzuatlarından birine sahiptir. AB ülkeleriyle yaptığımız Gümrük Birliği anlaşması da olumlu bir faktör oluşturmaktadır (Oksay, 2000: 8).

Tablo-12: Yabancı Sermaye Açısından Türkiye'deki Durumun Özeti

Dezavantajlar	Avantajlar
• Siyasi ve ekonomik istikrarsızlık, uzun vadeli planların yapılamaması • Ülke içinde ve komşu ülkelerle gerginlikler ve bölgedeki belirsizlikler • AB ile ilişkilerde belirsizlikler • Kronik enflasyon, reel faiz oranlarının yüksekliği ve enflasyon muhasebesine geçilmemiş olması • Özelleştirmede gecikmeler • Kayıtdışı ekonomi • Sık değiştirilen mevzuat ve bazı alanlardaki mevzuat eksiklikleri • Hukuk sistemi ve adalet mekanizmasındaki aksaklıklar • Bürokratik engeller • Dış tanıtımda yetersizlikler • Özel sektörde iyi yönetişim (good governance) eksiklikleri	• Coğrafi konum • Satınalma gücü ve tüketim kalıpları gelişen 65 milyonluk bir nüfus • Nitelikli, verimli ve rekabet edebilir maliyette genç işgücü • Dinamik ve dışa açık ekonomi ve liberal bir yabancı sermaye mevzuatı • Gelişmiş ulaşım ve iletişim altyapısı • Yatırıma açık bir özelleştirme ve büyük bir enerji yatırımı programı • GAP projesi • Girişimcilik, yönetim, işletmecilik bakımından ileri bir iş ortamı • Dünyanın önde gelen çok uluslu şirketlerinin ülkedeki varlığı • AB-Türkiye Gümrük Birliği ve Helsinki Zirvesi sonucunda

	açılan AB'ye tam üyelik perspektifi

Kaynak: Çalışkan, 2002: 10.

Türkiye, Avrupa, Orta Doğu ve Kuzey Afrika'daki büyük piyasalara yakınlık, 65 milyonluk bir iç piyasa, nisbeten düşük işgücü maliyetleri, iyi eğitimli bir yönetici sınıfı, sağlam bir telekomünikasyon altyapısı gibi avantajları ile yatırımcılar açısından cazip bir ülke görünümü sergilerken diğer açıdan kendini çok başarısız bir yabancı yatırım performansına mahkum eden baskın karakterli zayıflıkların bir arada olduğu bir ülke görünümü sergilemektedir. Türkiye'nin mevcut durumunu ortaya çıkaran güçlü ve zayıf yönlerini de aşağıdaki tablodan görebiliriz:

Tablo-13:Türkiye'nin Doğrudan Yabancı Yatırımlar (DYY) İçin Lokasyon Avantajları

Anahtar Lokasyon Faktörleri	Rekabetçi Pozisyon	Anahtar Lokasyon Faktörleri	Rekabetçi Pozisyon
Piyasa Kollayan DYY		**DYY 'lara İmkan Tanıyan Çevre**	
Ekonomik Büyüklük	Güçlü	DYY Yasası (Bağımsız DYY)	Güçlü
Ekonomik Büyüme	Güçlü	DYY Yasası (Özelleştirme / Altyapı DYY)	Zayıf
Nüfus Büyüklüğü	Güçlü	Kolaylaştırma Süreci	Orta
Kişi Başına Gelir	Orta	Politik Taahhüt	Zayıf
		Teşvikler	Güçlü
Etkinlik Kollayan DYY		Yatırım Promasyonu	Zayıf
İşgücü Maliyetleri	Güçlü		
İşgücü Verimliliği	Güçlü	**Kurumsal - Politik Çevre**	
Bölgesel Entegrasyon Alanı	Güçlü	Ekonomik İstikrarsızlık (enflasyon, döviz kuru, borç)	Zayıf
İşgücü Becerisi ve Arzı	Güçlü	Politik belirlilik	Zayıf
		Politik Müdahale, Bürokrası ve Yolsuzluk	Zayıf
Kaynak-Varlık Kollayan DYY		Adalet Sistemi ve Entelektüel Mülkiyet Hakları	Zayıf
Mühendis ve Teknisyen Arzı	Güçlü	İç Sosyal Gerginlik	Zayıf
Ar&Ge ve Inovasyon Temeli	Zayıf		
Telekomünikasyon & İnternet Altyapısı	Orta		

Kaynak: Kovancılar, 2003: 74.

Türkiye'ye yatırım yapacak yabancı bir yatırımcının, avantajlarını ve dezavantajlarını başlıklar halinde incelemek faydalı olacaktır. Öncelikle Türkiye'nin yabancı sermaye çekmek için sahip olduğu avantajlara bakıldığı zaman ilk olarak büyük ve büyümekte olan iç pazarın önemli olduğu vurgulanmaktadır.

Büyük ve Büyümekte Olan İç Pazar: Refahın artması, eğitim düzeyinin yükselmesi, pazarlama tekniklerinin gelişmesi ve kentleşme oranının artması ile birlikte Türkiye'de tüketim seviyesi sürekli bir artış içerisindedir. Kişiler ve bölgeler arasındaki gelir dağılımının eşit dağılmaması, bir anlamda bize nüfusun bir bölümünün daha gelişmiş ülkelerdeki yaşam seviyesine yakın bir hayat sürdüğünü göstermektedir. Bu da Türkiye'yi birçok Avrupa ülkesi gibi çekici kılmaktadır. Türkiye, dinamik ve birçok OECD ülkesi ile karşılaştırıldığında büyüme potansiyeli yüksek olan bir ülke konumundadır. Dünya Ticaret Örgütü göstergelerine göre Türkiye, dünya ticaretinde 20 en dinamik ülke arasında yer almaktadır (DPT, 2000:12). Türkiye'nin dinamik ve gelişmekte olan ekonomisi 2002-2005 yıllan arasında ortalama %7,7 büyümüştür. Bu oranlar OECD'deki diğer ülkelerle karşılaştırıldığında oldukça yüksektir. Türkiye'de özellikle sanayi ve hizmet sektörleri hızlı bir gelişme sergilemektedir. Örneğin ülkede kullanılan cep telefonu sayısı 1994 yılında 120,000 iken, bu sayı 2003 yılında 27,887,500'e ulaşmıştır. Aynı gelişme trafiğe çıkan araç sayısı ve ülkedeki toplam kredi kartı sayısı incelendiğinde de görülebilir. Türkiye'deki kredi kartı sayısı 1998 yılında 7.1 milyon iken, Bankalar arası Kart Merkezi tarafından açıklanan rakamlara göre, bu rakam 31 Mart 2005 itibariyle 27 milyon 717 bin adete yükselmiştir (Arıkan, 2006:51). Yaklaşık 70 milyondan fazla nüfusu ve artan alım gücü ile yabancı yatırımcılar için büyük ve hareketli bir pazar oluşturmaktadır.

Rekabetçi İşgücü: Eğitilmiş, nitelikli ve çabuk öğrenen işgücü Türkiye'nin diğer önemli bir avantajıdır. Ücretlerin düşük olması ise, Türkiye'yi diğer gelişmekte olan piyasalar karşısında rekabetçi kılmaktadır. Ayrıca Türk eğitim sisteminde meslek eğitimi yaygın olarak uygulandığı için birçok diğer gelişmekte olan ülkeyle karşılaştırıldığında, işgücü nispeten kalifiyedir. İmalat ve hizmet sektörlerinde kaliteye verilen önem gün geçtikçe artmaktadır.

Coğrafi Konum: Avrupa ile Asya arasında bir köprü olma özelliği ve Orta Doğu, Kuzey Afrika ve Orta Asya'daki gelişmekte olan pazarlara yakınlığı ile Türkiye, doğrudan yatırımlarını ihracata yönelik gerçekleştirmek isteyen çok uluslu şirketler için benzersiz bir konuma sahiptir. Ayrıca doğal kaynaklar göz önüne alındığında Türkiye'nin konumu daha da önem kazanmaktadır. Orta Doğu ve Hazar petrolleri ile Orta Asya doğalgaz rezervleri hemen sınırların diğer tarafındadır. Bu konum, 2005 yılının Mayıs ayında tamamlanan, Azerbaycan petrollerini Türkiye vasıtasıyla Akdeniz'e ulaştıran Bakü-Ceyhan petrol boru hattı ile daha da önem kazanmıştır (Arıkan, 2006:52).

Altyapı Hizmetleri: Türkiye'de haberleşme ve diğer altyapı hizmetleri yatırımcıların ihtiyaçlarına cevap verebilecek düzeydedir. Türkiye'deki çoğu sanayi bölgesi elektrik, kanalizasyon, doğalgaz, telekomünikasyon ve ulaştırma gibi altyapı hizmetlerinden faydalanabilmektedir. Ayrıca hükümet, küçük ve orta ölçekli üreticilere yönelik organize sanayi bölgeleri kurarak destek olmaktadır. Türkiye'deki telekomünikasyon ağı oldukça genç olmasına karşın teknolojik açıdan ileridir ve geniş bir kapsama sahiptir. Ülkenin her hangi bir noktasında mobil iletişim sağlanabilmektedir. Mali sektör de her geçen gün kendisini güçlendirmektedir. Bütün bunların yanı sıra Devlet İstatistik Enstitüsü (DİE), Devlet Planlama Teşkilatı (DPT), Hazine Müsteşarlığı ve İstanbul Menkul Kıymetler Borsası (İMKB) gibi Türk Devleti'ne ait olan kurumlar önemli istatistiksel verileri sağlamakta oldukça verimli ve güvenilir çalışmaktadırlar.

Yasal Çerçeve: Türkiye'deki mevzuat yabancı yatırımcılara büyük avantajlar sunmaktadır. Bunlar arasında en önemlileri; serbestçe dalgalanan döviz kuru, yerel para biriminin konvertibl olması, malların ülkeye serbestçe girip çıkabilmesi, Avrupa Birliği ile Türkiye arasında yürürlükte olan Gümrük Birliği ve liberal bir doğrudan yatırım mevzuatı sayılabilir. Yapılan son düzenlemelerle bürokratik işlemler de eskisine nazaran oldukça basitleştirilmiştir (Ekinci, 2005:125). Liberal bir mevzuata sahip olmanın yanı sıra, Türkiye yabancı sermayeye güvenli bir ortam sunmaktadır. Rekabetin korunması yasası 1994 yılından beri yürürlüktedir. Ayrıca son yıllarda fikri mülkiyet haklarının korunmasına da öncelik verilmiştir. Yine 1994 yılında kurulan Türk Patent Enstitüsü (TPE) bu yolda sağlanacak ilerleme açısından çok önemli bir kuruluştur. Zira TPE'nin 1994 ile 1998 yılları arasında kaydettiği toplam 4,051 patentin 3,584 tanesi yabancı sermayeli kuruluşlar tarafından, yalnızca 467 tanesi yerli kuruluşlar tarafından alınmıştır (Arıkan, 2006:53).

Ülkemizde yabancı sermayenin girişini etkileyen başlıca olumsuz faktörler ise, istikrarsız büyüme oranları, yüksek enflasyon, yüksek faiz oranları, kısaca mevcut ekonomik ve politik istikrarsızlıklardır. Bunlara ilave olarak, Türkiye, ödemeler dengesini düzeltme konularında mesafeler alamayan, başta vergi reformu ve özelleştirme ihtiyaçlarını gerçekleştiremeyen bir ülke konumundadır. Diğer olumsuz faktörler ise, bürokratik işlemlerin fazlalığı, yabancı sermaye mevzuatının son derece uygun olmasına rağmen, vergi yasası ve ticaret mevzuatı gibi diğer mevzuatların buna ayak uyduramamış olmasıdır (Oksay, 2000:10).

Siyasi İstikrarsızlık-Siyasi İrade Eksikliği: Türkiye'de son yılları hariç tutarsak hükümetlerin çok sık değişiklik gösterdiğini söylemek yanlış olmaz. Aynı zamanda Türkiye'de hükümet değişiklikleri devlet mekanizmasında önemli kadro ve tavır değişimine neden olmaktadır. Siyasi istikrarsızlık ekonomik istikrarı birebir etkilemektedir. Bunun doğal sonucu olarak siyasi irade eksikliği son derece belirgindir ve yatırımcıların cesaretini kıran en önemli faktörlerin başında gelmektedir. Türkiye düne kadar inişli çıkışlı bir politikaya ve ekonomiye sahip, yatırımcıların ani politika değişiklikleri ve sürekli ihale iptalleri ile karşı karşıya kaldığı bir ülke olarak algılanmaktaydı. Türkiye'nin bu manzarayı son zamanlarda değiştirebildiğini söylemek mümkündür.

Belirsizlikler devletin güvenilirliğini önemli ölçüde zedelemektedir. Yatırımcılar siyasi kararlılık ve tutarlılık bulunmayışına bağlı güven eksikliğinin, yüksek kar getirisinden çok daha önemli bir unsur olduğunu belirtmiştir (DEİK, 2000:9). Ülkemizde yıllardan bu yana ekonomi sürekli siyasetin gölgesinde kalmaktadır. Hükümetlerin kurulması, dağılması, sık sık seçime gidilmesi, koalisyonlar içindeki ciddi çekişmeler, ordu-hükümet gerginlikleri ve ideolojik ağırlıklı tartışmalar ve mücadeleler, dikkatleri ekonomik tercihlerden kaçırmakta, hiç bir hükümet ciddi bir ekonomik projeyi uygulayamamakta, pusulasızlık sürekli bir hal almaktadır. Yaşanan siyasi istikrarsızlıkların yoğunluğu ve şiddeti yatırımları engelleyen ve yabancı sermayenin başka ülkelere yönelmesine yerli sermayenin ise yurtdışına kaçmasına neden olan temel etmenlerden birisidir. Birçok ülkenin ekonomik sıkıntı yaşamasının nedenlerinden birisi de güçsüz ve yetersiz hükümetlerdir. Devletin liderlik rolü üstlenememesi, çoğunlukla askeri darbe ve karşı darbelere ve yabancı yatırım kaybına yol açarak yaşam standardını düşürmektedir (Kotler, 1997:132). Ülkemiz siyasi ortamına bu açıdan bakıldığında siyasi yapımızda darbe geleneğinin bulunduğunu, sıkça hükümet ile ordu arasında 28 Şubat süreçlerine kadar uzanabilen çekişmelerin yaşandığını bu anlamda ülkemiz yatırım ikliminin ciddi oranda olumsuz etkilendiğini söyleyebiliriz (Kovancılar, 2003:116).

Türkiye'nin çok partili demokrasiye geçişinden bu yana 50 yıldan fazla bir zaman geçmiş olmasına rağmen, geçmişte yabancı yatırımcıları Türkiye'den uzak tutan nedenlerin başında siyasi istikrarsızlık gelmekteydi. Türkiye'de çok sayıda siyasi partinin seçmen oylarını bölmesi, sürekli koalisyon hükümetlerinin kurulmasına, bunun ise siyasetin yavaşlamasına neden olduğu söylenebilir. Ayrıca politik ya da kişisel çıkar çatışmaları, ekonomi yönetiminin bölünmesine, sosyal sigorta kurumları, bankacılık ve tarım sektörlerindeki reformların gecikmesi ve özelleştirmelerin yapılamaması ve 1984 yılından beri hükümetin askeri harcamalarını yüksek tutma zorunluluğunun ekonomi üzerinde bir yük oluşturması eklenebilir. 3 Kasım 2002'den sonra bu görüntü değişmiştir. Bir partinin tek başına iktidar olması siyasi istikrarsızlığı bir nebze azalttı ve reform süreci hızlanmıştır. Ekonomik dengelerin yerine oturması ve IMF ile yapılan stand-by anlaşmaları Türkiye ekonomisinin kırılgan yapısını sağlamlaştırmaya başladığı ve aslında geçmiş yıllarda doğrudan yatırımların gelmesini engelleyen siyasi istikrarsızlık döneminin yavaş yavaş kapanma sürecine girdiği söylenebilir.

Yüksek Borçlar ve Bütçe Açıkları: Kamu kesimi borçlanma gereğinin ve aynı zamanda reel faiz oranlarının yüksek olması, yıllar boyunca hükümetin borçlarının katlanarak artmasına neden olmuştur. 2004 yılının sonunda Türkiye'nin toplam dış borcu 162 milyar dolara ulaşmıştır (Arıkan, 2006:54). Bu borcun yaklaşık %45'i kamu kesimine ait olmakla birlikte, genel hükümetin borcu 1998 yılından bu yana ikiye katlanmıştır (DPT, 2005:77). İç borç stokunda da aynı durum gözlenmektedir. 2005 yılının Nisan ayı itibariyle iç borç stoku 236 milyar YTL'ye ulaşmıştır. Bu borcun %86'sı uzun vadeli devlet tahvillerinde, %14'ü de kısa vadeli hazine bonolarındadır. İç borç stokunun GSMH'ye oranı 1996 yılında %21 iken, bu oran 2004 yılının sonunda %52'ye yükselmiştir. Türkiye yüksek borç nedeniyle, uluslararası kredi derecelendirme kuruluşları tarafından düşük notlar verilmesi sonucunda Türkiye uluslararası borç piyasalarına yeteri kadar ulaşım sağlayamamış, özellikle iç borçlanmada yüksek reel faizler ödemek zorunda kalmış, borçlarını uzun vadeye yayamamıştır.

Yüksek Enflasyon ve Düşük Gelir: Günümüzde birçok yatırımcı enflasyon ile nasıl başa çıkacağını bilememekte ve yüksek enflasyonun yatırımları üzerindeki olası etkilerini önceden hesaplayamamaktadır. Fakat yatırımcıların zihinlerinde yüksek enflasyonun olumsuz etkileri olduğu kesindir. Türkiye'nin geçmiş yıllarda yetersiz yabancı sermaye çekmiş olmasının bir nedeni de yüksek enflasyon olarak gösterilebilir. Bir ülkede yüksek enflasyon gelir dağılımının bozulmasına, sermayenin erimesine ve performans ve fiyat karşılaştırmalarının geçersizleşmesine neden olur. Sürekli artan fiyatlar insanların reel gelirlerini düşürmekte, ekonomik verimliliği azaltmaktadır (Arıkan, 2006:54). Türkiye 1971 yılından bu yana, ilk defa 2005 yılının birinci çeyreğinde yıllık enflasyon oranını tek haneli değerlere düşürmüştür. Fakat yine de bunun yeterli olmadığı bir gerçektir. Önemli olan, enflasyonu gelişmiş ülkelerdeki gibi %2, %3 seviyelerine kadar düşürüp, bu seviyelerde kalmasını sağlamaktır. Türkiye'deki aşağı yönlü trendin sağlanmış olması bu açıdan oldukça önemli bir gelişmedir. 2006 yılında enflasyon muhasebesi sisteminin başlatılması enflasyonun sermaye üzerindeki negatif etkisini daha da azaltacaktır.

Enflasyonun yanı sıra, kişi başına düşen milli gelirin düşük olması da yabancı sermayeyi bir ülkeden uzak tutan faktörlerden biridir. Türkiye'nin kişi başına $3000 olan (satın alma gücü paritesine göre $6,690) milli geliri gelişmiş ülkelerinkine göre oldukça düşüktür (DPT, 2005:90). Fakat Türkiye ekonomisi asla satın alma gücü olmayan, zayıf bir ekonomi olarak değerlendirilmemelidir. Türkiye'deki kayıt dışı ekonominin büyüklüğü, bölgeler arasında gelir dağılımının eşit olmaması ve ekonominin yüksek büyüme hızı daima göz önünde bulundurulmalıdır.

Yasal Hakların Korunmasında Karşılaşılan Problemler: Hukuk sisteminin yetersizliği genelde yasaların etkin uygulanmamasından veya yargının özellikle tartışmalı konularda karar vermesinde ve bu kararın uygulanmasındaki gecikmelerden kaynaklanmaktadır. Yabancı girişimcilerin, AB adaylığı statüsüne ilgisinin nedenlerinden biri mevzuat uyumunun hukuk yapısına olacak olumlu etkileridir. Yabancı yatırımcılar, Türkiye'deki yasal süreçler hakkında bazı çekincelere sahiplerdir. Mahkemelerin işleyişinin ağır olması, fikri mülkiyet haklarının yeteri kadar korunamaması (özellikle eğlence sektöründe korsan üretimin önüne geçilememesi) ve bazı iş kanunları üzerindeki belirsizlikler, doğrudan yatırımlar açısından olumsuz etkenlerdir. Aynı zamanda ani ve sık yasa değişiklikleri, yasaların farklı yorumlara tabi olması, merkezi-yerel idareler ya da devletin çeşitli organları arasındaki uyuşmazlıklar ve yaptırım eksiklikleri hukuk sisteminin en çok şikayet edilen yönleridir (DEİK, 2000:10). Fakat son yıllarda Türkiye'de bu konuda da bazı ilerlemeler kat edilmiştir. 1997 yılında ekonomide rekabeti korumayı hedefleyen bir kurul oluşturulmuş, anayasa uluslararası arbitrajı serbestleştirecek şekilde değiştirilmiş ve fikri mülkiyet haklarının korunmasını sağlayan yasal düzenlemeler yapılmıştır.

Yabancı Sermayeye Duyulan Kuşku: Birçok yabancı girişimci, Türkiye'nin yabancı yatırımları gerçekten istediğinden emin değildir, yabancı sermayenin bir devlet politikası olarak kabul görmediğine ve bürokrasinin içine sinmediğine inanmaktadır. Yabancı yatırımcılar, bu durumun merkezi yönetimin yerli ya da yabancı olsun, ekonomi içinde özel sektörün üstlenmesi gereken rol konusunda süregelen belirsizlikten ve serbest piyasayı ve rekabeti savunma konusundaki uzlaşma eksikliğinden kaynaklandığını düşünmektedir. En iyi örneği 1970'lerdeki yabancı yatırım karşıtı hareketlerde gözlemlenen devletçi gelenek, yabancı sermayeye karşı derin bir kuşku duymakta ve bu tavır mahkemeleri ve bürokrasinin üst kademelerini etkilemeye devam etmektedir. Türkiye'nin, uluslararası sermaye ve teknoloji çekme yarışında varlık gösterebilmesi için, öncelikle ortamın alıcı olduğu konusunda iradesini gösterebilmesi gereklidir (DEİK, 2000:9).

Devamsız Ekonomik Büyüme: 1960'lar ve 1970'lerin başlangıcı boyunca yüksek nüfus artış hızı, güçlü ekonomik büyüme oranları ve göç ile uyum sağlamışken, 1980 ve 1990'larda ortalama yıllık ekonomik büyüme oranları önemli ölçüde yavaşlamış ve devamsız hale gelmiştir. 1990'lar boyunca 4 küçük çökme ve hızlı büyüme evresi gözlenmiştir. Yüksek enflasyonla birlikte ortaya çıkan bu gelişmeler beklentileri önemli oranda olumsuz etkilemiş ve istikrar politikalarını gerekli kılmıştır. Kişi başına GSMH'sı, OECD'nin en düşük ülkelerinden olan Türkiye, Dünya Bankasına göre gelişmiş ülkelerin yaşama standartlarına ulaşabilmek için her yıl en azından % 7-10 arasında büyüme ihtiyacındadır (Kovancılar, 2003:89).

Tablo-14: Bazı Ülkelerin 1997-2001 Yılları Arası Yıllık Ortalama Büyüme Oranı Sıralaması (Sıralamada İlk ve Son On Ülke)

ÜLKE	Yıllık Ortalama Reel GSMH Büyüme Oranı (1997- 2001%)	Büyüme Oranı Sıralaması
İrlanda	9.54	1
Çin	7.80	2
Lüksemburg	6.36	3
Hindistan	5.40	4
Vietnam	5.28	5
Mısır	5.08	6
Singapur	4.72	7
Macaristan	4.54	8
Finlandiya	4.40	9
İzlanda	4.36	10
Almanya	1.78	44
Venezüella	1.30	45
TÜRKİYE	**1.20**	**46**
Çek Cumhuriyeti	1.06	47
Kolombiya	0.78	48
Japonya	0.70	49
Arjantin	0.66	50
Endonezya	0.06	51
Tayland	- 0.22	52
Zimbabve	- 1.72	53

Kaynak: Kovancılar, 2003: 89.

Tablo-14'den açık bir şekilde görülebileceği gibi, Türkiye 1997-2001 yılları arası dönemi kapsayan süreçte 53 ülke arasında ortalama %1.2 büyüme oranı ile 46. sırayı almıştır. İrlanda'nın % 9.54 ile birinci, Çin'in % 7.8 ile ikinci ve Lüksemburg'un % 6.36 oranı ile üçüncü olduğu sıralamada, ülkemizin sondan sekizinci olan konumu istikrarlı ve yüksek oranlı büyüme konusunda ciddi sorunlar yaşadığımızı göstermektedir. Türkiye'nin hızlı ve istikrarlı büyüyememe sebepleri olarak, 2000'li yıllarındaki düşük düzeydeki kamu ve özel(yabancı dahil) yatırım oranları, büyümenin devamsızlığına bağlı olarak, bankacılık sistemindeki belirsizlikler ve yabancı sermaye yatırımının tahmin edilememesi gibi nedenler sayılabilir. İlave olarak, kaliteli insan sermayesinin mevcut olmaması da daha yüksek ekonomik ve işgücü büyüme oranları için caydırıcı unsur olarak sayılabilir. Konuyla ilgili bir diğer problem teknoloji transferinin düşük düzeyde kalmasıdır. Böyle bir ortamda yabancı yatırımcıların kararlarını, doğrudan yatırımlar yönünde değil, rant aramaya yönelik spekülatif davranışlar yönünde alacakları bilinen bir gerçektir (Kovancılar, 2003:90).

Kayıt Dışı Ekonomi: Kayıt dışı ekonomi, bu ülkenin kurallarına uyan, kanunlara uyum konusunda özenli, bu çerçevede kayıt dışı işlemi, istihdamı bulunmayan ticaret hukuku ve etiğine uygun hareket eden, rekabetin gereklerine uyan sosyal sorumluluğa sahip gerek yerli gerek yabancı sermayenin olmadığı ciddi bir problemdir. Yarattığı olumsuz, haksız, yorucu, yıpratıcı koşullar sebebiyle yatırımcıların kararlarını olumsuz yönde etkileyen temel bir sorundur. Hiç bir iş adamı, aynı sektörde faaliyet gösteren kayıt dışı istihdamı sebebiyle vergi ve sigorta primi ödemeyen, kayıt dışı satışları sebebiyle KDV, Kurumlar Vergisi ve Gelir Vergisi ödemeyen bir rakiple baş etmek imkanını bulamaz. Böyle bir rakiple uğraşmak, kaybedilecek bir savaşa girişmektir. Dolayısıyla kayıt dışılığın olduğu bir ekonomiye, yabancı sermaye yaşam alanı görmediği için gelmemekte, yerli sermaye ise daha uygun yatırım iklimlerine sahip ülkelere gidebilmektedir. Yabancı sermaye açısından yarattığı bir diğer handikap birleşme ve satın alma işlemlerinde gözlemlenmektedir. Birleşme ve satın almalarla ilgili yapılan hisse değerlemelerinde kayıt dışı hasılatın nazara alınması mümkün olamamakta, bu çerçevede alıcı ve satıcı adaylarının başlangıç noktaları arasında uçurumlar, işlemlerin gerçekleşmesini engellemekte yabancı sermayenin Türkiye'de şirket kurmasına, yerli sermaye ile işbirliği yapmasına engel olunmaktadır (Erdikler, 2003:8). Sonuç olarak, kayıt dışı ekonomi ülkede adil olmayan bir rekabet ortamı yaratmakta ve bu da yabancı yatırımları olumsuz etkilemektedir.

Özelleştirme Sorunu: 1980'lerden bu güne gündemde olmasına rağmen Türkiye'nin özelleştirme deneyimi başarıya ulaşamamış ve adeta bir macera görünümü almıştır. Öncelikle şunu belirtmek gerekir ki; özelleştirmeye antipati besleyenlerin oranının günden güne giderek artması, bu başarısızlıkta önemli rol oynamıştır. Hükümetlerin bu alanda pek temiz bir politikaya sahip olmadıklarına ilişkin inanç ve gözlemler, başarılı özelleştirme uygulamasının oldukça az olması, sürecin yeterince saydam olmaması ve önemli miktarda işten çıkarmayı gerektirmesi gibi nedenler geniş toplum kesimlerini özelleştirme karşısında olumsuz tavır almaya sürüklemiştir. Süreç içerisinde İşçi Sendikaları kadar Ticaret ve Sanayi Odalarından etkili bir kısmı da genellikle özelleştirme karşısında olmuştur. Özelleştirmenin kısa vade içerisinde ve mutlak surette iş kayıplarına ve işçilerin koşullarının zorlaşmasına neden olacağı yönündeki baskın düşünceler, özelleştirmenin, daha fazla rekabetçilik, kamu harcamalarının ve açıklarının azaltılması, istikrarın sağlanması ve yeni iş olanaklarının yaratılması yönündeki daha uzun vadedeki faydalarının göz ardı edilmesine yol açmaktadır. Gelişigüzel özelleştirme yaklaşımları ve hükümet üyesi siyasi partilerin zaman zaman bu konudaki kararsız ve birazda popülist tutumları özelleştirmenin başarısızlığında etkili faktörlerden diğerleri sayılabilir. Dolayısıyla özelleştirme sürecinde yaşanan sorunlar ve özelleştirme sonrası yaşanan iptal davaları ülkemizde özelleştirme sürecine yabancıların soğuk bakmasının temel nedenlerinden olmuştur (Kovancılar, 2003:94).

Yukarıda anlatılan sorunlara ek olarak yabancı sermayenin patent haklarına gösterdiği özen, yabancı yatırımcıların yaşadığı giderek artan bürokratik sorunlar, kısa dönemli gümrük uygulamalarının uzun dönemde yarattığı sorunlar ve olumsuz imaj, emniyet denetimlerinden kaynaklanan ihracat-ithalat belgelerinin tamamlanmasındaki gecikmeler, yabancıların istihdam edilmesindeki güçlükler gibi sorunlar da Türkiye'ye doğrudan yabancı sermaye girişini engelleyen ya da zorlaştıran faktörler olarak ön plana çıkmaktadır (Bayraktar, 2003:69). Ayrıca bu faktörlere düzeltilemeyen ödemeler dengesi, oluşturulamayan vergi reformu gibi sorunlar, vergi ve ticaret mevzuatının yabancı sermaye girişini teşvik eden, oldukça liberal bazda hazırlanmış yabancı sermaye mevzuatına ayak uyduramamasından kaynaklanan sorunlar eklenebilir ve bütün bu faktörler Türkiye'nin doğrudan yabancı sermaye yatırımları için cazip bir ülke olarak görülmesini engellemiştir.

2.2.5. Doğrudan Yabancı Sermaye Yatırımların Teşvik Edilmesinde Gerekli Unsurlar

Tüm diğer yatırımlarda olduğu gibi, doğrudan yabancı sermaye yatırımlarının da en önemli hedefi kar elde etmektir. Bu çerçevede bir yabancı sermaye yatırımı yapılmadan önce, yatırımcıların, yatırımı yapacakları ülkelerde değerlendirdikleri önemli hususlar bulunmaktadır ki, bu hususlar da ülkelerindeki yabancı sermaye yatırımlarını arttırmak isteyen yönetimler için dikkat edilmesi gereken önemli hususlardır. Yatırım yapılmadan önce değerlendirilen ilk husus, yatırım yapılacak olan hizmet ya da ürünün, ülkedeki piyasa durumudur. İkinci önemli husus ise, o ülkedeki mevcut yabancı sermaye ortamıdır (yabancı sermaye kanunu, izin almak için gerekli bürokrasi, izinlerin alınma kolaylığı, mevzuatın değişme sıklığı ve değişiklikten yeterli bir süre önce haber verilip verilmediği v.b.).

Gelişmekte olan ülkeler, kalkınma yolunda doğrudan yabancı sermaye yatırımlarının önemini keşfetmiş ve birer birer ekonomilerini dış yatırımlara açmaya başlamışlardır. İrlanda, 1990'lar boyunca yakaladığı yüksek büyüme hızını büyük ölçüde yabancı sermayeye borçludur (Ekinci, 2005:125). Aynı şekilde Çin, Hindistan, Kore gibi Asya ülkelerinin yanı sıra, Macaristan, Çek Cumhuriyeti, Polonya gibi Avrupa Birliği'ne 2004 yılında girmiş olan eski Doğu Avrupa ülkelerinin daha fazla yabancı sermaye çekme çabaları Türkiye'nin rekabetçi pozisyonunu zora sokmaktadır (Oksay, 2000:15). Yaklaşık 60 milyonluk nüfusu ve ortalama %5-6 oranındaki büyüme hızı ile, ülkemizde yabancı sermaye yatırımlarının artırılmasına büyük ihtiyaç duyulmaktadır. Bu itibarla, ülkemizde bu konudaki olumsuzlukların biran önce azaltılması gerekmektedir. Bu aşamada Türkiye'nin ele alması gereken öncelikler şunlardır (Oksay, 2000:20): Siyasi istikrarsızlıkların önlenmesi, ekonomik istikrarsızlıkların azaltılması, bütçe açıklarının kapatılması, dış borç yükünün hafifletilmesi, enflasyonun ve faiz oranlarının indirilmesi, ekonomik politikalarındaki rekabet ve serbest piyasa uygulamalarının artırılması, ekonomik yapının dünya ile bütünleşmesi, ihracatı artırıcı dinamiklerin yakalanması, özelleştirme çalışmalarının biran önce sonuçlandırılması, hukuki düzenlemeler yapılarak, mevzuatlar arasında uyum sağlanması, bürokratik işlemlerin azaltılması gerekmektedir.

Türkiye'nin yabancı sermaye girişinin artırılması için izlemesi gereken politikaları H. Loewendahl ve E. Loewendah (Arıkan, 2006:72), kısa vadede enflasyonun tek haneye indirilmesi, bilişim ve telekomünikasyon altyapısının geliştirilmesine yönelik stratejinin belirlenmesi, eğitim reformu stratejisinin belirlenmesi, Ar-Ge'nin desteklenmesi, orta vadede bilişim ve telekomünikasyon altyapısının dünya standartlarına getirilmesi, internetin yaygınlaşması, düşük enflasyonun sürdürülmesi, yeniliklerin teşvik edilmesi, uzun vadede ise bilgi ekonomisine geçişin sağlanması olarak göstermiştir. Aynı zamanda yatırım ortamının iyileştirilmesi adına kısa vadede özelleştirmenin hız kazanması, mevcut yatırım promosyon aktivitelerinin gözden geçirilmesi ve yeni bir stratejinin oluşturulması, yatırım promosyon faaliyetleri için gerekli fonların temin edilmesi, orta vadede yatırım promosyon ajansının kurulması, yatırım teşviklerinin azaltılması, yatırım promosyonunun ekonomik kalkınma politikasına entegrasyonu, doğrudan yabancı sermaye yatırımları ve ekonomik kalkınma için bölgesel ajanslar ağı kurulması gerektiğini, uzun vadede Türkiye'ye ait bir "imaj"oluşturulması, çevre ülke ve ülke grupları ile güçlü ortaklıkların oluşturulması, Türkiye'nin, Güney Avrupa, Balkanlar, Orta Asya, Orta Doğu ve Kuzey Afrika'nın ortasında bir ekonomik merkez olmasının sağlanması için çalışmalar yapılması gerektiğini savunmuştur.

Tablo-15: Yabancı Sermaye Girişinin Arttırılması İçin Uygulanması Gereken Politikalar

Kısa Vade (1 Yıl)	**Orta Vade (2-4 Yıl)** **Ekonomik Faktörler**	**Uzun Vade (5-10 Yıl)**
Enflasyon tek haneye indirilmesi Bilişim ve telekomünikasyon altyapısının geliştirilmesine yönelik stratejinin belirlenmesi Eğitim reformu stratejisinin belirlenmesi AR-GE'nin desteklenmesi	Bilişim ve telekomünikasyon altyapısının dünya standartlarına getirilmesi İnternetin yaygınlaşması Düşük enflasyonun sürdürülmesi Yeniliklerin teşvik edilmesi	Bilgi ekonomisine geçişin sağlanması
Yatırım Ortamının İyileştirilmesi		
Özelleştirmenin hız kazanması Mevcut yatırım	Yatırım promosyon ajansının kurulması	Türkiye'nin imajının oluşturulması Çevre

promosyon çalışmalarının gözden geçirilmesi ve yeni bir stratejinin oluşturulması Yatırım promosyon faaliyetleri için gerekli fonların temin edilmesi	Yatırım teşviklerinin azaltılması Yatırım promosyonun kalkınma politikasına entegrasyonu DYSY ve ekonomik kalkınma için bölgesel ajanslar ağı kurulması	devletler ile güçlü sağlam ortaklıkların oluşturulması Türkiye'nin Balkanlar, Orta Asya, Orta Doğu ve Kuzey Afrika'nın ortasında bir ekonomik merkez olmasının sağlanması
Politik-Kurumsal Faktörler		
Ortak pazara giriş için gereken reformların yapılması (rekabet yasası) DYSY'nın önündeki kurumsal ve politik engellerin kaldırılması yönünde bir plan	DYSY'nın önündeki engellerin kaldırılması (yolsuzluk, bürokrasi) Fikri mülkiyet haklarının tamamıyla korunur hale gelmesi AB yapısal fonlarına erişilmesi	AB'ye tam üyelik bölgesel ekonomik ve siyasi ilişkilerde (özellikle Orta Doğu ile) gerçekçi gelişmelerin sağlanması

Kaynak: Arıkan, 2006: 72.

Türkiye'de 2001 yılı krizinden sonra makro ekonomik dengeler tutturulmaya başlanmış, doğrudan yatırımların önündeki kimi engeller kaldırılmış ve Avrupa Birliği ile müzakerelere başlanma yolunda önemli adımlar atılmış olsa da Türkiye'deki yatırım ortamının daha da iyileştirilmesi gerekmektedir. Tablo-15'da, H. Loewendahl ve E. Loewendahl, Türkiye'ye doğrudan yabancı sermaye yatırımlarının girişini artırmak için alınması gereken ekonomik, siyasi ve yatırım politikası ile ilgili önlemleri kısa, orta ve uzun vade olarak belirtmektedir.

2.3. Türkiye'de Ekonomik Büyüme

Türkiye ekonomisinin büyüme dinamikleri ve bunu etkileyen faktörler ekonomide ehemmiyetini koruyan konular arasında yer almaya devam etmektedir. Ekonomik büyüme, bir ülkede üretilen mal ve hizmet miktarının zaman içinde artması şeklinde de tanımlanabilir. Ekonomik büyüme, bir ülkede yaşayan insanların yaşam standartlarını sürekli biçimde yükseltmenin tek yoludur. Bu nedenle temel makro ekonomik hedeflerden bir tanesi, hızlı bir ekonomik büyüme gerçekleştirmektir (Ünsal, 2007:15).

Bir ülkenin güçlü bir ekonomiye, yüksek milli gelir seviyesine, üretim düzeyinin artmasına, sağlıklı ödemeler dengesine, tam istihdam seviyesine ve düşük işsizlik oranına ulaşılabilmesi için, yatırım düzeyini devamlı arttırması gerekmektedir. Yatırım düzeyinin arttırılabilmesi için ise, daha çok kaynağa ihtiyaç vardır.

Günümüzün küreselleşen dünyasında gerek sanayileşmiş ve gelişmesini tamamlamış ülkeler, gerekse gelişme yolunda olan ülkeler yabancı sermaye olarak ifade edilen yabancı özel doğrudan sabit sermaye yatırımlarını kendilerine çekebilmek için büyük çaba harcamaktadırlar. Bunun sebebi, yabancı sermayenin bu ülkelerin ekonomilerine sağlamış olduğu sermaye (dış kaynak), yeni teknoloji, modern know-how, yönetim becerisi, pazarlama katkısı ve ihracat imkanı gibi yararlardır (Karluk, 2001:97).

Tarihsel olarak ekonomik büyümenin son iki yüzyılda güçlü bir eğilim gösterdiği gözlenmektedir. Özellikle sanayi devriminden sonra dünyanın hemen her bölgesinde kişi başına üretim ve gelir önemli artışlar göstermiştir. Bununla beraber, aynı dönemde daha hızla büyüyen ülke ya da bölgeler ile daha yavaş büyüyenler arasında oldukça önemli farklılıklar ortaya çıkmıştır. Bu bölümde, ekonomik büyümenin yanı sıra bu büyümenin Türkiye'deki gelişimi, ekonomik yapıdaki değişim, ekonomik büyümenin kaynakları ve büyüme sürecini etkileyen faktörler ele alınmaktadır.

2.3.1. Ekonomik Büyümenin Gelişimi

Türkiye ekonomisini 1923 yılı cumhuriyet sonrası dört döneme ayırmak mümkündür. 1923-1940 tek parti dönemi, 1945-1960 çok partili döneme geçiş, 1960- 1980 ithal ikameci kalkınma dönemi ve 1980 sonrası dışa açık büyüme dönemi şeklindedir (Taymaz ve Suiçmez: 2005:3). Ekonomik büyüme hızı Cumhuriyetin kuruluşundan günümüze yaklaştıkça giderek yavaşlamaktadır. Türkiye'nin 1929 Bunalımı ve İkinci Dünya Savaşı nedeniyle yaşadığı çok olumsuz koşullara rağmen, 1950 yılına kadar sağlanan ortalama yüzde 5.1 ve yüzde 3,2 oranındaki kişi başına büyüme hızları bazı otoritelere göre çok önemli bir başarı olarak kabul edilmektedir.

Cumhuriyet'in kuruluşundan İkinci Dünya Savaşı'na kadar ki dönemde Türkiye ekonomisi yüksek bir kalkınma hamlesi gerçekleştirmiştir. Bu dönemde Anadolu'nun savaş sonrası ekonomik gelişiminin sağlanması için yerli sanayinin gelişimini sağlamaya yönelik kalkınma planları uygulanmıştır (Yüksekdağ, 2008:43).

Tablo-16: Türkiye Ekonomisinde Yapısal Değişim Dönemleri ve Büyüme Oranları

Dönem	Büyüme Hızı (%)	Kişi Başına Büyüme Hızı (%)	Değişim Dönemleri	Sanayileşme Stratejisi
1923-2002	4.9	2.7		
1923-1980	5.4	3.0		İthal ikameci sanayileşme dönemi
1923-1938	7.9	5.8	Kuruluş ve ilk sanayi yılları Tek partili dönem	
1939-1946	0.1	-1.7	Savaş yılları	
1947-1960	6.3	3.6	Savaş sonrası ve liberal gelişmeler Çok partili döneme geçiş	
1961-1977	5.8	3.3	Planlı dönem	

1978-1980	-0.7	-2.7	Kriz	
1981-2001	3.1	1.7		Dışa açık ihracata yönelik sanayileşme Dönemi
1981-1989	4.8	2.4	Dışa açılma	
1990-1998	3.4	1.5	Finansal liberalizasyon	
1999-2001	-3.1		Kriz	
2002-2005	7.8	6.1	Yeni dönem	

Kaynak: Ay ve Karaçor, 2006: 70.

Cumhuriyet'in kuruluşuyla birlikte 1960'lara kadar geçen süre Türkiye'nin sanayileşme stratejisini oluşturmaya çalıştığı yıllardır. Bu kriter doğrultusunda 1930'larda özel kesimin yeterli sermaye birikimine ulaşamamış olması sonucu devlet üretici olarak doğrudan piyasaya girmiş, ekonomi içerisinde etkin aktör kimliğine bürünmüştür. Dolayısıyla hem temel tüketim mallarının üretiminde, hem de özel kesimin giremediği büyük ölçekli ve yoğun sermaye gerektiren alanlarda yer alarak, kaynak dağıtıcı politikalara doğrudan müdahale edebilmiştir (Ay ve Karaçor, 2006:68).

Çok partili siyasi sisteme geçildiği 1946 yılı ile kalkınma döneminin başladığı 1960'lı yılların ilk yarısı arasında liberal iktisat politikaları uygulanmış ve kamu yatırımları alt yapıya yöneltilerek, özel sektörün gelişmesi için uygun ortam oluşturulmaya çalışılmıştır. Ekonomi politikalarının temel hedefi sanayileşme olmakla birlikte, 1950'li yılların ortalarına kadar ekonomik gelişmede tarım sektörü belirleyici olmuştur. Yabancı sermaye teşvik edilmiş, özel kesimin dış kaynak ve kredilerden yararlanması sağlanmaya çalışılmış, kurulan sanayi tesislerine özel sektörün katılımı teşvik edilmiştir. Yerli hammaddeye dayalı tüketim mallarında ithal ikamesi gerçekleştirilmeye çalışılmış, tarımda makineleşme süreci hızlanmıştır.

1960'lı yıllarla birlikte de planlı kalkınma dönemine geçilmiştir. 1962'de uygulamaya konulan kalkınma planlarının temel amacı hızlı sermaye birikimi ve sanayileşme yolu ile milli gelirin arttırılmasıdır. Türkiye'nin son 50 yılda uygulamaya koyduğu büyüme stratejisinin ilk aşamasını oluşturan bu politika ithal ikamesine dayalı büyüme stratejisidir. Bu dönemde ekonomik büyümenin kaynakları; arz açısından sermaye birikimi, teknolojik gelişme ve iş gücünde artış iken; talep açısından ise iç pazarın gelişmesi ile talep yapısında meydana gelen değişmedir (Yüksekdağ, 2008:44).

İthal ikameci sanayileşme politikalarının benimsendiği ve planlı ekonomiye geçilmesinin de katkısıyla, uygulanan Keynesyen politikaların bir sonucu olarak 1950-79 döneminde kişi başına gelirde ortalama büyüme hızı yüzde 3.1 olmuştur. Bu dönemde sanayileşme alanında önemli gelişmeler sağlanmış ve ithal ikameci politikaların ilk iki aşaması başarıyla tamamlanmıştır. Benzer bir performans genelde dünya ekonomilerinin önemli bir kısmında yaşanmıştır. Ancak, izlenen politikaların tıkanması sonucunda, 1980 yılından itibaren dışa açık büyüme modeli benimsenmiştir. Ekonominin dışa açılmasına bağlı olarak ihracatın yapısında sanayi ürünleri lehine önemli gelişmeler sağlanmasına rağmen, 1980-02 döneminde kişi başına büyüme hızı yüzde 1.6 seviyesine gerilemiştir. Bunun temel nedeninin dönem içerisinde giderek artan makro ekonomik ve siyasi istikrarsız olduğu söylenebilir (TEK, 2003:22-23).

İthal ikamesi stratejisine dayalı büyüme modeli, 1970'lerin ortasından itibaren, artan petrol fiyatlarının da baskısı sonucu ciddi bir ödemeler dengesi sorunuyla karşılaşmıştır. Ödemeler dengesi sorunu, üretim için gerekli yatırım malları ve ara mallarının ithalatını engellemeye başlayınca ve bu sürece eklenen siyasal istikrarsızlık sonucu 1970'lerin sonunda Türkiye bir ekonomik krize girmiştir. Bunun sonucu olarak 24 Ocak 1980 Ekonomik İstikrar Kararları yürürlüğe sokulmuştur (Ay ve Karaçor, 2006:69).

24 Ocak 1980 kararları Türk Ekonomisi için sadece büyük bir ekonomik bunalımdan kurtulmak için alınmış kısa vadeli tedbirleri değil, büyüme ve kalkınma stratejisindeki yapısal dönüşümü de ortaya koymuştur. İhracata dönük sanayilerin teşviki yoluyla dış ticaret ekonomik büyümeye daha fazla katkı yapmaya başlamıştır. "Sanayi sektörü ihracatı sürekli artmış ve GSMH içinde sektör payı da giderek büyümüştür. Bunun sebebi, ihracat artış hızının büyüme hızından daha büyük olmasıdır" (Yardımcı, 2006:105). Korumacı politikalar sonucu büyüyen üretim kapasitelerinin ihracata dönük üretim yapmaları, işgücü maliyetlerinin düşürülmesi ve Türk Lirasının devalüasyonu ile birlikte rekabet gücünün artması bu gelişmeyi desteklemiştir (Yardımcı, 2006:105).

Ekonominin dış rekabete açılması, kamu kaynaklarının altyapı yatırımlarına yönelmesi ve mali piyasaların serbestleştirilmesi piyasa ekonomisi adına atılan adımların başında gelmektedir. İç piyasanın daralması, ücretlerin baskı altında tutulması, %100'e ulaşan devalüasyon ve büyük parasal destekler sonucu 1980'lerin ilk yarısında ihracatta önemli bir artış sağlanmış, büyüme hızı tekrar yükselmiştir. 1970'lerde kişi başına GSYİH ortalama %4.1 artarken, bu rakam 1980'lerde %5.2'ye ulaşmıştır. 1981-1990 döneminde Türkiye ekonomisi ortalama %5.3 büyüme oranını yakalamıştır. Bu büyümenin altında dışa açılma ve ihracatın teşviki yanında, iç ve dış talep genişlemesi ve dış konjonktürde meydana gelen iyileşmeler, sermaye birikimi ve verimlilik artışları etkili olmuştur (Ay ve Karaçor, 2006:70).

Ancak piyasa ekonomisinin kurumsallaşmaması, eğitim, iletişim teknolojileri, AR-GE gibi faaliyetlerin yeterince desteklenmemesi ekonomide dinamik büyüme ortamının oluşumunu engellemiştir. Özellikle 1980'lerin sonlarından itibaren ücretlerin artmaya başlaması, TL'nin reel olarak değer kazanması, giderek artan bütçe açıklarının dış borç ile finans edilme isteği sonucu 1989 yılında sermaye hareketleri serbestleştirilmiştir. Beklenen sermayenin gelmemesi ile birlikte 1980'lerin sonlarından itibaren büyüme hızı yavaşlamaya başlamış, hatta dönemler itibariyle düşüşler görülmüştür. Özellikle 1990'lı yıllarda iç ve dış konjonktürde yaşanan olumsuz gelişmeler döneme damgasını vurmuştur. İç faktörler olarak politik istikrarsızlık, popülist ve kısa görüşlü politikalar, 1994 ekonomik krizi, Marmara depremi ve seçim ekonomisi uygulamaları; dış faktörler olarak Körfez Krizi, Asya ve Rusya Krizleri Türkiye ekonomisinin ekonomik performansını yavaşlatmıştır. Türkiye 1990-1994 döneminde reel yatırımlardan uzaklaşması, dışa dönük büyüme yerine içe dönük büyümeyi ve ticarete konu olmayan sektörlere yatırımları teşvik etmesi politikası uygulaması sonucu 1990'ların ilk durgunluk dönemini yaşamış ve 1994 krizine sürüklenmiştir. 1995-1999 döneminde krizin ardında yapılan devalüasyon ve 5 Nisan İstikrar Tedbirleri ekonomide kısa vadeli olumlu sonuçlar vermesine rağmen, ekonomiyi 1994 krizine sürükleyen ekonomik ve siyasi faktörlerde herhangi bir iyileşme sağlanamamıştır.

1980 yılında başlayan iktisat politikası yönelişleri, ana hatlarıyla, 1989-2002 yıllarına da damgasını vurmuştur.1989 yılında sermaye hareketleri üzerindeki kısıtlar kaldırılmıştır. Dış ticaret politikalarındaki liberalleşmenin son durağı ise 1995 yılında Avrupa Birliği ile gümrük birliğinin gerçekleştirilmesi olmuştur. Türkiye ekonomisi giderek artan boyutlarda sermaye hareketlerindeki dalgalanmaların etkisi ve sık sık tekrarlanan finansal kargaşa ve krizlerin tehdidi altına girmiştir. Böylece 1994, 1999 ve 2001 yıllarında milli gelir %6 ile %9.5 oranında küçülmüş; makro-ekonomik göstergelerde dönem boyunca ciddi bozulmalar ve belirsizlikler ortaya çıkmıştır (Keskin, 2006:64-65).

Finansal sistemde bu yılların en çarpıcı yeniliği, Ağustos 1989 yılında kabul edilen 32 sayılı karar neticesinde dış dünya ile Türkiye arasındaki sermaye hareketlerinin serbest bırakılması, diğer bir deyişle sermaye kaçışlarını önlemeye kambiyo kontrollerinin kaldırılması olmuştur. İlk baştaki miktar kısıtları birkaç ay sonra tamamen kaldırılacak ve 1990 yılının başlarında IMF'nin ölçütlerine göre TL konvertibiliteye geçmiş olarak kabul edilecektir. Sermaye hareketlerinin serbest bırakıldığı bir ortamda para (faiz) ve döviz kuru politikaları birbirlerine bağlanır ve Merkez Bankası bu iki politika aracından sadece birini uygulayabilme durumunda kalır. IMF ile yapılan 1994 ve 1999 anlaşmaları sonucunda 1995 ve 2000 yılları için Merkez Bankası nominal döviz kurunu hedefleyerek enflasyonu aşağı çekme seçeneğini yeğlemiş; para politikası pasifleştirilmiştir. 1996-1999 yılları arasında Merkez Bankası, döviz fiyatlarını, kabaca geçmiş enflasyona başlayarak reel döviz kuruna istikrar getirmeyi, döviz piyasalarında spekülatif ve krize gebe olabilecek hareketleri önlemeyi hedeflemiştir. 2001 finansal krizi sonunda ise, döviz kuru dalgalanmaya bırakılarak sıkı para politikaları seçeneği yeğlenmiştir. Sermaye hareketlerinin serbestisi altında gerçekleşen bu farklı yönelişler, faiz oranları ile beklenen döviz kuru hareketleri arasındaki marja (arbitraj getirisine) bağlı olarak gerçekleşen sıcak para hareketlerinin finansal sisteme ve giderek Türkiye ekonomisini çalkantılara sürüklenmesi önlememiş; özellikle "nominal kur çıpası" uygulaması dönemlerinde söz konusu çalkantılara katkı yapmıştır (Keskin, 2006:66).

1980'lerin ikinci yarısından itibaren bütçe disiplinin kaybolması ve bütçe açıklarının iç borçlanma yoluyla finanse edilme stratejisine bağlı olarak, kamu kesiminde çok büyük bir iç borç yükü oluşmuştur. Sermaye hareketlerine 1989 yılında, bütçe denkliği sağlanmadan getirilen serbesti sonucunda; ekonomi dışsal şoklara maruz kalarak, 1994 ile 2001 yıllarında finansal krizler yaşanmıştır. Kamu borç stokundaki artış, Türkiye'nin özerk iktisat politikaları uygulama gücünü de zayıflatmıştır. Bununla beraber uygulanmakta olan ekonomik programın kararlılıkla sürdürülmesi sonucunda, görece başarılı bir döneme girilmiş ve makro ekonomik istikrarın sağlanması yönünde önemli mesafeler de alınmıştır (TEK, 2003:22-23).

Türkiye'de kuruluştan günümüze ortalama yıllık büyüme hızı yüzde 4.9 iken, hızlı nüfus artışa bağlı olarak kişi başına büyüme hızı ise yüzde 2.7 oranında gerçekleşmiştir. Büyüme hızındaki performans, beraberinde tarım ağırlıklı bir yapıdan sanayileşme ve hizmetleşme eksenlerinde yapısal dönüşümlerin gerçekleşmesine yol açmıştır. 1923 yılında tarım, sanayi ve hizmetler sektörlerinin GSMH içerindeki payları sırasıyla yüzde 39.6, yüzde 13.2 ve yüzde 47.2 iken, 2002 yılında tarım yüzde 12'ye gerilemiş, sanayi yüzde 25.6 ve hizmetler sektörü de yüzde 62.3 oranına yükselmiştir. Bu dönüşüme rağmen, ekonominin tarıma olan bağımlılığı yapısal bir sorun olma özelliğini taşımaktadır. İstihdamın 2002 yılı itibariyle sektörel yapısına baktığımızda; tarım yüzde 34.9, sanayi yüzde 18.5 ve hizmetler yüzde 46.5 pay almaktadır. Dolayısıyla, üretimin ve istihdamın sektörel yapısı arasındaki bu uyumsuzluk da bir diğer yapısal soruna işaret etmektedir (TEK, 2003:22-23).

Sonuç olarak; Türkiye ekonomisi 2000'li yıllardan önce; 1923'ten bu yana büyüme ve kalkınma alanında önemli mesafeler almıştır. Çok genel olarak bakıldığında bu performans olumlu olmakla birlikte dünyadaki örneklerle karşılaştırıldığında oldukça yavaş ve sorunlu gerçekleşmiştir. Bu süreçte ekonominin yapısal değişim geçirdiği kritik dönemler vardır. Bunlardan en önemlisi, devletçi ve ithal ikameci sanayileşme stratejisi yerine 1980 sonrası ihracata dayalı sanayileşme stratejisine geçilmesidir. Çünkü ekonomik büyümede ihracatın ve ihracat endüstrilerinin ağırlık kazanacağı bir üretim yapısı, uluslararası sermaye piyasalarıyla bütünleşme ve dış rekabete açık bir özel sektör ve daha küçük bir kamu ekonomisi hedeflenmiştir. Ancak tarım sektörünün ağırlıkta olduğu Türkiye ekonomisi Cumhuriyetin ilk yıllarından itibaren her dönemde sanayileşmeyi ön planda tutan bir strateji doğrultusunda ekonomi politikaları uygulamıştır (Yardımcı, 2006:104).

1990 sonrası dönemde ise Türkiye'nin büyüme-istikrar performansının yetersizliğinin en temel nedeni mali disiplinden uzaklaşılması ve kamu kesiminde tercih edilen büyüme ve gelişme modelinin gerçeklerine uyum sağlayarak yapısal dönüşümlerin gerçekleştirilememesidir. Bu durum büyüme ve kamu finansmanının iç ve dış şoklara karşı oldukça kırılgan olmasına yol açmıştır. Ekonominin 1990'lı yıllar boyunca içinde bulunduğu kırılgan sürdürülebilir yüksek büyüme ortamının diğer ön koşullarını da olumsuz yönde etkilemiştir. 1990'lı yılların sonunda yukarıda sayılan faktörler sonucu Türkiye ekonomisi yeniden krize sürüklenmiş ve 2000 Kasım ve 2001 Şubat krizleriyle karşı karşıya kalmıştır. Bunun sonucunda IMF gözetiminde yeni bir istikrar programı uygulamaya konmuştur (Ay ve Karaçor, 2006:71).

Türkiye, 2000 ve 2001 yılında yaşanan iki krizle, uygulamış olduğu kur çapasına dayalı "enflasyonu düşürme programının" çökmesinden sonra, IMF'in öncülüğü ve denetiminde 14 Nisan ve 15 Mayıs tarihlerinde iki aşamada açıklanan yeni bir istikrar programını uygulamaya koymuştur. Güçlü ekonomiye geçiş programı (GEGP) olarak tanımlanan programın amacı "...güven bunalımını ve istikrarsızlığı süratle ortadan kaldırmak ve bir daha geri dönülmeyecek şekilde kamu yönetiminin ve ekonominin yeniden yapılandırılmasına yönelik altyapıyı oluşturmaktır" (Ay, 2007b:25). Dahası program uzun vadeli 2001–2023 dönemini kapsayan gelişme stratejisinin temel amacını oluşturmaktadır. Bu dönemde sürdürülebilir iktisadi büyüme için tüm kurum ve kuruluşlarıyla özümsenmiş, uyumlu ve uygulanabilir ulusal iktisat politikalarının yalnızca kişi başına düşen milli gelir düzeyi açısından değil, aynı zamanda orta ve uzun dönemli büyüme oranları üzerinde de etkili olabilecek hedefleri kapsamaktadır.

2000 yılında yüzde 6.3 büyüme gösteren GSMH, 2000 Kasım ve 2001 Şubat krizlerinin ardından, sabit kur rejiminin terk edilmesi, artan belirsizlik, bankacılık krizi, faizlerin, enflasyonun ve işsizliğin artması sonucunda 2001 yılında yüzde 9.5 gerilemiştir. Bu gerileme tarım sektöründe yüzde 6, sanayide yüzde 7.4 ve hizmetler sektöründe yüzde 7.9 oranlarında olmuştur. Kişi başına GSMH da yüzde 28.4 oranında azalarak 2123 dolara düşmüştür. 2001 yılında yüzde 9.5 oranında gerileyen GSMH, 2002 yılında ilk üç aylık dönemden itibaren ekonomide başlayan canlanmanın hızlanarak devam etmesi sonucu yüzde 7.8 oranında reel artış göstermiştir. Tarım sektöründe yüzde 7.7, sanayide yüzde 9.1 ve hizmetler sektöründe yüzde 7.2 oranlarında artış gerçekleşmiştir. Kişi başına GSMH da yüzde 21.7 oranında artarak 2584 dolara yükselmiştir.

GSMH, ekonomide başlayan canlanmayla birlikte 2002 yılında reel olarak yüzde 7.9, 2003 yılında da yüzde 5.9 oranında artmıştır. Sektörler itibariyle, 2003 yılında sanayi ve hizmet sektöründe büyüme oranları sırasıyla yüzde 7.8 ve yüzde 6.7 olurken, tarım sektörü bir önceki yıla göre yüzde 2.4 oranında küçülmüştür. 2003 yılında yüzde 5,9 oranında büyüyen GSMH, büyümenin 2004 yılında da devam etmesiyle yüzde 9,9 oranında yüksek bir reel artış göstermiştir. Sanayide yüzde 9,4, hizmetler sektöründe yüzde 10,2, tarım sektöründe yüzde 2 oranında artış gerçekleşmiştir. Kişi başına GSMH'da yüzde 23,3 oranında artarak 4172 dolara yükselmiştir.

2001 yılında yaşanan ekonomik krizin ardından, 2003 yılından itibaren ekonomik programın uygulanmasında gösterilen kararlılık ile sürdürülebilir ekonomik büyüme ve fiyat istikrarı odaklı mali ve parasal disiplin, Türkiye ekonomisinde olumlu makroekonomik gelişmeleri beraberinde getirmiştir. Uygulamaya konulan makro ekonomik programla birlikte sürdürülebilir büyüme sürecine giren Türkiye ekonomisi, 2003 ve 2004 yıllarında hedeflerin üzerinde bir büyüme performansı sergilemiştir. Güven ortamının güçlenmesi, enflasyondaki düşüşü, kredi faizlerinin gerilemesi ve uluslararası konjonktürün olumlu seyretmesi ile birlikte, ekonomideki canlanma 2005 yılında da devam etmiştir. Bu gelişmelerle birlikte Türkiye ekonomisi 2005 yılının tamamında yüzde 7,6 oranında büyüyerek 2003 ve 2004 yıllarında olduğu gibi öngörülen yüzde 5'lik büyüme hedefini aşmış ve 2002 yılının ikinci çeyreğinden itibaren sürdürdüğü aralıksız büyüme sürecini devam ettirmiştir.

2005 yılı büyümesinde genel olarak yaşanan istikrar ve güven ortamı belirleyici olurken, özellikle son çeyrekte hızlanan sanayi sektörünün ve yıl genelinde hızlı bir gelişme gösteren inşaat sektörünün büyüme üzerinde etkili olduğu görülmektedir. Sanayi ve inşaat sektörlerinde görülen yüksek performans, hizmetler sektöründe özellikle ulaştırma, haberleşme ile ticaret sektörlerinde ekonomik faaliyetlerin canlanmasını sağlamış, böylece söz konusu sektörler de ekonomik büyümeyi desteklemiştir.

2002 yılından itibaren kararlılıkla uygulanan makroekonomik politikalar ve yapısal reformlarla ekonomik istikrarın kalıcı hale gelmesi sonucu çarpıcı bir makroekonomik performans elde edilmiştir. Uluslararası piyasalardaki olumlu havayla birlikte özel sektör yatırımları ile verimlilik artışının da etkisiyle 2002-2007 yılları arasında yüksek oranlı büyüme hızlarına ulaşılmış, Türkiye ekonomisi son altı yılda ortalama yüzde 6,8 oranında büyümüştür. 2007 yılına gelindiğinde ise ekonomide kısmi olarak yavaşlama görülmüş ve büyüme hızı son yıllardaki yüksek oranların altında kalarak yüzde 4,6 olarak gerçekleşmiştir. Ekonomik büyüme hızında yaşanan yavaşlamada genel olarak küresel piyasalardaki dalgalanmalar, seçimlere ilişkin belirsizlikler, mevsim normalleri üzerinde seyreden hava sıcaklıklarına bağlı olarak yaşanan kuraklığın yanı sıra değerli TL ve önceki yıllara oranla verimlilik artışı hızındaki yavaşlamanın rekabet gücü üzerinde oluşturduğu baskı etkili olmuştur.

Türkiye'de 2002 yılından sonra sağlanan siyasi istikrar, uygulanan sağlıklı ekonomi ve sağlam maliye politikaları ile yapısal reformların sayesinde 2002–2007 yılları arasında yüksek büyüme oranları elde edilmiştir. Ancak dünya ekonomisinde 2007 yılının ortalarından itibaren baş gösteren küresel kriz, kredi kanallarını tıkayarak ve likiditeyi azaltarak reel sektörü etkilemeye başlamıştır. Türkiye'nin kendi iç dinamiklerinden kaynaklanmamasına rağmen küresel ekonominin önemli bir oyuncusu olması nedeniyle 2008 yılının son çeyreğinden itibaren küresel kriz, Türkiye ekonomisini etkisi altına almıştır. Bunun neticesinde, 2002 yılından bu yana 27 çeyrek devam eden büyüme dönemi sona ermiştir. Türkiye ekonomisi, 2001 yılında gerçekleşen yüzde 5,7'lik küçülmenin ardından 2008 yılına kadar yüksek oranlı büyüme hızlarına ulaşmıştır. 2008 yılında yüzde 0,9 oranında gerçekleşen büyümeye rağmen, ekonomi 2002–2008 döneminde ortalama yüzde 5,8 oranında büyümüştür.

Ekonomideki büyüme, küresel krizin de etkisiyle 2008 yılında önemli oranda hız kesmiş, yıllık büyüme oranı yüzde 0,7'ye kadar gerilemiştir. Türkiye ekonomisi, 2008 yılının son çeyreğinden 2009 yılının son çeyreğine kadar süren bir daralma süreci yaşamıştır. Söz konusu daralma 2009 yılının ilk çeyreğinde derinleşmiş, 2009 yılının ikinci çeyreğinden itibaren hız kesmeye başlamıştır. 2009 yılında ekonomi yüzde 4,7 daralmıştır. 2009 yılının son çeyreğinde, yüzde 6'lık büyümeyle ekonomi toparlanmaya başlamıştır. Söz konusu dönemdeki büyümede, iktisadi faaliyetler yönünden imalat sanayindeki artış etkili olurken; harcamalar yönünden ise özel sektör tüketimi, kamu sektörü tüketimi ve stok değişimindeki büyüme etkili olmuştur.

Türkiye ekonomisindeki görünüm, 2009 yılında büyük ölçüde küresel ekonomideki gelişmelere paralel olarak şekillenmiştir. Bu dönemde küresel kriz nedeniyle artan belirsizlik ortamı, piyasalardaki güveni azaltarak ekonomik birimlerin ileriye dönük beklentilerini olumsuz yönde etkilemiş, bu durum da yatırım ve tüketim kararlarının ertelenmesine, ekonomik faaliyetlerin yavaşlamasına yol açmıştır.

Türkiye ekonomisi açısından 2010 yılı, makroekonomide oluşturulan güven ve istikrar sonucu özel sektör öncülüğünde büyümeye geçildiği ve hızlı bir büyüme performansının sergilendiği bir yıl olmuştur. Özellikle Euro Bölgesi'nde yaşanan borç krizi dolayısıyla küresel ekonomi için aşağı yönlü risklerin tam olarak ortadan kalkmadığı 2010 yılında Türkiye ekonomisi krizin etkilerini üzerinden hızla atmıştır. Güçlü bir şekilde toparlanmaya başlayan ekonomi, 2010 yılının tamamında yüzde 9 oranında büyüme kaydetmiştir. Türkiye, bu büyüme oranıyla Avrupa'da en hızlı büyüyen ülke olmuştur. Bu hızlı büyümede, ekonomide yaşanan canlanma eğiliminin orta vadeli program ile desteklenmesi etkili olmuştur. Uygulanan politikaların sonucunda belirsizlikler azalmış, tüketici güveni artmış, kredi koşulları iyileşmiş ve bu durum tüketim ve yatırım kararlarını olumlu yönde etkileyerek ekonominin, öngörülenden daha fazla büyümesini sağlamıştır. Ekonomi, kriz sonrasında grafiksel olarak "V" şeklinde bir toparlanma göstermiştir.

Şekil-3: Büyüme Oranlarının Zaman İtibariyle Seyri

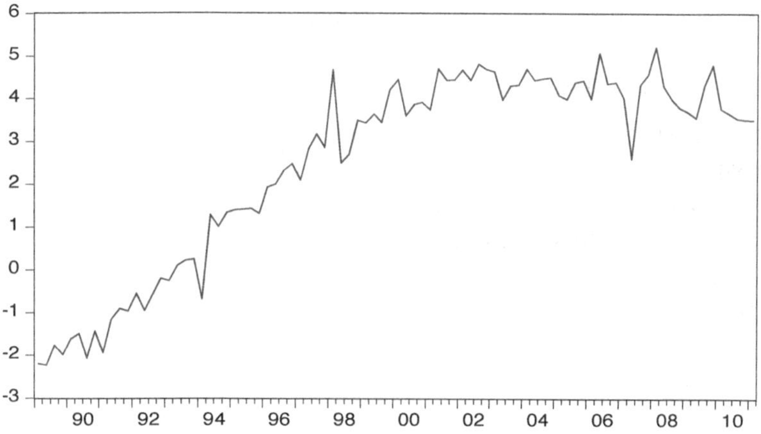

Kaynak: TCMB Veri Dağıtım Sistemi'nden derlenen veriler kullanılarak tarafımızca oluşturulmuştur.

2002 yılından beri Türkiye, kişi başına milli gelir cephesinde kaydettiği ilerlemeler ile AB ile arasındaki kalkınmışlık farkını kapatma sürecine girmiştir. Eurostat verilerine göre, 2002 yılındaki satın alma gücü paritesine göre kişi başına milli gelir düzeyi ile AB ortalamasının yüzde 37'si seviyesinde bulunan Türkiye, 2010 yılı itibarıyla AB'nin yüzde 48 seviyesini yakalamış ve anlamlı düzeyde bir yakınsama sağlamıştır.

Türkiye ekonomisi 2011 yılına, öngörülerin üstünde bir büyüme ile girmiştir. 2011 yılının ilk çeyreğinde GSYH yüzde 11,6 büyümüştür. Bu büyüme oranıyla, Türkiye ekonomisi, dünyada en hızlı büyüyen ekonomilerden biri olmuştur. Hem geçen yılın son çeyreğinde hem de 2010 yılının tamamında olduğu gibi 2011'in ilk çeyreğinde de AB'de en hızlı büyüyen ekonomi olan Türkiye, ikinci çeyrekte de beklentilerin üzerinde gerçekleşen yüzde 8,8 oranındaki büyüme hızıyla bu unvanını korumuştur. 2011 yılının ilk çeyreğinde, özel sektör tüketim ve yatırım harcamaları büyümenin itici gücü olmayı sürdürmüştür. Buna karşılık ihracat zayıf seyrini sürdürmüş, ithalattaki hızlı büyüme ise devam etmiş ve bu nedenle dış talep büyümeye olumsuz katkı yapmıştır. Böylelikle, iç ve dış talebin sergilediği ayrışma daha belirgin hale gelmiştir.

Sonuç itibariyle; Türkiye ekonomisi, 2008 yılı üçüncü çeyrek sonrası dört çeyrek boyunca devam eden küçülme döneminden, 2009 dördüncü çeyrek itibarıyla çıkmış ve sonrasında güçlü ve kalıcı bir toparlanma süreci yakalamıştır. Küresel finansal krizin Türkiye ekonomisi üzerinde GSYH büyümesi açısından yarattığı tahribat Çin, Arjantin ve Hindistan gibi gelişmekte olan ülkelerden görece daha fazla olmakla beraber, Türkiye ekonomisi toparlanma ve büyüme sürecini bu ekonomilerle aynı süre içerisinde yakalamayı başarmıştır. GSYH büyüme hızının kriz sonrası dönemde ikinci en yüksek değere ulaştığı, 2011 ilk çeyreğinde ise, Türkiye ekonomisi yıllık büyüme hızı itibarıyla, Çin ve Arjantin'den daha yüksek bir orana ulaşarak büyüme sıralamasında dünya birincisi olmuştur (TUSİAD, 2011:1).

2.3.2. Ekonomik Büyümenin Önemi

Ekonomik büyümenin ülke ekonomisi açısından önemi ve büyümenin bir ülke için neden ihtiyaç olduğu konuları sıkça tartışılmaktadır. Öte yandan, iktisadi kalkınma olgusunu, hızlı büyümenin bir uzantısı olarak, "uluslararası iş bölümünde daha yüksek bir konuma ulaşma ve yaşam kalitesinin yükselmesi" şeklinde tanımlayabiliriz (TEK, 2003:21). Bu genel yaklaşım altında, Adelman ve Yeldan (2000) iktisadi kalkınmanın gerçekleşmesi için şu beş olgunun altını çizmektedir:

1. sürdürülebilir büyüme
2. üretim ve tüketim kalıplarının yapısal değişime uğraması
3. teknolojik ilerleme
4. sosyal, siyasi ve kurumsal modernleşme
5. yaşam standartlarında geniş çaplı iyileşme

Bu gözlemlere göre gelişmekte olan ülkelerin İkinci Dünya Savaşı öncesinde sadece büyüme çevrimleri yaşamış olduğunu ve söz konusu çevrimlerin çoğunlukla sanayileşmiş ülkelerin ara malı ve birincil mallara olan ithalat gereksinimlerince belirlenmiştir.

Türkiye'de yurtiçi tasarruflar sabit sermaye yatırımlarının gerisinde kaldığı sürece, ekonomide kaynak açığından söz edilmektedir. Bu kaynak açığı iki şekilde kapatılmakta ya yabancı sermaye yatırımlarının ülke içine çekilmesi ile ya da dış borçlarla kapatılır. Yabancı sermaye, doğrudan yabancı sermaye şeklinde olacağı gibi portföy yatırımı şeklinde de ülkeye gelebilir. Fakat ekonomik büyümeye doğrudan katkı sağlaması açısından portföy yatırımlarından ziyade doğrudan sabit sermaye yatırımları tercih edilmektedir. Çünkü bu tür yatırımlar, ekonominin özel sabit sermaye yatırımlarına katkıda bulunarak dış kaynak açığını giderir ve ekonomik büyümeyi hızlandırmaktadır.

Türkiye gibi gelişmekte olan ülkelerin ekonomik büyümelerini sürdürebilmeleri için milli gelirin önemli bir payını yatırıma ayırması gerekir. Yatırımın ana kaynağı ise tasarruflardır. Yüksek bir yatırım ortamı tasarrufların arttırılmasına bağlıdır. Fakat gelişmekte olan ülkelerde milli gelirin yetersiz olması nedeniyle bu ülkelerde tasarruf oranı düşüktür. Tasarruf oranı düşük olduğundan yatırımlar arttırılamamakta ve ekonomik verimlilik geri kalmaktadır. Bunun sonucunda da sermaye yetersizliği nedeniyle ekonomik kalkınmaları için ihtiyaç duyulan yatırımları gerçekleştirememektedir (Yüksekdağ, 2008:46).

Öte yandan, son yirmi yılı kapsayan dönemde "neden bazı ülkelerin zengin, neden bazılarının yoksul olduğu" sorusuna yanıt arayan ve makro iktisat literatüründeki ağırlığı giderek artan kuramsal ve ampirik çalışmalarda; genel olarak ülkeler ve bölgeler arasındaki koşullu / koşulsuz yakınsama incelenmekle beraber, özel olarak teknolojik değişmede, beşeri sermaye ve eğitimde, para ve maliye politikalarında, gelir dağılımında, kurumsal yapıda, insan hakları ve politik özgürlükler ile politik istikrar endekslerinde, finansal aracılığın gelişimi ile dış ticarette serbestlik derecesinde farklılıklar gibi çeşitli etkenler, ülkeler arasında gözlenen kişi başına gelir düzeyi veya büyüme oranı farklılıklarının temel açıklayıcıları olarak sunulmaktadır (TEK, 2003:6).

2.3.3. Ekonomik Büyümenin Kaynakları

1980'li yıllarla birlikte dışa açılmayı ve piyasa ekonomisini benimseyen Türkiye iç talep yerine dış talebin, kamunun ekonomiye aktif müdahalesi yerine fiyat mekanizması ve özel kesimin öncülüğünde ekonomik büyümesini gerçekleştirmeye çalışmaktadır. Bu çerçevede piyasa ekonomisinin güçlendirilmesi ve ekonominin dışa açılmasının uyaracağı sermaye birikimi ve verimlilik artışının büyüme hızını artırması beklenmiştir. Artan rekabet ve genişleyen dış pazar olanaklarıyla ortaya çıkacak verimlilik artışının büyümenin kaynağında daha büyük bir paya sahip olması hedeflenmiştir (Ay, 2007b:29).

Bir ülkenin belli bir dönemdeki büyüme oranının hesaplanması o ülkenin bahsedilen dönemdeki harcamalar veya üretim toplamındaki değişimden ve üretim faktörlerinin büyümeye olan katkılarının ölçülmesine dayanır. Büyümenin üretim faktörlerinin katkısı açısından incelenmesinin diğer iki yönteme göre en önemli avantajı, üretime etki eden fakat gözlemlenemeyen değişkenlerin büyümeyi açıklamada ne kadar etkili olduğunu ortaya koymasıdır (TUSİAD, 2005:30).

Büyümenin kaynakları açısından gelişmiş ülkelerde faktörlerin fiziki miktarları yanı sıra niteliklerini temsil eden verimlilik de önemli bir bileşen olmaktadır. Ancak, Türkiye'nin büyümesinde toplam faktör verimliliğinin payı oldukça düşük seviyelerdedir. DPT (2002) çalışmasına göre; 1972-00 döneminde Türkiye'de ortalama yıllık GSYİH artışı yüzde 4.02 olurken; bu büyümenin kaynaklarına baktığımızda; yüzde 72.3'ü sermaye, yüzde 21'i işgücü ve yüzde 6.7'si verimlilik bileşenlerinin katkılarıyla sağlanmıştır. Büyümenin kaynakları 1972-91 ve 1992-00 alt dönemleri itibariyle incelendiğinde ise ikinci dönemde verimliliğin katkısının negatife dönüştüğü gözlenmektedir. Bu durum ise beşeri sermaye ve teknoloji politikalarına yeterince önem verilmediğini göstermektedir (TEK, 2003:23).

2.3.3.1. Üretim Faktörlerinin Büyümeye Katkıları

Ekonomik büyüme öncelikle faktör stoklarındaki değişmeye bağlıdır. Dolayısıyla sermaye ve emek faktörü ile bu faktörlerin üretkenliğini ortaya koyan toplam faktör verimliliği büyümenin temel belirleyicisi olmaktadır (Ay ve Karaçor, 2006:75).

Büyümenin kaynakları açısından gelişmiş ülkelerde faktörlerin fiziki miktarları yanında niteliklerini temsil eden verimlilik de önemli bir bileşen olmaktadır. Toplam faktör verimliliği (TFV) üretimin sermaye stoku ve istihdam gibi geleneksel üretim faktörleri tarafından açıklanamayan kısmı olarak tanımlanabilir. TFV'nin önemli açıklayıcı değişkenleri arasında eğitim harcamaları, araştırma ve geliştirme harcamaları, doğrudan yabancı yatırımlar, dışa açıklık, kurumsal ve fiziki alt yapı yatırımları yer alır (DPT, 2002:21).

Türkiye ekonomisinde 1972-2003 yılları arasında işgücü verimliliğindeki yıllık ortalama artış %2,4 olmuştur. Tarım, sanayi ve hizmetler (konut hariç) sektörlerinde yıllık ortalama işgücü verimliliği artışları sırasıyla, %1,5, %2,5 ve %1 düzeylerinde gerçekleşmiştir. 1980 sonrası dönemde imalât sanayii işgücü verimliliği artışı oranında ivmelenme yaşanmıştır. Örnek olarak, 1972-1979 döneminde yıllık ortalama %1,5 olan işgücü verimliliği artışı, 1980-2003 döneminde %2,8'e yükselmiştir (Saygılı vd. ,2005:35).

Dışa açık büyüme stratejisinin uygulanmaya konulması sonrasında artan dış talep, aynı dönemde sermaye birikimindeki yavaşlamaya, hatta gerilemeye rağmen, 1980 sonrası imalât sanayi işgücü verimliliğinde önemli artışla yol açmıştır. Bu artışı ise, 1980 öncesi dönemde yaratılan üretim kapasitesinin etkin kullanılması sonucunda ortaya çıkmıştır. Söz konusu dönemde istihdam artışının iyileşme göstermemesi yanında, genel rekabet ortamında sağlanan gelişmeler de bu sonuçta etkili olmuştur (TUSİAD, 2005:31).

Diğer bir kısmi verimlilik göstergesi olan sermaye verimliliği ise, yine 1972-2003 yılları arasında, ekonomi genelinde (konut hariç) ortalama %1,2 dolayında azalmıştır. Sermaye verimliliği sanayi sektöründe ortalama %1,1 artış gösterirken, tarım ve hizmetler (konut hariç) sektörlerinde, %2,1 oranında gerilemiştir. Sermaye verimliliğin en fazla artış gösterdiği alt sektör yıllık ortalama %1,5 artışla imalât sanayii olmuştur. 1980'li yıllar ile birlikte, sermaye verimliliğinin, başta enerji sektörleri olmak üzere sanayi sektörlerinde önemli artış gösterdiği, hizmetler (konut hariç) sektöründe ise gerilediği hesaplanmıştır. Bu dönemde, tarım sektörü ve ekonomi genelinde sermaye verimliliğindeki düşüşle yavaşlamıştır (Saygılı vd. ,2005:36).

Şekil-4: Üretim Faktörlerinin Büyümeye Katkıları

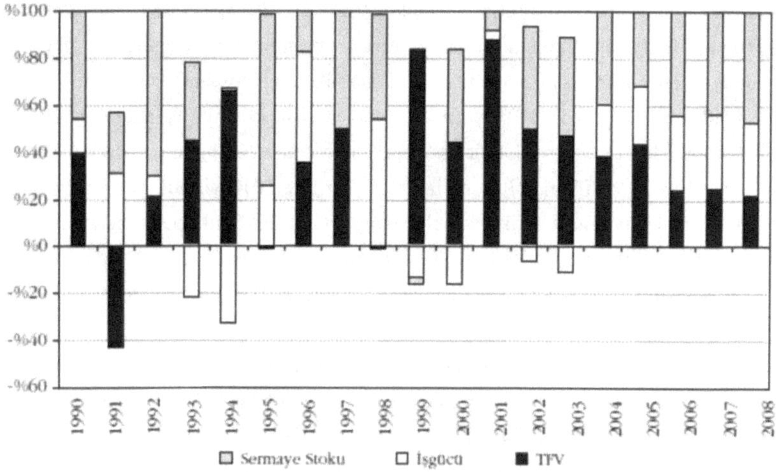

Kaynak: TUSİAD, 2011: 31.

Bu gelişmeler ışığında, Türkiye ekonomisinin en dinamik bölümünü oluşturan sanayi sektörü üretim artışında, 1980 yılına kadar işgücü verimliliği ve sermaye birikimi belirleyici rol oynarken, izleyen dönemde toplam faktör verimliliğinin öne çıktığı söylenebilir. Öte yandan, makroekonomik istikrarsızlıkların bir yansıması olarak, sermaye birikimi, istihdam ve TFV rakamlarının yıldan yıla büyük dalgalanmalar sergilediği gözlenmektedir. Bu durum, 1990'lı yıllarda Türkiye'nin belirgin bir büyüme stratejisi izlemediği, tersine, istikrar arayışlarının her türlü ekonomik önceliğin önüne geçtiğini göstermektedir. Öte yandan, ekonomi genelinde 2004 ve 2005 yılları boyunca yapılan yatırım harcamalarının büyüklüğü ve niteliği dikkate alındığında, önümüzdeki senelerde mevcut üretim faktörleri arasında en çok verimlilik artışının sermaye stokunda yaşanacağı tahmin edilmektedir.

Yeldan, 2002 ve 2003 yıllarında gerçekleşen ekonomik büyümenin hükümetin iktisadi politikalarıyla (IMF programı) yakından ilişkili olmadığını, daha çok ücretler ve ithal maliyetlerindeki ucuzlamadan kaynaklandığını ve stoklara dayalı bir büyüme olduğunu belirtmektedir.

2008 yılındaki belirgin yavaşlamanın ardından 2009 yılında Türkiye ekonomisi yüzde 4,7 oranında daralmıştır. Büyümenin kaynakları incelendiğinde, 2009 yılında sermaye stoku artışında ciddi bir azalma olduğu görülmektedir. Bu çerçevede, 2008 yılında yüzde 5,4 oranında artan sermaye stoku 2009 yılında ancak yüzde 3,3 oranında artmıştır. Bununla beraber kapasite kullanım oranlarının kriz nedeniyle çok düşük seviyelere gerilemesi nedeniyle kapasite kullanımı ile düzeltilmiş sermaye stoku yüzde 11,6 oranında azalmıştır (Tablo-17). İstihdam ise 2009 yılında yaşanan ekonomik daralmaya rağmen yüzde 0,4 oranında artış göstermiştir. Toplam faktör verimliliği (TFV) 2009 yılında yüzde 0,2 artarak ekonomik daralmanın hızını azaltan bir unsur olmuştur. Dolayısıyla, 2009 yılındaki yüksek oranlı ekonomik daralmanın en önemli kaynağı olarak sermaye birikimi öne çıkmıştır (DPT, 2011: 27).

2010 yılı Türkiye ekonomisinde hızlı bir toparlanma sürecinin yaşandığı bir yıl olmuştur. Sabit sermaye yatırımlarındaki ciddi artışlar ekonomik toparlanmanın en önemli kaynağını oluşturmaktadır. Bu çerçevede, 2010 yılında sermaye stoku artışının hızlanarak yüzde 4,6'ya ulaşacağı tahmin edilmekte ve böylelikle ekonomik aktivitenin 2010 yılında yüzde 6,8 oranında artması öngörülmektedir. Ekonomik toparlanmayla birlikte 2010 yılında önemli bir istihdam artışı kaydedilmiştir. İlk dokuz aylık gerçeklemeler ışığında 2010 yılında istihdam artışı yüzde 5,6 olarak tahmin edilmektedir. Dolayısıyla, büyümenin yüksek oranlı istihdam ve sermaye stoku artışlarından kaynaklanması nedeniyle TFV'nin 2010 yılında yüzde 1,1 oranında azalacağı öngörülmektedir.

2011-2013 döneminde Türkiye ekonomisinin potansiyel büyüme patikasına doğru yönelerek yıllık ortalama yüzde 5 oranında büyümesi beklenmektedir. Sermaye stokunun bu dönemde yıllık ortalama yüzde 5 oranında artarak büyümeyi desteklemesi beklenmektedir. Ekonomik daralma döneminde özellikle tarım dışı sektörde istihdam kaybının beklenilenden az olması ve 2010 yılında gözlenen ciddi istihdam artışları nedeniyle 2011 yılında istihdam artışının sınırlı kalacağı tahmin edilmektedir. 2012 ve 2013 yıllarında ise istihdamın sırasıyla yüzde 2,2 ve yüzde 2 oranında artması beklenmektedir. Öte yandan, 2011-2013 döneminde TFV artışının ortalama yüzde 0,3 oranında sınırlı kalacağı tahmin edilmektedir.

Tablo-17: Üretim Faktörleri Artışları (Yüzde)

Dönem	Hasıla Artışı	Sermaye Stoku Artışı	Sermaye Stoku Artışı*	İstihdam Artışı	TFV Artışı
2006	6,9	7,1	7,9	1,8	0,8
2007	4,7	6,7	7,8	1,5	0,1
2008	0,9	5,4	1,5	2,2	-0,4
2009	-4,7	3,3	-11,6	0,4	0,2
2010	6,8	4,6	15,8	5,6	-1,1
2011	4,5	4,7	7,7	1,0	0,1
2012	5,0	5,0	6,8	2,2	0,3
2013	5,5	5,4	6,6	2,0	0,4
2011-2013	5,0	5,0	7,0	1,7	0,3

Kaynak: DPT, 2011: 28.

*Kapasite kullanımı ile düzeltilmiş sermaye stoku artışıdır.

Ekonomik daralma nedeniyle yüksek oranlı düşüş gözlenen kapasite kullanım oranlarının kriz öncesi seviyesine, DPT (2011-2013) dönemi sonuna doğru ulaşacağı tahmin edilmektedir. Kapasite kullanım oranlarının kriz öncesi seviyesine ulaştıktan sonra TFV artışlarının hızlanması beklenmektedir. Dolayısıyla, bu dönemde büyümenin sermaye stoku ve istihdam artışı ile sağlanması beklenmektedir.

2.3.3.2. Büyümenin Arz ve Talep Kaynakları

Ülkedeki iç ve dış talepteki gelişmelerin yıllar itibariyle göstermiş olduğu performans ekonomik büyümenin kaynaklarının ortaya çıkarılması bakımından önemlidir. Buna göre büyümenin talep açısından en temel belirleyicisi tüketim ve yatırım harcamalarından oluşan yurtiçi nihai taleptir. Yurtiçi nihai talebin en önemli unsuru ise tüketim, özellikle özel tüketim oluşturmaktadır (Ay, 2007b:35). Tablo 'de 2002-2007 döneminde reel GSYH'de meydana gelen artışların nedenleri harcama kalemlerine göre incelenmektedir. Tablodan görüleceği üzere 2001 krizinin sonrasında 2002 yılında ortaya çıkan reel GSYH'deki artışın en önemli kaynağını kriz boyunca ertelenen özel tüketim harcamalarının oluşturduğu görülmektedir (Taban, 2011:10).

Tablo-18: Harcama Kalemlerindeki Değişikliklerin Reel GSYH'ya Katkıları (%) (1998 Fiyatlarıyla) (2002-2007)

	2002	2003	2004	2005	2006	2007
Toplam Tüketim	62,8	123,3	88,6	69,2	59,3	95,0
Özel	52,0	128,9	81,8	66,2	47,5	81,3
Kamu	10,8	-5,7	6,8	3,0	11,9	13,7
Sabit Sermaye Yatırımları	38,6	47,1	57,5	46,1	46,4	17,0
Özel	33,0	59,4	59,9	37,3	45,1	12,6
Kamu	5,6	-12,3	-2,4	8,8	1,3	1,4
Stok Değişmeleri	34,1	-8,2	-20,5	0,8	-1,3	13,9
Net İhracat	-35,6	-62,1	-25,6	-16,1	-4,4	-25,9
İhracat	26,4	31,0	28,8	23,0	23,5	37,9
İthalat	-61,9	-93,0	-54,4	-39,1	-27,9	-63,8
GSYH	100	100	100	100	100	100

Kaynak: Taban, 2011: 10.

2002 yılında özel tüketim harcamalarının reel GSYH'ye katkısı %52'dir. 2002 yılından sonra ise bu katkı artarak devam etmiştir. Özel tüketim harcamalarının 2007 yılı reel GSYH'deki artışa katkısı %81,3 gerçekleşmiştir. 2002 yılında özel tüketim harcamalarından sonra reel GSYH'deki artışta en önemli katkıyı %34,1'lik oranla stokların yaptığını görmekteyiz. Ancak bu katkının ilerleyen yıllarda negatife dönüşmüştür. 2007 yılındaki ekonomik yavaşlamaya bağlı olarak stokların reel GSYH'ye katkısı %13,9 olarak gerçekleşmiştir. Stoklardan sonra, 2002 yılında reel GSYH'deki artışa önemli üçüncü katkı %33'lük oranla özel sabit sermaye yatırımlarından gelmiştir. Özel yatırımlar reel GSYH'ye %33 oranında negatif katkı sağlamıştır. 2003 ve 2004 yıllarında ise özel yatırımların reel GSYH'ye katkısının artarak sürdüğü ve oranın %60'lar seviyesine ulaştığı görülmektedir. Daha sonraki yıllarda özel sektör yatırımlarının reel GSYH'ye katkısı düşmüş, 2007 yılında %12,6 düzeyinde gerçekleşmiştir.

Kriz sonrası 2002-2007 döneminde TL'nin diğer yabancı paralara karşı değerli olması, ithalatı önemli miktarda yükseltmiştir. Bu dönemde ihracattaki artışa rağmen ithalattaki oranının daha yüksek olması, net ihracatı negatif olarak gerçekleşmesine neden olmuş ve bu durum söz konusu dönemde gerçekleşen büyüme oranlarını olumsuz etkilemiştir. Net ihracatın 2002 yılında gerçekleşen büyüme oranına %35'lik bir negatif etkisi bulunurken, 2003 yılında bu oran %62'lik seviyelere çıktığı görülmüştür. 2003 yılından 2006 yılı sonuna kadar net ihracatın reel GSYH'ye olumsuz katkısı giderek azalmıştır. Ancak 2007 yılında net ihracatın reel GSYH'ye olan negatif katkısı (%26'lık oranla) tekrar yükselişe geçmiştir. Türkiye'de 2002-2007 döneminde yüksek büyüme oranlarında net ihracatın GSYH'ye negatif katkı sağlaması ve bu dönemde artan cari açık, büyüme dinamiklerinin dışsal olup olmadığı sorusunu ortaya çıkarmaktadır (Taban, 2011:11).

Şekil-5'de Türkiye'de toplam ulusal tasarruf ve yatırımların GSYH'ye oranlarını 2002-2007 dönemi itibariyle göstermektedir. Grafiğe göre, yurtiçi toplam tasarrufların GSYH içindeki payı 2002 yılında yaklaşık %22 civarında iken, 2007 yılında %20,4'e gerilemiştir. Toplam yatırımlarda ise zaman içerisinde bir artış görülmüş, 2002 yılında %17,5 olan toplam yatırımların GSYH içindeki payı 2007 yılı sonu itibariyle %25,2 seviyesine çıkmıştır. Bu durum Türkiye'de tasarruf- yatırım oranını yıllar itibariyle giderek azaltmıştır. 2003 yılında 1,25 olan oran, 2007 yılı sonunda 0,81 seviyesine inmiştir. Bunun sonucu yatırımların finansmanında kullanılacak dış kaynak ihtiyacı ise yıllar itibariyle artış göstermiştir. Şekil-5'den görüldüğü gibi, 2003 yılında %3,4 olan dış kaynak kullanımının GSYH içindeki payı, 2007 yılında %4,7'ye yükselmiştir.

Şekil-5: Ulusal Tasarruf ve Yatırımların GSYİH'ya Oranları (%) (2002-2007)

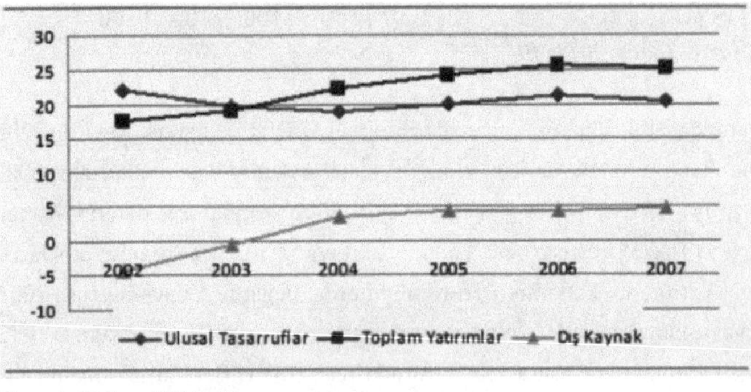

Kaynak: Taban, 2011: 11.

Küresel finansal krizin ardından, Türkiye ekonomisinin toparlanma ve yüksek büyümeye geçiş sürecini iç talep bileşenleri belirlemiştir. Kriz nedeniyle, büyümenin önce iki dönem yavaşlayıp sonra dört dönem küçüldüğü 2008Ç2-2009Ç3 döneminde, büyümeye katkısı pozitif olan dış talep (net ihracat), toparlanma süreci sonrasında eski eğilimine dönmüş ve büyümeye katkısı negatif yönde gerçekleşmiştir (TUSİAD, 2011:2).

İhracat ve ithalat hacimlerinin potansiyel düzeylerinden sapma serileri arasındaki yakın ilişki, ihracatın ithalat bağımlılığı açısından önemli bir bulguya işaret etmektedir. Ancak, bu ilişkinin küresel kriz döneminde azaldığı ve ithalattaki yüksek daralmaya karşılık, ihracatın potansiyel düzeyine göre yavaşlamasının, görece daha düşük bir oranda olduğu gözlenmektedir. İhracatın ithalat bağımlılığını vurgulayan diğer bir eğilim, ekonominin daralma dönemlerinde, imalat sanayi ürünleri ihracatının toplam ihracat içindeki payının düşüş göstermesidir. İthalatta yavaşlamanın ve reel kurda düzeltmelerin meydana geldiği 2011 yılının son aylarında, imalat sanayi ürünleri ihracatındaki azalış bu durumun güncel bir göstergesidir.

İhracatta pazar çeşitliliğinin artırılması amacıyla, son yıllarda Afrika ülkeleri, Asya-Pasifik ve Latin Amerika ülke gruplarına yönelik olarak ticaretin geliştirilmesi amaçlı çalışmalar yürütülmektedir. Küresel kriz ve ardından 2010 yılında AB'de patlak veren borç krizi AB-27 ülkelerine olan ihracatımızda önemli bir azalma yaşanmasına neden olmuştur. Ancak, her ne kadar henüz istenen seviyelere ulaşılamamış olsa da; Çin'e ve MENA ekonomilerine yapılan ihracatta 2008-2009 küresel krizinden bu yana bir artış eğilimi gözlenmektedir. AB ekonomilerinde yaşanan yüksek bütçe açıkları ve borçluluk oranları nedeniyle, Türkiye'nin en önemli ihracat pazarı olan Euro Bölgesi'nde yaşanan sıkıntıların devam etmesi halinde dış talepte daha fazla daralmanın ihracatı olumsuz yönde etkilemesi yüksek olasılığa sahiptir.

Net dış talep rakamlarına bakıldığında sürekli negatif değer verdiği görülmektedir. Yani dış talebin büyümeye katkısı negatiftir. Burada ithalatla büyüme arasındaki ilişkiye bakmak gerekmektedir. İthalatın %88'inin ara ve yatırım mallarından oluşması ithalat ile büyüme arasındaki bağı kuvvetlendirmektedir. Keza ihracat ile ithalat arasındaki bağımlılık oranları da önemlidir. Dolayısıyla büyümeye dış dünyanın katkısı, sermaye hareketlerini dikkate almadan, bu bağlamda gözükmemektedir. Ancak burada dış ticaret bilançosu açıklarının finansmanının nasıl yapıldığı belirleyicidir. Son yıllarda enflasyonda düşüşe rağmen yüksek düzeydeki reel faizler ve TL'nin aşırı değerlenmesi ülkeye önemli miktarda sıcak para girişine neden olmuştur. Ayrıca örneğin 2003 yılında net hata ve noksan kaleminde de 5 milyar dolarlık kaynağı belirlenemeyen, ancak kayıtlara giren bir para girişi görülmektedir. Aynı durum azalarak da olsa daha sonraki yıllarda da devam etmiştir. (Ay ve Karaçor, 2006:77).

Yüksek oranda gerçekleşen büyümenin önemli bir kaynağı büyük ölçüde ithalata dayalı olup, dış ticaret açığı ve cari işlemler açığına yol açmaktadır. Cari işlemler açığı ise sıcak para ve dış borçlanma ile finanse edilmektedir. Bu finansmanın sürdürülebilmesi için de düşük kur-yüksek faiz sarmalı devam ettirilmiştir. Borç stoku ve cari işlemler açığının ulaştığı bu boyut ekonomide kırılganlığı artırmakta ve ekonomiyi krize açık hale getirmektedir ve sürdürülmesi mümkün gözükmemektedir.

Ekonomik büyümenin arz yönlü kaynakları ise tarım, sanayi ve hizmetler sektörlerinden oluşmaktadır. Türkiye'de 2002-2007 dönemi ekonomik büyümenin arz yönlü kaynaklarına tarım, sanayi, inşaat ve hizmet sektörleri bağlamında bakılacaktır. Tablo 5'de bu sektörlerin büyüme oranları ile sektörlerin GSYH içindeki payları gösterilmektedir.

Tablo-19: Sektörlerin GSYH İçindeki Payları ve Yıllık Büyüme Artış Oranları (%) (1998 Yılı Fiyatlarıyla) (2002-2007)

Yıllar	Tarım		Sanayi		İnşaat		Hizmetler	
	Büyüme	Pay	Büyüme	Pay	Büyüme	Pay	Büyüme	Pay
2002	8,8	12,2	2,7	25,1	13,9	5,4	4,8	54,7
2003	-2,0	11,4	7,8	25,7	7,8	5,5	4,1	54,1
2004	2,8	10,7	11,3	26,1	14,1	5,8	9,7	54,3
2005	7,2	10,6	8,6	26,2	9,3	5,8	8,6	54,4
2006	1,4	10,0	8,3	26,5	18,5	6,4	7,1	54,5
2007	-6,7	8,9	5,8	26,8	5,7	6,5	6,4	55,4

Kaynak: Taban, 2011: 12.

Türkiye'de 2002-2007 dönemi GSYH'nin sektörel yapısına baktığımızda, en büyük payı yaklaşık %55 ile hizmetler sektörü almıştır. Hizmetler sektöründen sonra GSYH içinde en yüksek pay sanayi sektörünündür. Bu pay, 2002 yılında %25,1 iken, 2007 yılında %26,8 olarak gerçekleşmiştir. İnşaat kesiminde de sanayi kesiminde olduğu gibi tedricen bir artışın yaşandığını görmekteyiz. 2002 yılında %5,4 olan inşaat sektörünün GSYH içindeki payı, 2007 yılında %5,7 olmuştur. Tarım sektörü 2007 yılında GSYH'den almış olduğu %8,9'luk pay ile hizmetler ve sanayi sektörlerinden sonra gelen üçüncü sektör konumundadır. Tablo 5'den görüldüğü gibi, tarım sektörünün GSYH içindeki payında yıllar itibariyle azda olsa bir azalma yaşanmıştır.

Sanayi ve hizmetler sektörüne ait en yüksek büyüme oranlarına 2004 yılında ulaşılmıştır. Bu yıl sanayi kesiminde bir önceki yıla göre %11,3 artış söz konusu iken, bu artış hizmetler sektöründe %9,7 olarak gerçekleşmiştir. 2004 ile 2007 yılları arasında ise bu sektörlerin büyüme oranları her yıl %5'in üzerinde seyretmiştir. İnşaat sektörüne baktığımızda ise, sektörün en fazla büyüme kaydettiği yıl 2006'dır. Bu dönemde inşaat sektöründe %18,5'lik bir artış söz konusu olmuştur. Daha sonra ikinci büyük önemli artış %14,1'le 2004 yılında ve %13,9'la 2002 yılında gerçekleşmiştir. Tarımdaki yıllık büyüme hızında ise, kopuk ve dalgalı bir seyir izlendiğine tanık olmaktayız. Bunda tarım sektörünün iklimsel şartlara aşırı duyarlı olmasının önemli rol oynadığı söylenebilir (Taban, 2011:13).

Küresel finansal krizden diğer sektörlere göre daha olumsuz şekilde etkilenen ve küçülme üzerinde yüksek etkiye sahip olan sanayi sektörü, toplam GSYH içinde %27'sine yaklaşan payına rağmen, toparlanma sürecinin de temel belirleyicisi olmuştur. Yıllık hareketli toplamlar bazında potansiyel düzeyden diğer sektörlere göre daha yüksek sapma gösteren sanayi sektöründe, yıllık büyüme hızı, baz etkisi nedeniyle 2010 birinci çeyrekte %19.4 gibi çok yüksek bir orana ulaşmıştır. Baz etkisinin ortadan kalktığı 2011 birinci çeyrek ve sonrasında ise sanayi sektörü kriz öncesine göre daha yüksek bir büyüme patikasına yerleşmiş ve ilk üç çeyrekteki ortalama yıllık büyüme hızı %10'nu aşmıştır. GSYH'nın %63'ü civarında ortalama bir paya sahip hizmetler sektöründe de, büyüme benzer bir gelişme göstermiş, sektörün ortalama yıllık büyüme hızı 2011 yılının ilk üç çeyreğinde %10'a yaklaşmıştır.

Büyümeye yüksek düzeyde katkı sağlayan sanayi ve hizmetler sektörlerinden farklı şekilde krizde neredeyse küçülmeyen tarım sektöründe, son üç dönemde yıllık ortalama büyüme hızı %6 civarında hareket etmektedir. Mevcut eğilimler, 2011 yılının ilk üç çeyreğinde kaydedilen bu yüksek sektörel büyüme hızlarının son çeyrekte yavaşlayacağına, 2012 yılında ise daha düşük bir patikaya gerileyeceğine işaret etmektedir.

2.4. Türkiye'de Reel Döviz Kuru, Doğrudan Yabancı Sermaye Yatırımları ve Ekonomik Büyümenin Seyri

Türkiye, 1970'lerin sonunda yaşamış olduğu ciddi ödemeler dengesi krizi ile birlikte birçok gelişmekte olan ülkede olduğu gibi ithal ikamesine dayalı sistemi terk etmiş ve 1980'li yılların başında ihracata dayalı büyüme stratejisini benimseyen modeli uygulamaya koymuştur (Emil ve Vehbi, 2003:3). Türkiye ekonomisi 24 Ocak 1980 kararları ile dışa açık bir ekonomiye dönüşmek için gerekli yapısal dönüşümleri tamamlayarak 1989 yılında sermaye hareketlerini tamamen serbestleştirmiştir. Sermaye hareketlerinin serbestleştirilmesi hükümetlerin tasarruf yetersizliğini gidermek ve bütçe açıklarını finanse etmede yurt dışı piyasaları kullanmak istemesinden kaynaklanmıştır. Ancak serbestleşme sermaye girişlerinin hızla artmasına ve dolayısıyla dış borç stokunun da giderek yükselmesine neden olmuştur. Türkiye ekonomisinde 1989 yılından sonra düşük döviz kuru, aşırı değerli ulusal paranın hakim olduğu görülmekte ve bu durum sermaye hareketleri liberalizasyonuna girmiş olduğu bütün ülkelerde görülmektedir. Sermaye hareketlerinin liberalizasyonu Türkiye'de uzun dönemli döviz kurunu ucuz, ulusal parayı aşırı değerli hale getirmiş ve uluslararası piyasalara bir kaynak aktarımına (finansal arbitraja) neden olmuştur (Yüksekdağ, 2008:51).

Öte yandan, Türkiye ekonomisi günümüze kadar ekonomik büyümede kalıcı bir istikrar yakalayamamıştır. Bunun temel nedenleri; Türkiye'nin enerji yoğun ağır ve verimsiz sanayilere dayalı sanayileşme tercihleri, istihdam edilen sermaye ve emek faktörlerinin verimsizliği, teknolojik atılım yapmasını sağlayacak AR-GE harcamalarının ve eğitime yapılan yatırımların düşüklüğü, çarpan etkisini arttıracak üretken yatırımların yetersizliği ve girdilerin bilgi stoklarına yeterli katkı sağlayamamasıdır. Bunun dışında, Türkiye'ye giren sermaye düzeyinin yetersizliği, özellikle de doğrudan yatırımların çok düşük seviyede kalması, Türkiye'nin dinamik bir büyüme sürecine girmesini engellemiştir (Örnek, 2006,205). Türkiye'nin gelişmekte olan bir ülke olarak, öncelikle doğrudan yatırım kanalı ile sermaye girişini tercih etmesi gerekmektedir. Çünkü, doğrudan yatırımlar beraberinde teknoloji, bilgi ve kalifiye eleman getirmekte, giriş yaptığı ülkede uzun dönemli kalarak ülkelerin daha hızlı ve istikrarlı bir şekilde büyümesine ve kalkınmasına yardımcı olmaktadır. Son yıllarda Türkiye'de doğrudan yabancı yatırımlarla beraber sürdürülebilir büyümenin kısmen yakalandığı söylenebilir.

Kaynak yetersizliği çeken gelişmekte olan ülkelerin yabancı sermayeden beklentisi, yurt içi yatırım ve tasarrufları artırarak büyümenin gerçekleştirilmesidir. Ancak yaşanılan deneyimler, makroekonomik göstergeleri bozuk, borçlanma oranları yüksek ve daha çok kısa vadeli sermaye girişlerinin yoğun olarak yaşandığı ülkelerde, bu olumlu beklentilerin gerçekleşmediğini göstermektedir. Özellikle kısa vadeli yabancı fonların, spekülatif nitelikli ve oynaklığının yüksek oluşu nedeniyle, olumsuz beklentilerin artığı dönemlerde hızla ülkeyi terk etmekte ve krizleri etkileyen bir unsur olarak ortaya çıkabilmektedir. Bu durum büyümeyi ve dolayısıyla iktisadi kalkınmayı olumsuz olarak etkilemektedir (Kar ve Tatlısöz, 2008:4).

Tablo-20: Türkiye'de Yabancı Sermaye Yatırımları ve Büyüme Hızı

Yıllar	Yıllara Göre Yabancı Sermaye Yatırımları (Fiili Giriş) (Milyon Dolar)	Büyüme Hızı(1987 Fiyatlarıyla,Yüzde Değişim)
1990	684	9.4
1991	907	0.3
1992	911	6.4
1993	746	8.1
1994	636	-6.1
1995	934	8.0
1996	914	7.1
1997	852	8.3
1998	953	3.9
1999	813	-6.1
2000	1.707	6.3
2001	3.374	-9.5
2002	571	7.9
2003	696	5.9
2004	1.190	9.9
2005	8.535	7.6
2006	17.639	6.0
2007	19.137	4.7
2008	14.747	0.7
2009	6.252	-4.8
2010	6.533	9.2
2011	6.478	8.5

Kaynak: Hazine Müstaşarlığı, DPT, 2011.

Tablo-20 incelendiği zaman Türkiye'nin son yıllarda, büyüme hızının düşük olduğu zamanlarda yatırım oranlarının da nispi olarak düşük seviyede artış gösterdiği görülmektedir. Tablodaki göstergeler değerlendirildiğinde, yabancı sermaye yatırımları ile büyüme oranları arasındaki ilişki gözardı edilemez. Dolayısıyla bu durum, bir ekonomide, yabancı sermaye yatırımların artması, ekonomik büyümeyi olumlu etkilemektedir şeklinde yorumlanabilir. GSMH artış hızına baktığımız zaman 1990 yılında %9.4'lük bir büyüme gerçekleşmiş, 1991 yılında körfez krizinin etkisiyle büyüme hızı %0.3'e düşmüştür. Büyüme hızı 1994 yılına gelene kadar artış şeklinde devam etmiştir. 1994 yılında çıkan ekonomik kriz ile birlikte ekonomi daralmış, ekonomik istikrarsızlık ortaya çıkmış, bunun sonucunda 5 Nisan istikrar tedbirleri alınmıştır. Bu yıl içersinde ekonomi %6.1 oranında küçülmüştür. 1995 yılında gerçekleşen 934 milyon dolar yabancı sermaye ile büyüme oranı %8,0 olarak gerçekleşmiştir. Ekonomik ve politik istikrarın bozulduğu 1998 ve 1999 yıllarında hem yabancı sermaye yatırımları hem de büyüme hızında bir düşüşün varlığı göze çarpmaktadır. Türkiye ekonomisi, bu bağlamda 1997 yılında Güneydoğu Asya'da başlayan ve 1998 Rusya Krizi ile etkisini genişleten uluslararası krizden büyük ölçüde olumsuz yönde etkilenmiştir. Bu kriz devam ederken 17 Ağustos Marmara Depremi, Türkiye'nin ekonomik aktivite olarak en ağırlıklı bölgesini vurunca yabancı sermaye girişleri asgari seviyeye inmiştir (Karluk, 2001:105). Tüm bu olumsuz gelişmelerin sonucunda 1999 yılında Türkiye ekonomisi %6.1 oranında gerilemiştir.

1990'lı yılların sonunda yukarıda sayılan faktörler sonucu Türkiye ekonomisi yeniden krize sürüklenmiş ve 2000 Kasım ve 2001 Şubat krizleriyle karşı karşıya kalmıştır. Bunun sonucunda IMF gözetiminde yeni bir istikrar programı uygulamaya konmuştur (Ay ve Karaçor, 2006:71). 2000 yılında hem yabancı sermaye hem de büyüme oranında artış kaydedildiği görülmektedir. 2001 yılı Türkiye'nin yeni bir ekonomik kriz ile karşı karşıya olduğu dönemdir. Bu yılda diğer yıllardan farklı olarak yabancı sermayede diğer yıllara oranla artış olmasına rağmen kriz nedeniyle mali ve reel ekonominin olumsuz etkilenmesiyle ekonomi %9.5 oranında küçülmüştür. Özellikle 2001 yılında ekonomideki istikrarsızlığa rağmen, iletişim ve bankacılık sektöründe karı yüksek olan firmaların olması istikrarsızlığa rağmen yabancıların bu sektöre yatırım yapmasını engellememiştir. 2002–2005 döneminde çok yüksek bir büyüme performansı yakalanmıştır. 2002 yılından 2005 yılına kadar GSMH büyüme hızları sırasıyla %7.9, %5.9, %9.9 ve %7.6 gerçekleşmiştir. O yıllarda Türkiye'de gerçeklesen yurt içi doğrudan yabancı sermaye yatırımlarında 2000, 2005, 2006 yılları sonlarında büyük artışlar görülmektedir. Ayrıca Türkiye'de son yıllarda özellikle doğrudan yabancı sermaye yatırımları ile ekonomik büyümenin paralel bir seyir izlediği Şekil-6'dan görülmektedir. Dolayısıyla doğrudan yabancı yatırımların ekonomik büyüme üzerinde etkili olduğu ve aynı şekilde ekonomik büyümenin yabancı yatırımlar için önemli bir makro ekonomik belirleyici olduğu söylenebilir. Özellikle dünyada yaşanan finansal krizle paralel olarak 2008 yılından itibaren doğrudan yabancı sermaye yatırımlarında azalma görüldüğü ve sonraki dönemde 2009 yılında ülkenin ekonomik olarak küçüldüğü gözden kaçmamalıdır.

Şekil-6: Doğrudan Yabancı Sermaye Yatırımların ve Büyüme Oranlarının Zamana Göre Grafiği

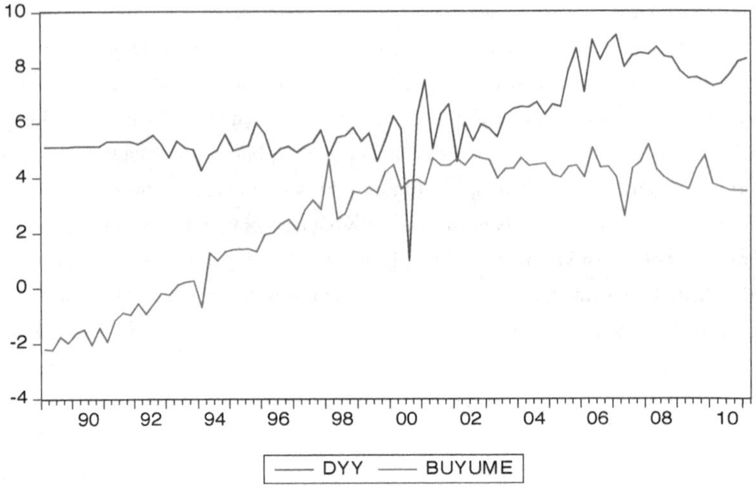

Kaynak:TCMB Elektronik Veri Dağıtım Sistemi'nden derlenen veriler kullanılarak tarafımızca oluşturulmuştur.

Türkiye'de sermaye hareketlerinin etkileri Şekil-7'de özetlenmektedir. Buna göre sermaye hareketlerinde serbestleşmeye gidildikten hemen sonra reel kurda hızlı bir değerlenme gözlemlenmektedir. Yerli paranın değer kazanması ile reel gelirde artış olmakta ve bu da tüketimi arttırmaktadır. Yatırım harcamalarında ise tüketimde canlanma ve bankalar tarafından özel sektöre açılan krediler vasıtalarıyla artış olmaktadır. Reel kurdaki değerlenme aynı zamanda ithalatı ucuzlatmakta ihracatı ise pahalı hale getirmektedir. Reel kurdaki değerlenme reel efektif döviz kuru'ndan izlenmektedir. Reel efektif döviz kuru'da, nominal efektif döviz kurunun fiyat endeksleriyle deflate edilmiş hali olup, uluslararası fiyat rekabetinin önemli bir göstergesidir. Endeksteki artış TL'nin reel olarak değer kazandığını gösterirken, azalış TL'nin reel olarak değer kaybettiğini ifade etmektedir. Bunun sonucunda Şekil-7'de görüldüğü gibi reel kurdaki değerlenme ithalatın artmasına ve cari işlemler dengesinin bozulmasına neden olmakta böylece ekonomi ciddi döviz sıkıntısına girmektedir (Emil ve Vehbi, 2003:7, Yüksekdağ, 2008:53).

Şekil-7: Türkiye'de Sermaye Hareketlerinin Etkileri

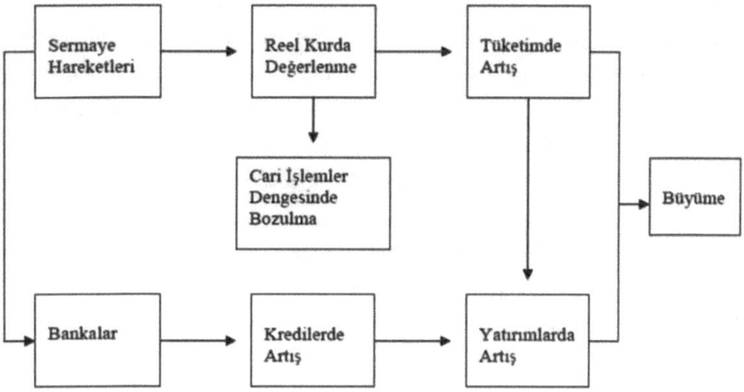

Kaynak: Emil ve Vehbi, 2003: 7, Yüksekdağ, 2008: 53.

Yüksek miktarda sermaye girişleri reel kur üzerinde etkide bulunarak yerli paranın değerlenmesine neden olduğu Şekil-8'de daha da net bir şekilde görülmektedir. Bu tabloda 1995 yılı baz alınarak Türkiye'de reel efektif döviz kuru hareketleri yer almaktadır. 1994, 2000 ve 2001 yılları öncesi baktığımızda reel kur düzeyinin en yüksek seviyelere çıktığı diğer bir ifade ile ulusal para TL'nin aşırı değerli olduğu ve bu yıllardan sonra reel kur düzeyinin ani bir şekilde düştüğü kriz yıllarına tekabül ettiği görülmektedir. Kriz öncesi 1993 ve 2000 yıllarında reel kur endeksi sırasıyla 125,7 ve 147,6 değerinde olduğu son iki yılda 2005 ve 2006 yıllarında da sırayla 171,4 ve 160,1 değeri gibi yüksek olması ciddi miktarda kur riskinin önemli göstergesidir (Yüksekdağ, 2008:54).

Şekil- 8: Tüfe Bazlı Reel Döviz Kurun Seyri

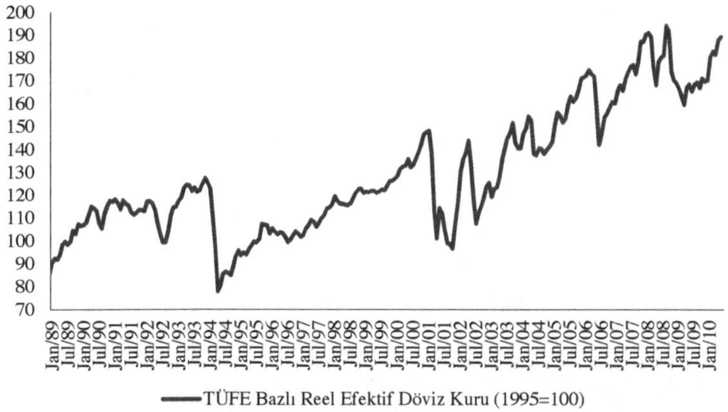

Kaynak: TCMB Veri Dağıtım Sistemi.

Sermaye hareketlerin yatırımların finansmanı amacına yöneldiğinde ekonominin orta ve uzun vadeli sürdürülebilir büyümesine katkı sağladığı söylenebilir. Ancak sermaye hareketleri tüketime yahut borç-faiz ödemelerine yöneldiğinde, ekonominin sürdürülebilir büyümesine bir katkı yapmamaktadır. Finansal piyasaların serbestleşmesiyle dış ülkelerden sermaye girişi cari açığı kapatmanın ötesinde işlevlere sahip olmalıdır. Sermaye girişleriyle rezervlerin artması sağlanmalı ve spekülatif hareketleri beslememelidir. Öte yandan Türkiye'de son yıllarda artan sermaye girişi TL'nin değer kazanmasına yol açarak cari açığı daha da arttırmış ve yüksek reel faiz uygulaması ile de faiz ile kur arasındaki fark açılarak spekülatif sermayenin yurt içine girmesi hız kazanmıştır (Yüksekdağ, 2008:59). Yabancı sermaye girişlerinin ekonomik büyüme üzerindeki etkisi gelen sermayenin türüne göre de farklılık göstermektedir. Bu durum Türkiye gibi gelişmekte olan ülkeler açısından oldukça önemlidir. Gelen yabancı sermaye içinde kısa dönemli yatırımlar için gelen özel kaynaklı fonların ağırlığı fazla ise, sermaye akımının ekonominin istikrarına olan katkısı konusundaki kuşkular artmaktadır.

BÖLÜM III
REEL DÖVİZ KURU, DOĞRUDAN YABANCI SERMAYE YATIRIMLARI VE EKONOMİK BÜYÜME ARASINDAKİ İLİŞKİNİN ARDL YÖNTEMİ ANALİZİ

Türkiye ekonomisinde reel döviz kuru, doğrudan yabancı sermaye yatırımları ve ekonomik büyüme arasındaki etkileşimin ekonometrik yöntemlerle analiz edileceği bu bölümde Dünya'da ve Türkiye'de bu konuyu inceleyen çalışmaların örneklemleri, analiz yaptıkları zaman dilimi ve ulaştıkları bulgular kısa bir şekilde özetlenecektir. Literatürde yapılan çalışmaların taranmasında ilk olarak reel döviz kuru ve doğrudan yabancı yatıtımların ekonomik büyüme üzerinde etkileşimini inceleyen çalışmalara yer verilmiş ve bunu takiben reel döviz kuru ile doğrudan yabancı sermaye yatırımları arasındaki etkileşimi konu edinen çalışmalar ve bulgular özetlenmiştir.

Literatür taramasını takiben çalışmanın ampirik kısmında kullanılacak olan değişkenler ve bu değişkenlere ait zaman serilerinin derlendiği kaynaklar açıklanacaktır. Çalışmada kullanılacak ekonometrik yöntemin tanıtıldığı ve neden bu tekniğin tercih edildiğine dair açıklamaların yapıldığı bir sonraki başlığın ardından son olarak ampirik bulgular değerlendirilecektir.

3.1. Ekonomik Büyüme İle Doğrudan Yabancı Yatırımlar ve Reel Döviz Kuru Arasındaki İlişkiyi Konu Edinen Literatür Çalışmaları

Çeşitli iktisatçılar tarafından ekonomik büyüme kuramlarının ampirik geçerliliklerinin sınanması amacıyla kurulan yapısal modellerde uluslararası kişi başına gelir düzeyi ve büyüme oranı farklılıklarını açıklayabilmek için kullanılan değişkenlerin demografik değişkenler (nüfus yoğunluğu, nüfus artışı, doğurganlık, yaş bileşimi vb.), işgücüne katılım oranı, eğitimle ilgili değişkenler (özellikle cinsiyet ayrımına ve eğitimin düzeyine göre), sağlıkla ilgili değişkenler, altyapıyla ilgili değişkenler, yatırım oranı ve yatırım tipi (sabit sermaye, makine-ekipman ve makine-ekipman dışı), finansal baskı, finans piyasalarının gelişmesi ve yetkinleşmesi, yurtiçi kredilerin büyüme oranı ve büyüme oranındaki dalgalanmalar, para ve maliye politikaları, demokrasi düzeyi, yolsuzluk, gelir dağılımı eşitsizliği, politik istikrarsızlık, genel anlamda hukuk kuralları, politik haklar ve özgürlükler, savaşların varlığı ve süresi, fiyat düzeyi ve enflasyon, dış ticaret, dış ticaret politikası araçları ve dışa açıklık, doğrudan yabancı sermaye yatırımları ve reel döviz kuru değişmeleri olduğu görülmektedir (TEK, 2003:8).

Yapılan araştırmalara göre, ekonomik büyüme süreci; bir yandan fiziki ve beşeri sermaye birikimi, teknolojik gelişme, demografik etkenler, coğrafi etkenler ve iklim, kültürel (din, dil farklılıkları ya da etnik çeşitlilik gibi) veya kurumsal etkenler, demokrasinin düzeyi, gelir dağılımı, hükümet politikaları ve makroekonomik istikrar gibi çeşitli olası etkenlerin kişi başına gelir düzeyi veya onun büyüme oranı ile olan dolaysız, diğer yandan da bu etkenlerin kendi aralarındaki olası karşılıklı dinamik etkileşimlerinin, sürekli değişim halindeki net sonucudur.

Bu değişkenlerin açıklama güçleri iktisatçılar arasında halen sürmekte olan tartışmalara yol açmıştır. Buna göre; iktisadi büyüme literatürünün, iktisadi büyüme sürecinde rol oynayan ve hem iktisadi olan, hem de iktisadi olmayan faktörlerin birlikte ele alınması ve bu faktörler ile ekonomik büyüme arasındaki ilişkinin yönünün ve büyüklüğünün saptanmasına doğru çok disiplinli bir araştırma eğilimi içinde olduğu söylenebilir. Bu bakımdan; kullandıkları açıklayıcı değişkenler itibariyle gittikçe zenginleşen modern iktisadi büyüme kuramının politika çıkarımları ile ampirik yaklaşımların birbirleriyle bir "ikame edicilik" ilişkisinden çok "tamamlayıcılık" ilişkisi içinde olduklarını söylemek yanıltıcı olmayacaktır.

Öte yandan, bir ülkedeki ulusal paradaki değişimin ekonomik büyümeyi nasıl ve ne yönde etkileyeceği konusu tartışılmaktadır. Teorik olarak, ulusal paranın reel değer kaybı dışa yönelik sektörlerin rekabet gücünü ve üretimlerini artırarak ekonominin gelir seviyesini artıracağı ifade edilir. Ancak diğer yandan reel değer kaybının üretim ve gelir üzerinde olumsuz etkileri de ortaya çıkabilir. Ulusal paranın reel değer kaybı, fiyat artışına yol açarak negatif reel balans etkisi yoluyla toplam talebi, dolayısıyla da üretimi azaltır. Diğer yandan da gelir dağılımını düşük gelirliler aleyhine bozarak toplam talebi ve üretimi azaltır (Bilgili, 2000:72).

Marshall-Lerner koşuluna göre; iç ve dış fiyatların sabit olduğu varsayımı altında reel döviz kurunun ($R=eP^*/P$) yükselmesine yol açan devalüasyonun net ihracatı hangi koşulda arttırdığı, enflasyonun net ihracatı üç farklı yoldan etkilediği hesaba katılarak belirlenebilir. Devalüasyon sonucu reel döviz kuru yüzde bir yükseldiğinde, her hangi bir malı almanın maliyeti yüzde bir artar. Ayrıca devalüasyon sonucu reel döviz kuru yüksekliğinde, yurtdışında üretilen mallar yurtiçinde üretilen mallara kıyasla pahalılaşır ve dolayısıyla da ithal edilen mal miktarı azalır. Devalüasyonun ithalat üzerindeki bu ikinci etkisi, ithalat talebinin fiyat esnekliğine (e_M) bağlı olarak değişir. İthalat talebinin fiyat esnekliği, reel döviz kurunda meydana gelen yüzde bir oranındaki artışın ithalatta yüzde kaç azalmaya yol açtığını ölçer. İthalat talebinin fiyat esnekliğinin e_M = % 0,5 olması, reel döviz kuru %l yükselince ithalatın yüzde 0,5 azaldığı anlamına gelir. Dolayısıyla devalüasyon sonucu reel döviz kurunda meydana gelen yüzde bir oranında bir artış, ithalatı nihai olarak yüzde (e_M - l) kadar azaltır.

Ayrıca devalüasyon sonucu reel döviz kuru yüzde bir yükseldiğinde, yurtiçinde üretilen mallar yurtdışında üretilen mallara kıyasla ucuzlar ve dolayısıyla da yurtiçinde üretilen mallara yönelik yurtdışı talep artar. Devalüasyonun ihracat üzerindeki bu olumlu etkisi, ithalat talebinin fiyat esnekliğine (e_X) bağlı olarak değişir. İhracat talebinin fiyat esnekliği, reel döviz kurunda meydana gelen yüzde bir oranındaki artışın ihracatta yüzde kaç artışa yol açtığını ölçer.

İhracat fiyatının fiyat esnekliğinin yüzde 0,7 olması, reel döviz kuru yüzde l yükselince ihracatın yüzde 0,7 arttırdığı anlamına gelir. Dolayısıyla devalüasyon sonucu reel döviz kurunda meydana gelen yüzde bir oranında bir yükselme, ithalatı yüzde e_M - 1 kadar azaltırken, ihracatı yüzde e_X kadar arttırır. Dolayısıyla da devalüasyonun net ihracat üzerindeki etkisi, söz konusu iki etkinin toplamına eşit olan (e_X+e_M-1) teriminin değerine bağlıdır. Marshall-Lerner Koşulu; devalüasyonun net ihracatı arttırması için gerekli koşulu tanımlar. Bu koşul; ithalat talebinin fiyat esnekliği ile ihracat talebinin fiyat esnekliği toplamının birden büyük olmasıdır.

$$(e_X + e_M - 1) > 0 \text{ veya } (e_X + e_M) > 1$$

Devalüasyonun ihracatı artırdığı, dolayısıyla da gayri safi yurtiçi hasılayı artırdığı söylenebilir. Şöyle ki; devalüasyon yurt dışı gelirin ve buna bağlı olarak net ihracatın artması olduğuna göre, ülke genelinde denge reel gayri safi yurtiçi hasıla düzeyinin ve dolayısıyla da net ihracatın yine değişmesine yol açar (Ünsal, 2007:358).

Öte yandan teoride J eğrisi bilinen görüşe göre; devalüasyon sonucu reel döviz kuru yükselince ve buna bağlı olarak yurtdışında üretilen mallar yurtiçinde üretilen mallara kıyasla pahalılaşınca, yurtiçindeki alıcıların harcamalarını yurtdışında üretilen mallardan yurtiçinde üretilen mallara kaydırmaları, kısaca devalüasyonun ithalatın azaltmasına yol açması zaman alır. Benzer biçimde devalüasyon sonucu reel döviz kuru yükselince ve buna bağlı olarak yurtiçinde üretilen mallar yurtdışında üretilen mallara kıyasla ucuzlayınca, yurtdışındaki alıcıların harcamalarını kendi ülkelerinde üretilen mallardan fiyatı düşen ithal mallarına kaydırmaları da, kısaca devalüasyonun ihracatı artırması da zaman alır. Yurtiçindeki ve yurtdışındaki alıcıların yeni fiyatlara zamanla intibak etmeleri sonucu, fiyat esneklikleri giderek artar ve Marshall-Lerner koşulu bir süre sonra geçerli hale gelir, devalüasyon net ihracatı bir süre sonra arttırır. Ampirik çalışmalar kısa dönemin genellikle altı ay ile bir yıl arasında bir süreyi kapsadığını göstermektedir. Öte yandan bu teoriye göre, devalüasyonun net ihracatı kısa dönemde azaltması, devalüasyonun kısa dönemde reel gayri safi yurtiçi hasılayı azalttığı anlamına gelir. Dolayısıyla devalüasyon yaparak hem ticaret dengesini olumlu biçimde etkilemeyi hem de reel gayri safi yurtiçi hasılayı artırmayı amaçlayan bir politika, kısa dönemde aslında etkin değildir.

Fiili döviz kurunun denge reel kurdan sapması, döviz kurunun yanlış ayarlandığını gösterir. Döviz kuru denge kurdan daha fazla değer kaybettiğinde, ulusal para eksik değerli ve denge kurdan daha az değer kaybettiğinde ise aşırı değerli demektir. Genelde bu tip sapmaların ekonomik performans üzerinde etkisi olduğu ifade edilir. Teorik olarak, ulusal paranın eksik değerli olması ekonomik büyümeyi bazen teşvik ederken, aşırı değerli olması ekonomik büyüme üzerinde olumsuz etkiye sahip olacaktır (Bilgili, 2000:57). Ancak uygulamalı çalışmalar bu konuda farklı sonuçlar ulaşmışlardır.

Reel kurun gelişen ekonomilerde ekonomik büyüme üzerindeki etkisi önemli bir tartışma konusudur. Ortodoks görüşe göre, ihracatın artması ve bunun ülke ekonomisini daha hızlı büyümeye teşvik etmesi için ulusal paranın değer kaybetmesi gerekir. Dünya Bankası ve Uluslararası Para Fonu'nun birçok gelişmekte olan ülkeye tavsiye ettiği ekonomik programın en önemli ayaklarından biri de, devalüasyon yapılmasıdır (Direkçi ve Özçiçek, 2010:99). Krugman ve Taylor (1978)'a göre, finansal kırılganlık ve yapısal bozuklardan dolayı, genelde gelişmekte olan ve az gelişmiş ülkelerde devalüasyonun ülke ekonomisi üzerinde olumsuz sonuçları da olabilir. Öte yandan Dornbush (1988)'a göre, düşük reel kur seviyesinde yerli mallara kıyasla yabancı malların daha pahalı olması sebebiyle, yabancı mal yerine yerli mal ikame edilecek ve ithalat düşük seviyede kalırken, ihracat büyüyecektir. Bu durum, hem ödemeler dengesini olumlu etkileyecek, hem de yerli ürünlere yüksek talep nedeniyle ekonomi daha hızlı bir büyüme yoluna girecektir.

Agenor (1991) 23 gelişmekte olan ülke için yaptığı regresyon çalışmasında, kurdaki değer kaybının büyümeyi yavaşlattığı fakat sürpriz döviz kuru değer kaybının, ekonomik büyümeyi hızlandırıcı etkisi olduğunu göstermiştir. Domaç ve Shabsigh (1999), reel döviz kuru ve ekonomik büyüme arasındaki ilişkiyi; Morocco, Tunus ve Mısır için incelemiştir. Reel döviz kuru sapmasının ekonomi üzerinde olumsuz etki yarattığı görülmüştür. Upadhyaya (1999), yaptığı çalışmada altı Asya ülkesi (Hindistan, Malezya, Pakistan, Filipinler, Srilanka, Tayland) için 1963-1993, reel döviz kuru ve GSMH verilerini kullanarak ADL modeli üzerinde bir çalışma yapmıştır. Çalışmanın sonunda, Pakistan ve Tayland için devalüasyonun uzun dönemde daraltıcı etkisi olduğu, bu iki ülke dışındaki dört ülkede devalüasyonun uzun dönemde nötr olduğu sonucuna ulaşılmıştır. Ahmed vd. (2002), dokuz sanayileşmiş ülkede kurdaki değer kaybının büyüme üzerine hızlandırıcı etkisini bulmuşken, dokuz gelişmekte olan ülke için, tam tersi bir etki bulmuşlardır. Rodrik ve Kennedy (2007), özellikle gelişmekte olan ülkeler için yüksek reel döviz kurunun ekonomik büyümeyi tetiklediği sonucuna ulaşmıştır.

Türkiye ekonomisi için yapılan çalışmalar arasında yer alan Domaç (1997), Türkiye için 1960-1990 dönemini içeren çalışmasında beklenmedik Türk Lirası'ndaki değer kaybının, ekonomik büyüme üzerinde olumlu etkisi olduğu sonucuna ulaşmıştır. Berument ve Paşaoğulları (2003), Var ve Granger Nedensellik Analizi kullanarak iki değişkenli bir model tahmin etmişlerdir. 1995-2001 dönemi verileri kullanıldığında, Türkiye'de ulusal paradaki bir değerlenmenin GSYİH üzerinde olumsuz bir etkisi olduğu sonucuna ulaşmışlardır. Berument ve Dinçer (2004), Şubat 1987-Eylül 2002 dönemini kapsayan aylık verilerini kullanarak Türkiye için döviz kuru riskinin ekonomik performans üzerindeki etkisini VAR modeli kullanarak araştırmış ve yapılan etki-tepki fonksiyonlarında, pozitif döviz kuru şoklarının reel döviz kurunun değer kaybına yol açtığını göstermektedir. Genel olarak bakıldığında bu şoklar, reel döviz kuru düşürücü, fiyatları artırıcı, çıktıyı düşürücü etkiye sahip olduğu öne sürülmektedir.

Bilgili (2000), literatürde tartışmalı bir konu olan reel döviz kurları ile ekonomik büyüme arasında bir korelasyon olup olmadığı, Türkiye açısından incelenmiştir. Yapılan analizler sonucunda 1970-1998 dönemi itibariyle Türkiye'de izlenen kur politikası sonucu reel kurların hareketi ile gelir arasında bir korelasyon söz konusu değildir. Reel döviz kurları ile ithalat ve ihracat endeksleri arasında yapılan regresyon analizi sonuçlarına göre, ihracat ile reel döviz kuru arasında pozitif ve anlamlı bir ilişki bulunurken ithalat ve reel döviz kuru arasında anlamsız bir ilişki bulunmuştur. Diğer taraftan ihracatın reel döviz kuru esnekliğinin de fazla yüksek olmaması, kur hareketleri yardımıyla Türkiye'de uzun vadeli olarak toplam talebin ve dolayısıyla da üretimin artırılması mümkün görülmemektedir. Bilgili'ye göre; ulusal paranın reel değer kaybı, Türkiye'de üretimi artırmayacak, ancak dışa bağlı üretim yapısı nedeniyle ithal fiyatlarını ve dolayısıyla da enflasyonu artıracaktır.

Kandil vd. (2007), ise kurlardaki beklenmedik değer kaybının olumsuz etkilediği ve kurlardaki beklenmedik değer kazanmanın etkisinin olmadığı gibi bir asimetrik ilişki bulmuşlardır. Öte yandan bu çalışmada, reel kurdaki beklenmedik değer kaybının tüketimi ve yatırımı arttırıyor olmasına rağmen genel ekonomik büyümeyi azalmasına yol açtığı sonucuna ulaşmışlardır. Direkçi ve Özçiçek (2010), çalışmalarında kur değişimlerinin alt tüketim kalemlerine etkisine bakarak, Türkiye'de kur değişmelerinin ekonomiyi ne şekilde etkilediği incelenmiştir. Reel döviz kurundaki bir artışın, GSYİH kalemlerinden tüketimin tüm alt kollarını etkilemediği tespit edilmiştir. TL'deki değer artışının GSYİH, ithalat ve özel sektör yatırım teçhizat yatırımlarını olumlu etkileyebileceği bunların yanı sıra, özel sektör bina inşaat ve ihracat kalemlerini olumsuz etkileyebileceği sonuçlarına ulaşılmıştır. Dolayısıyla Direkçi ve Özçiçek göre, Türkiye'de devalüasyonun ekonomiyi olumlu etkilediği sonucuna ulaşılamamaktadır.

Ekonomi teorisinde doğrudan yabancı yatırımlar ve ekonomik büyüme arasında pozitif bir ilişki olduğu kabul edilmektedir. Neo-klasik büyüme modeline göre doğrudan yabancı yatırımlar, toplam yatırımların miktarını ve etkinliğini artırarak ekonomik büyümeye olumlu katkıda bulunmaktadır. İçsel büyüme modellerinde ise, doğrudan yabancı yatırımlarının teknolojiyi gelişmiş ülkeden bunu kabul eden ülkeye doğru yaygınlaştırarak ekonomik büyümeyi artırdığı savunulmaktadır. Doğrudan yabancı yatırımların gelişmekte olan ülkelere etkisi aşağıdaki gibi özetlenebilir (Yılmazer, 2010:244):

- Doğrudan yabancı yatırımlar, ekonomik büyüme için gerekli olan ve yetersiz kalan tasarruf ve yatırımların finansmanına yardımcı olmaktadır.
- Doğrudan yabancı yatırımlar sağlayan uluslararası şirketler, ev sahibi ülkeye kullandıkları modern teknolojiyi getirmektedirler. Böylelikle üretimde verimlilik ve rekabet artışı, teknolojik yenilikler, bilgi ve beceri düzeyinde ilerlemeler ortaya çıkabilmektedir. Buna karşılık yapılan araştırmalar göstermiştir ki, bu olumlu etkilerin ortaya çıkabilmesi işgücünün verimlilik düzeyi, diğer bir deyişle beşeri sermaye birikimiyle yakından ilgilidir. İleri teknolojiye dayalı yatırımlardan yarar sağlayanlar, ancak belli bir eşiği aşabilmiş olan ülkelerdir.
- Doğrudan yabancı yatırımlar, ev sahibi ülkenin yalnızca yerli sanayinde ilerlemeye neden olmamakta, aynı zamanda uluslararası rekabete açılabilmesini sağlamaktadır. Teknolojik ilerleme, ölçek ekonomisi, piyasa bilgisinin yükselmesi ve rekabetin güçlenmesi ülkenin ihracat gelirlerini de yükseltebilmektedir. Yine burada küçük ölçekte faaliyette bulunan yerli sanayinin yaygın olması bir dezavantaj yaratabilir. Büyük ölçekli yabancı yatırımcı eksik rekabete ve küçük sanayicinin ortadan kalkmasına yol açabilir.
- Doğrudan yabancı yatırımları sağlayan uluslararası şirketler, yaptıkları yatırımla istihdam yaratmakta ve çalışanların yüksek düzeyde bilgi ve beceri birikimine ulaşmalarını sağlamaktadır. Uzun dönemde ise teknolojik yenilik geliştirebilecek

işgücü kapasitesinin yükselmesine ve istihdamın sürekliliğine yol açabilmektedir. Ancak bu noktada, ev sahibi ülkedeki sosyal güvenlik sisteminin iyi işlemesi hayati önem taşımaktadır.

- Uluslararası şirketlerin, çevrenin korunmasıyla ilgili standartlara uyum gösterdiği ve temiz teknoloji kullandığı kabul edilmektedir. Uygulamada ise bazı aksaklıkların ortaya çıkabildiği ve uluslar arası şirketlerin çevre politikaları zayıf olan ülkelerde çevresel damping yarattığı görülebilmektedir.

Hızlı ekonomik büyümelerin olduğu durumlarda ticari açıklığın olumlu etkileriyle ilgili zengin deneysel literatüre rağmen, doğrudan yabancı yatırımların büyümeye olan etkisiyle ilgili literatür, tartışmalı bir konu olarak güncelliğini korumaktadır. Ekonomi teorisindeki genel kabule göre doğrudan yabancı yatırımlarının ekonomik büyümeye pozitif etkisi vardır. Buna karşılık uygulamalı çalışmalar göz önüne alındığında bazı çalışmalarda bu pozitif etkiyi destekler yönde sonuçlara ulaşıldığı, bazı çalışmalarda ise bu pozitif etkinin kesin olmadığı görülmektedir. Bornschier (1980) ve Bornschier ve Chase-Dunn (1985) doğrudan yabancı yatırımlar akımlarının kısa vadeli yararlı etkilere sahip olabileceğini fakat gayrisafi yurtiçi hasılanın bir yüzdesi olarak toplam doğrudan yabancı yatırımlar stokunun uzun dönemli etkilerinin zaman içinde büyümeyi olumsuz etkileyebileceğini savunmaktadırlar. Doğrudan yabancı yatırımlarının gelişimi sağlama konusundaki geniş potansiyeline rağmen, yabancı alt kuruluşlar tekelci eğilimleri ile pazarda yerel yatırıma yer bırakmayabilir. Genellikle yerel firmalar yabancı firmalarla başarılı şekilde yarışamazlar. Yabancı firmaların daha iyi pazarlama ve reklam gücü bulunmaktadır. Aynı zamanda yabancı firmalar pazara ulaşmakta ve elde edeceği kazançları artırmakta yıkıcı fiyatlandırma politikaları uygulayabilirler. Ev sahibi ülke ekonomisinde çokuluslu şirketlerin oranı ne kadar çok olursa, olumsuz dışsallıkların da o kadar çok olacağı sonucuna ulaşmışlardır.

Blomström ve Kokko (1997), doğrudan yabancı yatırımın ev sahibi ülkeye etkilerinin deneysel kanıtlarını incelemişlerdir. Şu sonuca ulaşmışlardır; çokuluslu şirketler ev sahibi ülkelerdeki üretkenlik ve ihracat büyümesinde önemli bir rol oynayabilirler, fakat doğrudan yabancı yatırımlar etkisinin yapısı, ülke özelliklerine ve politik çevreye bağlı olarak endüstriler ve ülkeler arasında değişiklik gösterir. De Soysa ve Oneal (1999) şu sonuca ulaşmıştır; yabancı ve yerel yatırım oranlarının ikisinin de büyümeye olumlu etkileri vardır. Ayrıca yabancı sermayenin yerel sermayeden daha az iyi olduğunu savunmaktadırlar. Bunu da yabancı sermayedeki artış yüzdesi, yerel sermayedeki artış yüzdesiyle karşılaştırıldığında, para değeri açısından aynı büyüklükte olmadığı ile açıklamaktadırlar. Granger nedensellik testlerini kullanarak, De Soysa ve Oneal şunu göstermişlerdir: yabancı yatırım yerel sermayeyi yerinden etmek yerine yerel sermayeyi çeker. Diğer çalışmalar da bu bulguları farklı verilerle ve alternatif açıklamalarla desteklemekte ve doğrudan yabancı yatırımlarının gelişmekte olan ülkelere zarar vermekten ziyade bu ülkelere fayda sağlayacağına dair ikna edici kanıtlar sunmaktadır (Borenzstein ve diğ. 1998; de Mello 1997). Assanie ve Singleton (1999) gelişmekte olan 67 ülkede doğrudan yabancı yatırımlarının ekonomik büyümeye olan etkisini araştırmışlardır. Orta derecede gelire sahip olan ülkelerde doğrudan yabancı yatırımlarının ekonomik büyümeye olumlu etkisi olduğunu ancak düşük gelirli ülkelerin ise doğrudan yabancı yatırımlardan faydalanmadığını belirtmişlerdir.

Lensink ve Morrissey (2001) 20 tane gelişmekte olan ülkenin de arasında bulunduğu 88 ülke genelinde yaptığı bir çalışmada, 1970-1998 zaman diliminde doğrudan yabancı yatırımlar akışının volatilitenin büyüme üzerine etkisini incelemişlerdir. Panel bilgi, yatay inceleme ve araç değişken tekniklerini kullanarak standart modeli belirlemişlerdir. Tüm sonuçlar tamamıyla dirençli olmamasına rağmen, doğrudan yabancı yatırımlarının büyümeye pozitif etkisinin ve öte yandan ise doğrudan yabancı yatırımlar volatilitesinin negatif etkisi olduğuna dair tutarlı bulgular vardır. Doğrudan yabancı yatırımlarının, Rusya'nın bölgelerindeki son gelişmelerde önemli bir rol oynamadığı görülmektedir.

Kumar ve Pradhan (2002), doğrudan yabancı yatırımlar, büyüme ve yerel yatırım arasındaki ilişkiyi analiz etmiştir. 1980-1999 yılları arasında 107 gelişmekte olan ülkede çalışmasını gerçekleştirmiştir. Bağımlı değişken olarak çıktı akışı; bağımsız değişken olarak da yerel ve yabancı sermaye stoku, iş, insan yetenekleri sermaye stoku ve toplam faktör üretkenliği belirlenmiştir. Sonuçlara panel bilgi ölçümleri doğrudan yabancı yatırımların büyümeye olumlu etkisi olduğunu göstermiştir ve doğrudan yabancı yatırımlar, yerel yatırımları dışarıya itiyormuş gibi görünse de bazı ülkelerde doğrudan yabancı yatırımların yerel yatırımlara olumlu etkisi olduğu görülmüştür. Nijerya'da Ayashagba ve Abachi (2002) deneysel bir araştırma yapmışlardır. 1980-1997 yılları arasında doğrudan yabancı yatırımın ekonomik büyümeye etkisini araştırmışladır. Doğrudan yabancı yatırımın Nijerya'da ekonomik büyümeye olumlu etkisinin olduğu sonucuna ulaşmışlardır.

Alfaro vd. (2003), çalışmada doğrudan yabancı yatırımlar, finans piyasaları ve ekonomik büyüme arasında çeşitli ilişkiler incelenmiştir. Ulusal piyasası daha iyi olan ülkelerin doğrudan yabancı yatırımlardan daha etkili şekilde faydalanıp faydalanılmadığı ortaya konulmuştur. 1975-1995 tarihleri arasında tüm ülke genelindeki bilgileri kullanarak yapılan deneysel analizler doğrudan yabancı yatırımların tek başına ekonomik büyümeyi önemli derecede etkilediğini göstermiştir. Ancak gelişmiş ulusal piyasaya sahip ülkelerin doğrudan yabancı yatırımlardan önemli oranda faydalandığı ifade edilmiştir. Aynı zamanda sonuçlar finans piyasası gelişiminin farklı ölçümlerine ve ekonomik büyümeyi etkileyen diğer etmenlerin dahil edilmesine dayanmaktadır.

Ledyaeva ve Linden (2006) 1996-2003 arasında 74 Rus bölgesinin her birine doğrudan yabancı yatırımlarının etkisi olduğunu belirlemişlerdir. Yaptıkları çalışma reel büyüme oranıyla, o bölgenin daha önceki bölgesel gelişiminde önemli katkısı olan değişkenler (fiziksel sermaye stoku, insan sermayesi stoku -kontrol değişkenler) arasında ilişki kurmuştur. Sonuçlar şöyledir: Doğrudan yabancı yatırımlar incelenen zaman diliminde Rusya'nın gelişimine önemli katkılar sağlamamıştır. Ancak yüksek gelirli bölgelerde doğrudan yabancı yatırımların etkilerine rastlanmaktadır. Mohey-ud-din (2006) Pakistan'da yabancı sermaye akışının 1975-

2004 yılları arasında ekonomik büyümeye etkisini incelemiştir. Bu çalışmanın bağımlı değişkeni gayrisafi yurtiçi hasıla, bağımsız değişkenleri ise doğrudan yabancı yatırımlar net akışı ve resmi kalkınma yardımı ile devlet yardımıdır. 1975-2004 yıllarında Pakistan'da gayrisafi yurtiçi hasılanın gelişimine yabancı sermaye akışının yüksek oranda olumlu etki sağladığı sonucuna ulaşılmıştır.

Roy ve Berg (2006), doğrudan yabancı yatırımlar vasıtasıyla teknolojinin gelişmiş ekonomilerden daha az gelişmiş ekonomilere nasıl transfer edildiğine odaklanmıştır. Doğrudan yabancı yatırım akışının ABD'daki ekonomik büyümeyi olumlu şekilde etkileyip etkilemediğini zaman serileri yaklaşımı çerçevesinde incelenmiştir. Çalışmanın sonunda doğrudan yabancı yatırımların ABD'nın ekonomik büyümesi üzerinde anlamlı, olumlu ve ekonomik açıdan önemli etkisinin olduğu belirlenmiştir. Aynı zamanda ABD gibi teknolojik açıdan gelişmiş bir ülke bile doğrudan yabancı yatırımlardan faydalanır, bu yatırımlardan elde edilen kazançlar uzun dönemde ülke ekonomisi için çok önemlidir, yatırımların üretime yaptığı olumlu etkiyle ekonomi politikalarının ülkeyi doğrudan yabancı yatırım için ilgi çekici durumda tutmaya odaklanması gerektiği gibi sonuçlara ulaşılmıştır.

Udo ve Obiora (2006), iki aşamalı en küçük kareler yöntemi kullanılarak tahmin edilen modeller sonrasında doğrudan yabancı yatırımların ev sahibi ülkenin kişi başı gayrisafi yurt içi hasıla ve büyüme oranları ile pozitif yönde ve istatistiksel anlamlı olduğu sonucuna ulaşılmıştır. Bu çalışma sonucu; ayrıca, emek girdisindeki artış büyüme oranlarını pozitif yönde, ticari açıklık doğrudan yabancı yatırımları ve reel döviz kurundaki değerlendirmelerin her biri de büyüme oranlarını pozitif yönde etkilemektedir. Değişkenler arası nedensellik ilişkisine bakıldığında ise, nedensellik ilişkisi olmadığına yönelik çıkarımlar yapılabilmektedir. Ancak, uzun dönemde doğrudan yabancı yatırımlar ve büyüme oranları arasında istikrarlı bir ilişki mevcuttur. Prasad vd. (2007), gelişmekte olan ülkeler konusunda yaptıkları çalışmada, elde edilen verilerin sonucunda yabancı yatırımların ekonomik büyüme üzerinde olumlu etkisinin olduğunu, fakat bunun da ülkelerin sahip olduğu finansal sistem ve finansal sermaye ile sağlanabileceğini savunmuşlardır.

Karimi ve Yusop (2009), Malezya için yaptıkları çalışmalarında Toda-Yamamoto nedensellik testi ile ARDL sınır testi kullanılarak, doğrudan yabancı yatırımlar ve ekonomik büyüme ilişkisi incelenmiş; uzun dönemde iki değişken arasında güçlü bir ilişkinin bulunmadığını, doğrudan yabancı yatırımların dolaylı olarak ekonomik büyümeyi etkilediği sonucuna ulaşılmıştır.

Yılmazer (2010), literatür incelemesinde ele aldığı gibi, doğrudan yabancı yatırımların ekonomik büyüme üzerinde pozitif etki yaratmadığını ya da etkinin zayıf olduğunu savunan çalışmalarda, ülkelerin bazı koşulları sağladığı ölçüde yabancı sermayeden fayda sağladığı vurgulanmaktadır. Söz konusu koşullar aşağıdaki gibi özetlenebilir:

- Eğitimli işgücü: Ev sahibi ülkenin eğitim düzeyi, mesleki bilgi ve beşeri sermaye düzeyine bağlı olarak doğrudan yabancı yatırımlar, ekonomik büyüme üzerine farklı etkide bulunabilmektedir (Grossman ve Helpman (1991), Levine ve Renelt (1992), Balasubramanyam vd (1996), Borensztein vd (1998)).

- Liberalizasyon politikaları: Doğrudan yabancı yatırımlar ekonomik büyüme üzerine, ihracata dönük politika izleyen ülkelerde pozitif, ithal ikameci uygulamaları benimseyen ülkelerde negatif etkide bulunabilir (Balasubramanyam vd (1996)).
- Gelişmiş finansal piyasalar: Finansal piyasaları gelişmiş olan ülkelerde doğrudan yabancı yatırımlar büyümeyi artırmaktadır (Alfaro vd (2004)).
- Geniş bir serbest piyasa: Daha yüksek talep ve daha fazla kârlılık söz konusu olduğunda, doğrudan yabancı yatırımlar ekonomik büyümeyi pozitif yönde etkilemektedir (Nair-Reichert ve Weinhold (2001)).
- Gelir ve gelişmişlik düzeyi: Doğrudan yabancı yatırımlar, daha yüksek gelire sahip gelişmekte olan ülkelerin büyümesine önemli etkide bulunmakta, daha düşük gelirli ülkelerde ise etkili olamamaktadır (Blomstrom vd (1994), Blonigen ve Wang (2004)). Doğrudan yabancı yatırımlarının uzun dönemde etkisi sanayileşmekte olan ülkelerde pozitif, nispeten sanayileşmiş ülkelerde negatif olabilmektedir (Bende-Nabende vd (2003), Yao ve Wei (2007)).

Doğrudan yabancı sermaye yatırımlarının gün geçtikçe ülke ekonomileri için önemi artmakla beraber, bunu takiben bu konuyla ilgili yapılan çalışmalar da artmaktadır. Yapılan çalışmalarda dikkat çeken nokta ise doğrudan yabancı yatırımların makro ekonomik büyüklüklerden ekonomik büyümeye olan etkisinin gözardı edilmemesidir. Ancak, belirli bir ekonomide doğrudan yabancı sermaye yatırımlarının girişlerinde hangi faktörlerin etkili olduğunu inceleyen çalışmalar da büyük bir grup oluşturmaktadır (Karagöz, 2005:5). Bu açıdan da ekonomik büyümenin önemini yadsımamak gerekir. Bu konuda Türkiye'de yapılan çalışmalar incelendiğinde; Erdal ve Tatoğlu (2002), yılında yaptıkları çalışmalarında 1980-1998 dönemini baz almışlar ve bu dönemde Türkiye'ye gelen doğrudan yabancı sermaye yatırımları ile beş makro ekonomik değişken arasında uzun dönemli bir ilişkinin var olup olmadığını ortaya koymaya çalışmışlardır. Bu çalışmada ele alınan değişkenler, GSMH, GSMH'nın büyüme hızı, altyapı yatırımları, ülkenin dış dünya ile olan bağlantısını gösteren ihracatın ithalata oranı, döviz kuru ve faiz oranıdır. Erdal ve Tatoğlu'nun ortaya koyduğu sonuçlara göre, bu değişkenler ile doğrudan yabancı sermaye yatırımları arasında uzun dönemli bir ilişki vardır ve ekonomik büyüme ile doğrudan yabancı yatırımlar arasında pozitif bir ilişki görülmektedir.

Batmaz ve Tunca (2005), Türkiye'deki doğrudan yabancı sermaye yatırımlarının bölgesel belirleyicileri arasında uzun dönemli bir ilişkinin var olup olmadığının araştırılmak istendiği bir çalışmadır. Ele alınan değişkenler Türkiye'deki doğrudan yabancı sermaye yatırım girişleri, GSYİH, altyapı yatırımları, dış ticarete açıklık oranı, döviz kuru, faiz oranı ve ücretlerdir. Bu çalışmanın sonunda Türkiye'ye gelen doğrudan yabancı sermaye yatırımları ile GSYİH değişkeni arasında pozitif bir ilişki olduğu saptanmıştır. Açıkalın vd. (2006), çalışmalarında,

1980-2002 yılları arasındaki veriler kullanılarak Türkiye'deki reel ücretler ve GSMH büyümesi ile Türkiye'ye gelen doğrudan yabancı yatırımlar arasındaki ilişki test edilmiştir. Kullanılan değişkenler durağan olmayan özellik gösterdikleri için eşbütünleşme analizi kullanılmıştır. Buna göre ücretler, GSMH ve doğrudan yabancı sermaye arasında uzun dönemli eşbütünleşik ilişkinin varlığı tespit edilmiştir. Türkiye'de 1980 sonrası verilerle hareket edildiğinde ücretlerin doğrudan yabancı sermaye ile çift yönlü nedensel ilişki içinde olduğu, GSMH ile doğrudan yabancı sermaye arasında ise çift yönlü nedensellik olmadığı tespit edilmiştir.

Şen ve Karagöz (2008), çalışmasında Türkiye'de doğrudan yabancı sermaye, ihracat ve büyüme arasındaki ilişkileri araştırmıştır. Bu araştırma, 1994 ikinci çeyreği ile 2004 yılının son çeyreği arasındaki zaman dilimi için yapılmıştır. Ekonometrik testlere göre sadece ihracat ile gayrisafi yurt içi hasıla arasında anlamlı bir sonuç bulunmuştur. Buna göre, ihracat GSYİH büyümesi için bir neden oluşturmaktadır. Diğer kombinasyonlarda anlamlı bir sonuç bulunmamış, Granger nedenselliğine rastlanmamıştır. Buna göre ihracat kaynaklı büyüme hipotezi Türkiye örneğinde desteklenmekte, fakat doğrudan yabancı yatırımların ihracat ve büyüme üzerindeki anlamlı bir etkiye yol açması için konu ile ilgili iktisat politikalarının geliştirilmesi gerektiği sonucuna ulaşılmaktadır. Alagöz vd. (2008), 1992-2007 dönemini kapsayan verileri kullanarak, doğrudan yabancı yatırımlar ve ekonomik büyüme arasındaki ilişkiyi granger nedensellik ile test etmişlerdir. Değişkenler arasında nedensel bir bağın bulunmadığı sonucuna ulaşılmıştır.

Yılmazer (2010), çalışmasında uluslararası piyasalarla bütünleşen Türkiye'de doğrudan yabancı yatırımların ve dış ticaretin ekonomik büyümeye katkısı incelenmeye çalışılmıştır. 1991-2007 dönemince üçer aylık verilerler GSYİH, doğrudan yabancı yatırımlar, ihracat ve ithalat değerleri arasındaki nedensellik ilişkisi, Granger Nedensellik analizi yardımıyla test edilmiştir. Sonuç olarak doğrudan yabancı yatırımların zayıf da olsa ihracatı ve ithalatı takip ettiği, ancak doğrudan yabancı yatırımlarla ekonomik büyüme arasında güçlü bir nedensellik olmadığı bulunmuştur. Çalışmada ayrıca ithalat ve ihracat ile ekonomik büyüme arasında karşılıklı ve ithalattan ihracata doğru tek taraflı bir nedensellik olduğu sonucuna ulaşılmıştır. Şen ve Ozan (2010), Türkiye'deki yabancı sermaye yatırımlarının iktisadi büyümeye olan katkısını mukayeseli bir perspektiften ortaya koymaktadır. Bu ilişkiyi incelemeye yönelik panel veri analizi kullanılmıştır. Türkiye'ye gelen doğrudan yabancı sermaye yatırımlarının iktisadi büyümeye olumlu katkı yaptığı sonucuna varılmıştır. Hatta Türkiye'deki bu etki karşılaştırma yapılan Arjantin, Brezilya, Bulgaristan, Çin, Polonya ve Romanya gibi ülkelerden daha da belirgin olarak ortaya çıkmıştır.

Ekinci (2011) çalışmasında, doğrudan yabancı yatırımlar ile ekonomik büyüme ve istihdam arasında uzun dönemli ilişki olup olmadığını belirlemek için 1980-2010 dönemi için Türkiye'ye ait veriler kullanılarak, söz konusu değişkenler arasındaki ilişki test edilmiş ve elde edilen bulgular değerlendirilmiştir. Ayrıca, doğrudan yabancı yatırımlar ile ekonomik büyüme arasındaki ilişkiyi belirlemek için Granger nedensellik testi uygulanmıştır. Sonuç olarak, doğrudan yabancı yatırımlar ile ekonomik büyüme arasında uzun dönemli bir ilişki bulunurken, doğrudan yabancı yatırımlar ile istihdam arasında bir ilişki tespit edilememiştir. Diğer taraftan, doğrudan yabancı yatırımlar ile ekonomik büyüme arasında bulunan nedensellik ilişkisi, çift yönlü bir ilişki biçiminde olmaktadır.

3.2. Reel Döviz Kuru ve Doğrudan Yabancı Yatırımlar Arasındaki İlişkiyi Konu Edinen Literatür Çalışmaları

Doğrudan yabancı yatırımları etkileyen dolayısıyla firmaların uluslararası üretime katılma sebeplerini açıklamaya çalışan pek çok teori mevcuttur. Ancak, doğrudan yabancı yatırımlar akışını etkileyen faktörlerle ilgili kesin bir kuram yoktur. Aynı şekilde, uluslararası ticaret ve sermaye değişmelerine odaklı olan gelişmelerle ilgili geleneksel kuramlar yıllar içinde sert eleştirilere maruz kalmıştır. Bu konudaki önemli noktalara aşağıda yer verilecektir.

Çokuluslu üretimle ilgili yapılan ilk çalışmalar, sermaye hareketiyle ve Hecksher-Ohlin çerçevesindeki ticaretle ilgili neoklasik kuramlara dayandırılmıştır. Ancak bu kuramlar faktör donatımı ve mal pazarının mevcut olduğu varsayımına dayanmaktadır ve bu yüzden doğrudan yabancı yatırımların yapısı ve doğasıyla ilgili tatmin edici açıklamalar yapma konusunda başarısızdır (Udo ve Obiora, 2006:4). Bu kuramlar aynı zamanda yurt dışına yatırım yapmanın dezavantajları olmamasına ve ev sahibi ülkede yatırım yapmanın önemli avantajları olması gerektiğine vurgu yapmaktadır.

Doğrudan yabancı yatırımların 1950'li yıllarda özellikle gelişmiş ülkeler arasında büyük miktarlara ulaşması, iktisatçıların dikkatini çekmiş ve bu tür yatırımların neden yapıldığı konusunda günümüze kadar birçok teori ileri sürülmüştür. 1970'li yıllarda gelişmiş ülkelerden gelişmekte olan ülkelere yapılan hammadde ve yurtiçi piyasaya yönelik doğrudan yatırımlar dışında, montaj ve fason üretime yönelik farklı yatırım türlerinde görülen artış, doğrudan yabancı yatırımlar konusundaki tartışmalara gelişmekte olan ülke boyutunu da eklemiştir. Sermaye hareketleri ile ilgili olarak, doğrudan yabancı yatırımlar ve portföy yatırımı ayırımı yapılmaksızın uluslararası sermaye hareketlerini analiz eden Marksist ve Neo- Klasik yaklaşımlarda sermaye hareketleri, gelişmemişlik ve faiz farklılıklarına dayandırılarak açıklanmıştır. Bunun yanı sıra Üretim Düzeyi Hipotezi; mikro seviyede bir firmanın bir ülkede yaptığı yabancı yatırımlarla yine aynı firmanın çıktısı (satışları) arasında pozitif bir ilişki olduğunu ileri sürerken, pazar büyüklüğü hipotezi; makro seviyede milli gelirle ifade edilen bir ülkenin pazar büyüklüğü ile yabancı yatırımlarının pozitif bir ilişki içinde olduğunu ileri sürmektedir (Agarwal, 1980: 748). Klasik varsayımlara dayanan bu hipotezlerde, firmaya özgü nedenlerden çok, yatırım yapılan ülkelere özgü nedenler üzerinde yoğunlaşılmıştır (Yapraklı, 2006:26).

Hymer (1976) ve Dunning (1977, 1988) ise çokuluslu şirketlerin neden doğrudan yabancı yatırımlara giriştiğini farklı yaklaşımlarla açıklamışlardır. Hymer (1976) bazı firmaların sahip olduğu avantajlara odaklanır. Bu avantajlar şunlardır; patentli ve genellikle mevcut olmayan teknolojiye ulaşma, takıma özgü yönetim becerileri, ekonomi ölçeği, özel pazarlama yeterlilikleri, bir marka ismine sahip olma, vb. Bir firma yurt dışına yatırım yapmadan önce muhtemel avantajlardan elde edilecek kazançlar ile yurt dışına yapılan yatırım sonucunda ortaya çıkabilecek dezavantajlar üzerinde durmalıdır. Diğer taraftan Dunning (1977, 1988) bir firmanın doğrudan yabancı yatırımlara girişebilmesi için gerekli üç şarttan bahsetmektedir. OLI olarak kısaltılan kavram Ownership, Location, ve Internalization; doğrudan yabancı yatırımlar eklektik kuramı, mülkiyet avantajları, yer avantajları ve içselleştirme avantajları anlamına gelmektedir. Bunlar bir firmanın, endüstrinin veya ülkenin doğrudan yabancı yatırımların kaynağı mı, yoksa doğrudan yabancı yatırımların gideceği yer mi olacağını belirleyen şartlardır. Bu kurama göre öncelikle bir firma mülkiyet avantajına sahip olmalıdır. Mülkiyet avantajı firmaya pazarlama gücü sağlayabilecek patent, know-how, yeni bir ürün veya üretim süreci gibi faktörler olabilir. İkinci şart, dış pazarlar firmaya yer avantajı sunmalıdır. Bu durum, yatırımın gittiği ev sahibi ülkede firmanın, daha etkin üretim yapma olanağının bulunması anlamına gelir. Üçüncü şart ise, çok uluslu şirketlerin içselleştirme avantajına sahip olması gerekir. İçselleştirme şu soruyu kapsar: çok uluslu şirketler ürünlerinin lisansını vererek veya ürünlerini yabancı firmalara satmak yerine neden yabancı bir ülkede bir alt kuruluş açmayı tercih ederler? Bu kuram doğrudan yabancı yatırımlar olgusunu açıklamadan yalnızca gerekli şartları sıraladığı için eleştirilmesine rağmen uluslararası üretim kuramına önemli katkıları olmuştur.

Öte yandan, politika yapıcılar ve araştırmacılar Bretton-Woods Sistemi'nin yıkılmasından bu yana döviz kurlarındaki değişmelerin ticaret ve yatırım üzerindeki etkilerini tartışmaktadırlar. Dalgalı kur sisteminin yaygınlaşmasından itibaren son yıllardaki tartışma konularından biri, döviz kurları ile doğrudan yabancı yatırımlar arasındaki ilişkisinin yönü olmuştur. Ancak bu ilişkinin yönü hakkında literatürde bir uzlaşma yoktur (Vergil ve Çeştepe, 1997:37). Döviz kurları ve doğrudan yabancı yatırımlar arasındaki ilişki ilk kez Aliber (1970) tarafından ele alınmıştır. Aliber doğrudan yabancı yatırımların finansal faktörlerle olan ilgisini inceleyerek oldukça farklı bir yaklaşım getirmiştir. Literatürde Aliber hipotezi olarak bilinen görüşe göre farklı para alanlarının varlığı yabancı doğrudan akımlarını meydana getirir. Aliber'den sonra bu hipotezi geliştiren Froot ve Stein, sermaye piyasalarının aksaklığı ile ilgili yaptıkları çalışmada Aliber'in hipotezini destekler nitelikte kanıtlar elde etmişlerdir (Dursun ve Bozkurt, 2007:3).

Büyük devalüasyonlar ülkenin ulusal parasının gelecekte beklenen değerini artıracağı için döviz kurunda beklenen büyük devalüasyonların ardından ülkeye büyük çapta doğrudan yabancı sermaye yatırımı girişi olmaktadır. Aynı bu sebeple ülke parasının değerinde meydana gelen ani değerlenme doğrudan yabancı sermaye yatırımı akımının azalmasına yol açacaktır. ABD'den pek çok ülkesinin OECD ülkesine kadar birçok ülkeye ait doğrudan yabancı sermaye yatırımı panel data verileri kullanılarak doğrudan yabancı sermaye yatırımları ve döviz kuru hareketleri arasında büyük bir ilişkinin varlığı sonucuna ulaşılmıştır (Chakrabarti ve Scholnick, 2002:3).

Teorik açıdan doğrudan yabancı yatırımlar ve döviz kurları arasındaki nedenselliğin yönü konusunda uzlaşı yoktur. Bu konu üzerine yapılan ilk çalışma Dornbusch (1973) tarafından geliştirilen ve doğrudan yabancı yatırımlarından reel döviz kuruna doğru nedenselliği ima eden çalışmadır. Dornbusch içe yönelik doğrudan yabancı yatırımlar akımlarının reel döviz kuru hareketleri üzerine etkilerini incelerken, yabancı sermayenin yurt içi ekonomide nereye yöneldiğinin önemini işaret etmiştir. Şayet içe yönelik doğrudan yabancı yatırımlar akımları yurt içi harcamaları finanse etmekte kullanılırsa, bu durum ilk aşamada reel döviz kurunun değer kazanmasına ve bu nedenle cari işlemler açığına yol açacaktır. İkinci aşamada, cari işlem açığı nominal döviz kurunun değer kaybına yol açacak ve içe yönelik doğrudan yabancı yatırımlar akımlarının reel döviz kuru üzerine nihai etkisi belirsiz olacaktır. İçe yönelik doğrudan yabancı yatırımlar akımları ticari mal üreten sektörde sermaye birikimini finanse etmede kullanılırsa ticari malların arzı artacak, ticaret işlemleri hesabı iyileşecek ve reel döviz kuru değer kazanacaktır. Diğer taraftan şayet içeriye yönelik doğrudan yabancı yatırımlar akımları ticaret dışı mal sektörlerindeki sermaye birikimini finanse etmede kullanılırsa ticaret işlemleri hesabı kötüleşecek ve reel döviz kuru değer kaybedecektir. Aynı nedensellik ilişkisi Branson (1992) tarafından ileri sürülmüştür. Branson'un geliştirmiş olduğu portfolyo modelinde, sermayenin kıt ve işgücünün ucuz olduğu bir ülkede finans sektörünün ve sermaye akımlarının liberalizasyonu artan enflasyona ve reel döviz kurlarının değer kazanmasına yol açmaktadır. Edwards'ın (1985) ampirik çalışması, 1979 ve 1981 yılları arasında Şili'de sermaye hesabının liberalizasyonunun büyük ölçüde Şili parasının değer kazanmasına yol açtığını bularak Branson'un (1992) tahminlerini doğrulamıştır (Vergil ve Çeştepe, 1997:39).

Literatürün farklı fakat ilgili diğer alanlarında yapılmış olan çalışmalarda da doğrudan yabancı sermaye yatırımları ve döviz kuru hareketleri arasındaki ilişki incelenmiştir. Bu alanda döviz kurunun doğrudan yabancı sermaye yatırımı akımlarını nasıl etkilediğine ilişkin ne uygulamalı ne de teorik sonuçlarda bir fikir birliğine varılabilmiş değildir.

Döviz kuru hareketleri ve doğrudan yabancı yatırım alanlarında önemli ölçüde hatırı sayılır çalışmalar yapılmıştır. Blonigen (1997) bu alandaki literatüre çok tartışılan bir eleştiri getirmiştir. McCulloch'un özetlediği geleneksel görüşe göre; döviz kuru hareketleri doğrudan yabancı yatırımlar akışlarını etkilemez çünkü eğer bir ülkedeki varlık, karın gelecekteki dalgalanması olarak adlediliyorsa, o ülkenin para birimini gösterir ve eğer kar, aynı döviz kuruyla yatırımcının yerel para birimine dönüştürülecek olursa döviz kurunun seviyesi yatırımın indirimli olan değerini etkilemez. Açıkça bu görüntü, döviz kurunun evrim sürecinin tesadüfi bir hareketin karakterize edilmiş tanımından ziyade gelecekte beklenilen döviz kuru seviyesinin şimdiki oranıyla aynı olabileceğini ima eder.

Diğer yandan ortak inanış şu ki; yabancı şirketler o ülkenin para birimi zayıfken o ülkeye ait aktifleri almaya daha istekli olurlar. Literatürde bunun aksini iddia edebilecek belgeler pek bulunmamaktadır. Froot ve Stein (1991) ikaz edici maliyetlere açıklama getirmiş ve Blonigen (1997) şirketlerin belirgin aktiflerini tartışmaya açmıştır. Bu belgelerin hepsi doğruluğu kanıtlanmayan tartışılan belgelerdir.

Doğrudan yabancı yatırımlar akışı üzerindeki döviz kuru hareketlerinin oynaklık etkisi iyi çalışılmış bir alanda olmuştur. Kohlhagen (1977), İtagaki (1981) ve Cushman (1985) tartışmalar yapmışlar ve yabancı yatırımcılara riskten kaçınmayı önermişlerdir ki bu geçmişteki oynaklık doğrudan yabancı yatırımlar akışını muhtemelen azaltmıştır. Dixit (1989) opsiyonel teorik belgeleri kullanarak, yabancı yatırımcıların döviz kurunun oynaklığı karşısında yatırım kararlarını ertelediklerini göstermiştir.

Devalüasyon ve doğrudan yabancı yatırımlar akışı arasındaki ilişkinin deneysel yani ampirik kanıtları karışıktır. İçlerinde Caves (1989), Froot ve Stein (1991), Swenson (1994) ve Klein ve Rosengren (1994)'in bulunduğu onlarca çalışmada; doların düşüşüyle Amerika'ya doğrudan yabancı sermaye yatırımları akışındaki artış arasında korelasyon bulunmuştur. Diğerleri, Ray (1989), Stevens (1992) ve Healy ve Palepu (1993) hiçbir kanıt bulamadı. Bütün bu çalışmalarda yine de ortalama değer kaybı doğrudan yabancı yatırımlar akışı için muhtemel güç olarak gözlemlenmiştir. Oynaklığa gelince daha az karışıklık vardır. Goldberg ve Kolstad pozitif ilişkiler bulurken, Aizenman (1992) tartşır ve Campa negatif ilişkiler bulur. Cushman (1988) anlaşılması güç kanıtlar bulur.

Chakrabarti ve Scholnick (2002) literatüre iki farklı alanda katkıda bulunmuştur. Birincisi, anketten ziyade yatırımcı davranışlarını temel alan verileri kullanarak bekleyişleri incelemiş ve döviz kuru bekleyişleri konusuna katkı yapmıştır. İkincisi ise, bekleyişlerin ortalama düzeyine geri dönmesini temel alan yeni açıklamalarda doğrudan yabancı sermaye yatırımları ve döviz kuru değişimleri arasındaki ilişki konusuna katkıda bulunmuştur. Döviz kuru hareketleri ve ABD'den 20 diğer ülkeye 14 yıllık (1980'lerin çoğu bölümü ve 1990'ların başı) doğrudan yabancı yatırımlar akışını içeren veriler üzerine birçok panel veri tahmini teknikleri kullanılmıştır. Beklentilerin aksine önceki yıldaki ortalama devalüasyonun doğrudan yabancı yatırımlar akışlarında önemli pozitif etkisi olmadığı bulunmuştur. Artan döviz kuru dalgalanmasının doğrudan yabancı yatırımlar akışını azaltacağı yönündeki önceki çalışmalar ile mutabık olmasına rağmen dalgalanma için sonuçlar çok güçlü değildir. Buna karşın devalüasyonların simetrisizliğinin doğrudan yabancı yatırımlar girişlerine önemli pozitif etkisi bulunmaktadır. Bu kanıtı, yatırımcıların döviz kurlarındaki değişikliklere göre düzeltme yaparken nispeten daha büyük döviz kuru şoklarına karşı gelecek döviz kuru beklentilerini oluşturmada daha farklı hareket ettikleri hipotezi ile tutarlı görülmektedir. Bu buluş, yatırımcıların büyük şokları gelecekte ters tarafa hareketlerin beklentisine yol açan "aşırıya kaçan" bir unsuru olarak gördükleri fikrini desteklemektedir.

Aynı zamanda Chakrabarti ve Scholnick göre; ekonomik birimlerde döviz kurundaki büyük bir şokun ardından ortalama düzeye geri dönüşüm olduğuna dair bir inanış olursa, bu durum doğrudan yabancı sermaye yatırımları üzerinde önemli bir etkiye neden olabilecektir tezini savunmaktadırlar. Ekonomik birimlerin yabancı para üzerinde büyük bir devalüasyon olacağına inanmaları durumunda doğrudan yabancı sermaye yatırım projesinin uygulama sürecinde döviz kurunun aşamalı olarak eski düzeyine geri geleceği beklenir. Bu durumun sonucunda devalüasyonun ardından para geçici olarak ucuz konuma gelir. Yabancı varlıkların değeri gelecekte yaratacağı gelir akımına kıyasla daha az olacağı için bu şartlar altındaki bir ülkeye doğrudan yabancı sermaye yatırımlarının geleceği düşüncesi kabul görür.

Combes vd. (2011) çalışmalarında sermaye akışı ve döviz kuru esnekliğinin gelişmekte olan ülkelerin reel döviz kurunu nasıl etkilediği panel koentegrasyon tekniklerine dayalı olarak açıklamaya çalışılmıştır. Çalışmadan elde edilen sonuçlar özel ve kamu sermaye akışlarının reel kur değerlenmesiyle ilgili olduğunu göstermiştir. Döviz kuru esnekliğinin de fiili ölçümünü kullanarak, daha esnek bir döviz kurunun sermaye akışından kaynaklanan reel döviz kurunun değerlenmesinin azalmasına yardımcı olacağı bilgisine ulaşılmıştır.

Bu konuda Türkiye'deki literatüre bakıldığında, Vergil ve Çeştepe (1997), çalışmalarında Toda ve Yamamoto (1995) tarafından geliştirilen Granger nedensellik yöntemiyle 1987-2000 dönemi çeyrek yıllık verileri kullanılarak Türkiye'de doğrudan yabancı yatırımlar ile reel döviz kurları arasındaki nedensellik ilişkisinin yönünü araştırmışlardır. En uygun Granger nedensellik testi yöntemini seçmek için ilgili veriler incelenmiş ve Toda ve Yamamoto'nun (1995) genişletilmiş VAR modeli yöntemi seçilmiştir. Bulunan sonuçlar Granger nedensellik testinin tek yönlü ve doğrudan yabancı yatırımlardan reel efektif döviz kuruna doğru olduğunu göstermektedir. Ayrıca içe yönelik doğrudan yabancı yatırımlardaki artış reel efektif döviz kurunun değer kazanmasına yol açmaktadır. Bu açıdan kıt sermaye ve ucuz işgücüne sahip Türkiye'nin finans ve sermaye liberalizasyonu, içe yönelik sermaye akımlarında artışa yol açmakta ve bu da reel döviz kurunun değer kazanmasına neden olmaktadır şeklinde görüş bildirilmiştir.

Agenor vd. (1997) çalışmalarında 1980-1997 yılları arasında Türkiye'deki mali dengesizlikler, sermaye akışı ve reel döviz kuru arasındaki ilişkiler incelenmiştir. Türkiye'deki son makroekonomik gelişmeler doğrultusunda, kamu harcamaları, faiz farklılıkları, sermaye akışı ve reel döviz kuru kullanılarak VAR modeli tahmin edilmiştir. Kamu harcamaları ve sermaye girişleri pozitif şoklar reel döviz kurunda bir değerlendirmeye yol açtığı görülmektedir. Ancak faiz oranlarındaki farklar pozitif şoklar sermaye girişlerine ve reel döviz kurunun geçici bileşimlerinin değerlendirilmesine yol açmaktadır.

Vergil ve Çeştepe (2005), reel döviz kuru değişkenliği ve doğrudan yabancı yatırım akımları arasındaki ilişkiyi inceleyen mevcut teorik ve ampirik literatür, o güne kadar üzerinde uzlaşılan bir sonuç vermemiştir. Bu çalışma bu konu üzerine bir katkı sağlamayı amaçlamıştır. Çalışmada, 1992-2000 dönemi için sabit etkiler panel veri modeli ve 1988:3 ve 2001:2 dönemi için geleneksel zaman serisi modeli geliştirilerek, Türkiye'nin doğrudan yabancı yatırım akımları üzerinde reel döviz kuru değişkenliğinin etkisi incelenmiştir. Sonuçlar, doğrudan yabancı yatırım akımları ve reel döviz kuru değişkenliği arasında anlamlı ilişki olmamasına karşılık, reel döviz kurları ve doğrudan yabancı yatırım akımları arasında istatistikî olarak anlamlı bir pozitif ilişkinin olduğunu göstermektedir. Doğrudan yabancı yatırımlarının yapıldığı ülkenin parasının değerinde bir düşme, ülkede (Türkiye) doğrudan yabancı yatırım akımlarında bir artışa yol açmaktadır. Alıcı ülkenin GSYİH değişkenliğiyle ölçülen ülkenin genel ekonomik istikrarsızlığı doğrudan yabancı yatırım akımlarıyla güçlü şekilde ilişkilidir.

Türkiye'deki genel istikrarsızlık ülkeye doğrudan yabancı yatırım akımlarını olumsuz etkilemektedir. Açıklık değişkeninin zaman serisi modellerinde istatistiki olarak anlamlı ve pozitif bulunması, "Türkiye'ye gelen doğrudan yabancı yatırım akımların büyük kısmının yeniden ihracatı amaçladığını göstermektedir" sonucuna ulaşılmıştır.

Yapraklı (2006), çalışmasında Türkiye'de doğrudan yabancı yatırımlar ile birtakım makro ekonomik değişkenler arasında bir ilişki olup olmadığını tespit etmektir. Bu amaçla 1970-2006 dönemi için, doğrudan yabancı sermaye yatırımları ile GSYİH, işgücü maliyeti, reel döviz kuru, dışa açıklık oranı ve dış ticaret açığı arasındaki ilişkiler, çoklu eş-bütünleşme analizi ve Hata Düzeltme Modeli kullanılarak ekonometrik açıdan test edilmektedir. Analiz sonuçlarına göre, doğrudan yabancı yatırımlar, GSYİH ve dışa açıklıktan pozitif, işgücü maliyeti, reel döviz kuru ve dış ticaret açığı değişkenlerinden negatif olarak etkilenmektedir. Ayrıca, doğrudan yabancı yatırım ile GSYİH ve reel döviz kuru değişkenleri arasında karşılıklı bir nedensellik ilişkisi gözlenmektedir. Aynı zamanda doğrudan yabancı yatırımlar ile reel döviz kuru arasındaki negatif ilişki, Türkiye'de faaliyet gösteren yabancı firmaların yüksek miktarda ithal girdi kullandıklarının bir göstergesi olarak kabul edilmektedir.

Dursun ve Bozkurt (2007), bu çalışma VAR modeli kullanarak Türkiye'de 1991.12-2006.1 dönemi reel döviz kuru volatilitesinin yabancı doğrudan yatırım akımları üzerindeki etkisini araştırmıştır. Teorik düşünceler, reel döviz kuru volatilitesinin doğrudan yabancı yatırımlar üzerindeki kısa ve uzun dönem etkisinin belirsiz olduğunu göstermektedir. Öncelikle bu konu üzerindeki ampirik bulguların teorik düşünceleri destekleyip desteklemediği araştırılmıştır. Döviz kurundaki volatilite GARCH modeli ile belirlenmiştir. Elde edilen bulgular, Türkiye'de reel döviz kuru volatilitesinin doğrudan yabancı yatırımlar üzerinde etkili olmadığını göstermiştir. Bu durum Türkiye'de yabancı yatırımcıların gelecekteki döviz kuru riskine karşı önlem aldıkları şeklinde yorumlanabilir. Koyuncu (2010), çalışmasında Türkiye'de doğrudan yabancı yatırım girişlerinde etkili olan faktörleri belirlemektir. Bu amaçla 1990-2009 dönemine ait veriler kullanılarak dışa açıklık oranı, faiz oranı, reel döviz kuru, net uluslar arası rezervler, enflasyon oranı (TEFE) ve GSYİH gibi makroekonomik değişkenlerin doğrudan yabancı sermaye yatırımları üzerindeki etkileri yapısal Var analizi kullanılarak test edilmiştir. Elde edilen sonuçlara göre doğrudan yabancı yatırım girişlerinin önceki dönem doğrudan yabancı yatırım miktarı, gayri safi yurtiçi hasıla, ticari dışa açıklık ve net uluslar arası rezervlerdeki değişimlerden anlamlı derecede etkilenmektedir. Sonuçlara göre; dış ticaret hacminin artması ve önceki yatırımların başarılı olması izleyen yıllarda daha fazla yabancı yatırım girişini teşvik edecektir. Türkiye'nin doğrudan yabancı yatırım girişlerini etkileyen unsurları belirlemesi ve önlemlerini ona göre alması; doğrudan yabancı yatırımların olumlu etkilerinden bir politika aracı olarak yararlanabilmesi bakımından önem taşımaktadır.

3.3. Ekonometrik Analizde Kullanılacak Değişkenler ve Veri Kaynakları

Çalışmanın ekonometrik uygulama kısmında reel döviz kuru, doğrudan yabancı yatırımlar ve ekonomik büyüme arasındaki ilişki, Türkiye ekonomisine ait 1989Q1-2011Q1 süreci üçer aylık dönemler itibariyle analiz edilmiştir. Ekonometrik analiz sonuçlarında öncelikle Model 1 olarak nitelendirilen, ekonomik büyüme oranının bağımlı, reel döviz kuru ve doğrudan yabancı yatırımların bağımsız değişkenler olduğu regresyon denklemine yer verilecektir. İkinci olarak, reel döviz kurunun bağımlı, doğrudan yabancı yatırımların bağımsız olduğu Model 2 ve son olarak ise doğrudan yabancı yatırımların bağımlı, reel döviz kurunun bağımsız değişken olduğu Model 3 tahmin edilecektir. Her bir modelde ayrıca ticari dışa açıklık, enflasyon oranı ve toplam işgücü miktarı değişkenleri açıklayıcı kontrol değişkenler olarak analizlere dahil edilmiştir. Ayrıca serilerin ekonometrik analizlerde daha iyi bir şekilde kullanılması için uygun istatistiki dönüşümleri yapılmıştır. Kullanılan verilerin istatistiki dönüşümlerinin sağlanmasında ve analizde Eviews 6.1 Programı kullanılmıştır. Bu kısımda, ekonometrik uygulama aşamasında kullanılan değişkenlere ve hangi kaynaklardan derlendiğine ilişkin açıklamalar yapılacaktır.

Bağımlı değişken olarak, Model 1'de büyüme oranını temsil etmesi için reel GSYİH'daki artış oranından, Model 2'de reel döviz kurunu temsil etmesi için reel efektif döviz kuru endeksinden ve Model 3'de de doğrudan yabancı sermaye yatırımlarını temsil etmesi için ülkeye giren doğrudan yabancı yatırımlar toplam değerinden faydalanılmış ve bu serilerin logaritmik dönüşümü yapılarak analizlerde kullanılmıştır.

Her bir modelde aynı kontrol değişkenler kullanılmıştır.

Ticari dışa açıklık: İthalat ve ihracat serbestisinin doğrudan yabancı yatırımların ihtiyaç duyabileceği ara mallarını ithal etme ve ürettiklerini ihraç etme konusunda yabancı firmaya hareket kolaylığı sağlayacağı, sürdürülebilir büyümenin en önemli unsurlarından biri kabul edildiği ve reel döviz kurunu etkilediği açıktır. Yatırımların ticaret edilebilir sektörlere yöneleceği varsayımıyla, dışa daha fazla açık olan ülkelerin doğrudan yabancı yatırım çekeceği düşünülebilir (Karagöz, 2007:939). Ticari açıklık genellikle dış ticaret hacminin (ithalat ve ihracat toplamının) veya sadece ihracatın GSYİH'ye oranı ile ölçülmektedir.

Enflasyon oranı: Ekonometrik modellerde fiyat istikrarını temsil etmesi amacıyla enflasyon değişkeninin kullanılması öngörülmüştür. Tüketici fiyat endeksindeki artış oranı olarak ifade edilen enflasyon oranı verileri için TÜFE'den yararlanılmıştır.

Toplam işgücü miktarı: Bir ülkenin doğrudan yabancı sermaye yatırımları çekme kapasitesi emsal bir ülkenin işgücü miktarının bolluğuna bağlı olarak değişim göstermektedir. Ayrıca emek faktörü temel üretim faktörlerinden birisi olması dolayısıyla da bir ülkenin üretim kapasitesinin ölçütü olan GSYİH ve ekonomik büyümenin belirleyicilerindendir. Bu nedenle toplam işgücü miktarı değişkeni her üç modelde kontrol değişken olarak dahil edilmiştir.

Bu çalışmada reel döviz kuru, doğrudan yabancı yatırımlar ve ekonomik büyüme arasındaki ilişkiyi araştırmak amacıyla Türkiye ekonomisine ait 1989Q1-2011Q1 dönemi üçer aylık veriler kullanılarak ekonometrik analizler yapılmıştır. Reel döviz kuru, doğrudan yabancı yatırımlar ve dışa açıklığa ilişkin veriler Merkez Bankası'nın Elektronik Veri Dağıtım Sistemi'nden alınmıştır. İşgücü miktarına ilişkin veriler Türkiye İstatistik Kurumu (TÜİK)'ndan, GSYİH ve enflasyon oranına ilişkin veriler ise İFS (International Financial Statistics)'den derlenmiştir.

3.4. Değişkenleri Tanımlamakta Kullanılan Kısaltmalar

Bundan sonraki aşamalarda tahmin edilen denklemlerin anlaşılması ve tabloların yorumlanması için ampirik analiz bölümünde kullanılacak olan değişkenler, kısaltmaları ve niteliklerine ilişkin kısa bir özet verilmesi uygun görülmektedir.

Tablo-21: Serilerin Tanımlanması

Simgesi	Değişkenlerin Açıklanması
LBüyüme	Reel GSYİH'daki artış oranı
LFDI	Doğrudan Yabancı Yatırımın Miktarı
LREDK	Reel Efektif Döviz Kuru
LLABOR	Toplam İşgücü Miktarı
LOPEN	Ticari Dışa Açıklık Oranı
LTUFE	Tüketici Fiyat Endeksindeki Değişim

3.5. Ekonometrik Metodoloji

Doğrudan yabancı sermaye yatırımları ile reel döviz kurun ekonomik büyüme üzerinde olan etkilerini belirlemeyi amaçlayan bu çalışmada, ekonomik varsayımlara dayanılarak oluşturulan farklı modeller yardımıyla, doğrudan yabancı sermaye yatırımları ile reel döviz kurun ekonomik büyüme üzerindeki etkileri zaman serisi analizi ile araştırılmıştır. Aynı yöntemle reel döviz kuru ile doğrudan yabancı yatırımlar arasındaki ilişkiye de bakılmıştır. Bu bölümde, çalışmanın amacına uygun olarak ilgili metodoloji özetlenmektedir.

Son dönemlerde, ekonometrik yöntemler doğrultusunda ekonomik olayları daha iyi açıklayabilmek amacıyla ekonomik veriler kullanılmakta ve ekonomik modeller ortaya konmaktadır. Çalışmanın konusuna uygun olarak zaman serisi niteliğinde toplanan ekonomik verilerin incelenmesi ve belirli eğilimlerinin ortaya çıkarılması ile ileriye dönük tahminler yapılması mümkündür. Bu nedenle de zaman serileri özellikle ekonomik analizler için büyük önem taşımaktadır (Köksal, 2003:443). Bu çerçevede ekonomide hem olaylar daha iyi açıklanmış olmakta hem de çözüm önerileri geliştirilebilmektedir. Geleneksel ekonometrik modeller, yapısal analiz, politika yapımı ve öngörü için kullanılabilirken; zaman serisi modelleri daha çok öngörü için kullanılmaktadır. Ancak, ilki değişkenlerin gelecekteki hareketlerini pek uzun olmayan bir dönem için öngörebilirken, ikincisi daha uzun dönemli bir öngörü yapabilmektedir (Tarı, 2010:373).

Bir zaman serisi, ilgilenilen bir büyüklüğün zaman içerisinde sıralanmış ölçümlerinin bir kümesidir. Zaman serisi ile ilgili bu analizin yapılma amacı ise, gözlem kümesince temsil edilen gerçeğin anlaşılması ve zaman serisindeki değişkenlerin gelecekteki değerlerinin doğru bir şekilde tahmin edilmesidir (Allen, 1964:133-152). Ekonometrik yöntemlerin zaman serileri için uygulanmasına geçmeden önce zaman serilerini oluşturan farklı unsurları incelemek gerekmektedir. Zaman serileri dört bileşenden oluşur (Newbold, 2000:777-785);

1. Trend (Genel Eğilim) bileşeni; Zaman serilerinin uzun sürede gösterdiği düşme ve yükselme süreçlerinden sonra oluşan kararlı durumdur. Zaman serileri uzun dönem açısından kararlı alçalma ya da yükselme şeklinde bir eğilime sahiptir.
2. Mevsim Bileşeni; Zaman serilerinde mevsimlere göre değişmeyi ifade eder. Zaman serileri açısından kullanılan verilerin kimi dönemleri diğer dönemlere göre farklılık gösterir.
3. Çevrimsel Bileşen; Ekonomide, mevsimsel değişmeler ile ilgili olmayan dönemsel değişmelerdir. Örneğin, ekonomide genel eğilimden bağımsız kısa süreli genişleme ya da daralma durumu çevrimsel süreci tarif eder.
4. Düzensiz Bileşen; Diğer unsurlar gibi belirli olmayan, hata terimi ile ifade edilebilecek değişmelerdir.

Zaman serileri tüm bu kendilerini oluşturan bileşenlere ayrıştırıldıktan sonra, bileşenlerin toplamı şeklinde; $Y_t = T_t + S_t + C_t + I_t$ ya da çarpma yöntemi ile $Y_t = T_t S_t C_t I_t$ şeklinde belli bir t döneminde Y zaman serisi ifade edilebilir.

Zaman serilerinin kullanıldığı çalışmalarda öncelikli olarak serilerin durağanlık özelliğinin incelenmesi gereklidir. Değişkenler arasında ekonometrik olarak anlamlı ilişkiler elde edebilmek için analizi yapılan serilerin durağan seriler olması gerekmektedir. Çünkü durağan olmayan serilerin kullanıldığı regresyon denklemlerinde, değişkenler arasında bir ilişki olmadığı halde sahte regresyon diye ifade edilen, anlamlı t ve F istatistikleri ile yüksek R^2 değerlerine rastlamak mümkündür. Fakat Durbin-Watson istatistik değeri beklenen değerin altında çıkmaktadır. Bu nedenle, regresyonun gerçek bir ilişkiyi mi, yoksa yanıltıcı bir ilişkiyi ifade ettiği, zaman serisi verilerinin durağan olup olmamalarıyla ilgilidir (Tarı, 2010:374). İncelenen zaman diliminde serilerin ortalama ve varyansının değişmesi, bu serilerin durağan olmadığı veya bir diğer ifadeyle birim kök içerdiği anlamına gelmektedir. Dolayısıyla ortalamasıyla varyansı zaman içinde değişmeyen ve iki dönem arasındaki ortak varyansı bu ortak varyansın hesaplandığı döneme değil de yalnızca iki dönem arasındaki uzaklığa bağlı olduğu seriler durağan serilerdir (Gujarati, 2006: 713).

$$\text{Ortalama}=E(Y_t)=\mu \qquad (4)$$

$$\text{Varyans}=var(Y_t-\mu)^2=\delta^2 \qquad (5)$$

$$\text{Kovaryans}=\chi_k=E[(Y_t-\mu)(Y_{t-k}-\mu)] \qquad (6)$$

Zaman serilerinin durağan olmaması durumunda, zaman serileri trend içerecektir. Bu durumda zaman serilerinin kullanılacağı öngörümleme ve regresyon denklemlerinde sahte regresyon benzeri durumlar ortaya çıkacaktır. Zaman serileri durağan değillerse, stokastik yada deterministik trend içermektedirler. Ancak seri üzerinde uzun dönemde deterministik bir trendin varlığı ile düzensiz modellerde zaman içinde ortaya çıkan ve bir müddet sonra kayıp olan trendler birbirinden farklıdır.

Deterministik trend, oldukça uzun bir dönemde ortaya çıkan ve yükseliş ve alçalış zikzakları arasında belli bir yöndeki uzun dönemdeki eğilimi ifade etmektedir. Zaman serisi içerisinde trendin bütünü ile kestirilebilir oluşu deterministik trende işaret etmektedir (Diebold, 2000; 127-132).

$$Y_t=a+\beta t+\varepsilon \qquad (7)$$

Söz konusu denklem bize durağan olmayan bir zaman serisi içerisindeki deterministik trendi tarif etmektedir. Eğer rassal yürüyüş(random walk) modelini ifade edecek olursak (Mankiw ve Matthew, 1985; 165-174);

$$Y_t=Y_{t-1}+\varepsilon \qquad (8)$$

stokastik bir trendi ifade etmiş oluruz. Bu yöntem, durağan zaman serileri için yapıldığından, diziler durağan değilse çeşitli teknikler kullanılarak öncelikle diziler durağan hale getirilip daha sonra analizler yapılmaktadır.

3.5.1. Zaman Serilerinde Durağanlığın Sınanması

Bir iktisadi zaman serisinde yapısal değişim, belirli bir zaman noktasında trendin kesme terimi veya eğiminde istatistiksel olarak anlamlı bir değişikliğin olması demektir. En küçük kareler yönteminde değişkenlerin ko-varyansının ve ortalamasının sabit ve zamandan bağımsız olduğu varsayılmaktadır. Ancak, ekonomiye ilişkin değişkenler birim kök testlerine tabi tutulduğunda birçoğunun belirtilen özelliğe sahip olmadığı; başka bir deyişle, ilgili değişkenlerin durağan olmadığı ortaya çıkmaktadır. Bu noktada durağanlığın anlamı bir serideki geçmiş şokların ilgili veriyi zaman içerisinde azalan dozda etkilemesi veya serinin zaman içinde belirli bir değere yaklaşması (yani serinin beklenen değeri etrafında dalgalanması) demektir. Durağanlığa sahip olmayan bir seri için, yüksek R2 değerlerine rağmen standart istatistik testleri geçersizdir (Kadılar 2000; 5, Salvatore & Reagle 2002; 245, Tarı 2006;382). İktisadî zaman serilerinde durağanlığın test edilmesinde iki yaklaşım kullanılmaktadır. Bunlar korelogram testleri ile birim kök testleridir.

3.5.1.1. Görsel Saptama – Kolegram Testi

Basit bir durağanlık testi olan korelogram testi, otokorelasyon fonksiyonu (ACF) kavramına dayanır. Otokorelasyon fonksiyonu serinin bazı değerleri ve gecikmeli değerleri arasındaki ilişkinin boyutunu belirler. Değişik zaman aralıkları (k) için bulunacak ACF(k) katsayısı değerleri ilişkilendirildiğinde, korelogram elde edilir. ACF(k) değerleri 1 ve –1 arasında yer almaktadır.

$$ACF(k) = \frac{S(X_t - X_{bar})(X_{t-k} - X_{bar})}{S(X_t - X_{bar})^2} \qquad (9)$$

Durağanlık tespiti için korelogramdan şu şekilde yararlanılır. ACF eğer çok yüksek bir değerden başlayıp çok yavaş küçülüyorsa, bu serinin durağan olmadığının bir göstergesidir. Söz konusu hipotez testi her bir ACF(k) değeri için +-1.96(1/√n) değeri bulunarak yapılır. Eğer ACF(k) değeri güven aralığı sınırları dışında kalıyorsa otokorelasyon vardır. Kısmi korelasyon fonksiyonu gecikmeli değişkenler arasındaki ilişkiyi ifade eder. Kısmi korelasyon fonksiyonu ile korelasyon Y ve Yt-k değerleri arasındaki terimlerin etkisi çıkarılarak bulunur (Ertek, 1996;383).

3.5.1.2. Birim Kök Testleri

Ekonometrik analizlerde durağan olmayan zaman serilerinin kullanılması önemli sorunlara yol açmaktadır. Birim kökün varlığının göz ardı edilmesi, bu zaman serileri ile oluşturulan modellerin sahte regresyon sonuçları vermesine neden olabilmektedir. Bu nedenle, zaman serileri ile çalışılırken öncelikle değişkenlerin bütünleşme derecelerinin (durağan olup olmadıklarının) belirlenmesi gerekmektedir. Durağanlık, bir zaman serisinin ilgili dönem içerisinde varyansının ve ortalamasının değişmemiş olmasıdır. Eğer iki zaman serisi arasında bir ilişkiden bahsediliyor ve aralarında istatistiki bakımdan anlamlı bir ilişki var ise bu ilişkinin gerçek mi yoksa sahte mi olduğunu anlayabilmek için birim kök testi ile serilerin kaçıncı dereceden durağan olduklarının belirlenmesi gerekir. Her iki seri de aynı dereceden durağan çıkıyorsa bu ilişki gerçek bir ilişkidir. Zaman serilerinin normal bütünleşme derecelerinin araştırılmasında, yapısal kırılmaları dikkate alan ve almayan farklı birim kök testleri geliştirilmiştir.

3.5.1.2.1. Yapısal Kırılmanın Dikkate Alınmadığı Birim Kök Testleri

Zaman serilerinde yapısal kırılmanın dikkate alınmadığı birim kök testleri arasında uygulamada en çok kullanılan genişletilmiş Dickey-Fuller (ADF), Phillips Perron (PP) ve Kwiatkowski, Philips, Schmidt, Shin (KPSS) birim kök testleridir. Bu çalışmada da yapısal kırılmayı dikkate almadan serilerin durağanlığının sınanmasında sayılan ilk iki yöntemden faydalanılacaktır.

3.5.1.2.1.1. Dickey–Fuller (DF) ve Genişletilmiş Dickey-Fuller (ADF) Testi

Dickey-Fuller testi, gözlenen serilerde birim kökün varlığının (serinin durağan olmadığı) olup olmadığının belirlenmesinde kullanılan bir testtir. Bu yöntemin ilk olarak duyurulması,

Dickey D.A. ve W.A. Fuller'ın 1979'da 'Journal of American Statistical Association' adlı dergide yayınlanan makaleleriyle olmuştur. Yapılan uygulamalarda serinin birim kök taşıyıp taşımadığının saptanması için mutlak suretle DF (Dickey-Fuller) testinin yapılması gerekli bulunmaktadır (Harris, 1995: 28).

Bir serinin uzun dönemde sahip olduğu özellik, bir önceki dönemde değişkenin aldığı değeri, bu dönemi ne şekilde etkilediğinin belirlenmesiyle ortaya çıkartılabilir. Bu nedenle, serinin nasıl bir süreçten geldiğini anlamak için, serinin her dönemde aldığı değerin daha önceki dönemdeki değerleriyle regresyonunun bulunması gerekmektedir (Tarı, 2010:387). Bunun için değişik yöntemler geliştirilmiş olmakla birlikte, ekonometride birim kök analizi olarak bilinen yöntemle, serilerinin durağan olup olmadıkları belirlenebilmektedir. Durağan seriler ile durağan olmayan seriler arasındaki temel farklara baktığımız takdirde; durağan serilerde, seri uzun dönemde, dalgalanmalar olsa bile, aynı ortalamayı muhafaza ettiğini, zaman bağlı olarak değişmeyen bir sonlu varyansa sahip olduğunu ve gecikme zamanı uzadıkça, korelogram gittikçe sıfıra yaklaşır ve sıfır olmaktadır. Durağan olmayan serilerde ise, serinin uzun sürede döneceği bir ortalama değer bulunmamakta, zaman sonsuza yaklaştığında, varyans zamana bağlı olduğundan, o da sonsuza yaklaşmakta ve teorik korelogram hemen bitmez, yavaş yavaş azalmaktadır (Kutlar, 2005:308).

Dickey-Fuller tarafından temel alınan otoregresif süreç sıfır ortalama ve σ^2 varyansı bulunan bağımsız normal bir rassal değişken dizisidir. ρ'nin maksimum olabilirlik tahmincisi, en küçük kareler tahmincisine göre hesaplanmaktadır (Dickey ve Fuller, 1979: 427). Birinci dereceden otoregresif bir modelde u saf rastsal bir hata terimini ifade ettiğinde durağanlık şartının sağlanabilmesi için $|\rho|>1$ olması gerekmektedir. $|\rho|>1$ olması halinde birim kökün varlığından bahsedilebilecektir (Gujarati, 2004: 802, Özşahin, 2011:155).

Y_t değişkeninin bu dönemde aldığı değerin geçen dönemdeki değeri olan Y_{t-1} ile ilişkisi;

$$Y_t=\rho Y_{t-1}+u_t \qquad (10)$$

biçiminde kurulabilir ve ilişki,

$$Y_t=Y_{t-1}+u_t \qquad (11)$$

biçimini almaktadır. Yukarıdaki 11 nolu denklemin sağ ve sol tarafından Y_{t-1} çıkarılarak,

$$\Delta Y_t=(p-1)Y_{t-1}+u_t \qquad (12)$$

ilişkisi elde edilebilir. Burada, $\Delta Y_t = Y_t - Y_{t-1}$ birinci farktır. (p-1)'de δ olarak ifade edilirse ilişki,

$$\Delta Y_t=\delta Y_{t-1}+u_t \qquad (13)$$

olarak yazılabilir. p=1 olduğunda δ=0 olacaktır. δ=0 olduğunda da,

$$\Delta Y_t=(Y_t-Y_{t-1})=u_t \qquad (14)$$

olacak ve dolayısıyla Y_t (birinci fark) durağan olacaktır (Tarı, 2010:388).

$|\rho|<1$ olduğu durumda $t\rightarrow\infty$ iken Y_t zaman serisi de sonsuza yaklaşacaktır. $|\rho|=1$ iken zaman serisi durağan olmayacak ve Y_t'nin varyansı $t\sigma^2$ olacaktır. $|\rho|>1$ olduğunda ise zaman serisi durağan olmamakla birlikte zaman geçtikçe (t arttığında) üssel olarak artacaktır (Dickey ve Fuller, 1979: 427). Dickey- Fuller, birim kökün olduğuna yönelik boş hipotezin geçerliliğinde bağımlı değişkenin gecikme katsayısının t değerini τ(tau) istatistiği olarak hesaplamıştır ve bu kritik değerleri Monte Carlo simulasyonu çerçevesinde elde etmişlerdir. Ancak daha sonraları 1990 yılında bu değerlerin kısıtlı olması dolayısıyla MacKinnon(1990) tarafından daha kapsamlı bir tablo haline dönüştürülmüştür (Gujarati, 2004: 815, Özşahin, 2011:155).

Basit Dickey-Fuller testi, modellerin sabit ve trend gibi stokastik ve deterministik bileşenler içerme durumuna göre üç şekilde yazılabilir (Enders, 1995:221; Harris, 1995: 34).

$$\Delta Y_t=\delta Y_{t-1}+u_t \qquad (15)$$

$$\Delta Y_t=\beta_1+\delta Y_{t-1}+u_t \qquad (16)$$

$$\Delta Y_t=\beta_1+\beta_{2t}+\delta Y_{t-1}+u_t \qquad (17)$$

Eşitliklerde yer alan t, zaman veya trend değişkenini temsil etmektedir ve her bir durumda $\delta=0$ olduğuna işaret eden boş hipotez zaman serilerinde birim kökün olduğu bir diğer ifadeyle serilerin durağan olmadığı anlamına gelmektedir. $\delta\neq 0$ olduğunu belirten alternatif hipotez ise boş hipotezin aksine incelenen zaman serisinin durağan olduğuna işaret etmektedir (Gujarati, 2004: 815; Hamilton, 1994:501-502). Karar aşamasında ise tau istatistiği ve Dickey-Fuller veya MacKinnon kritik tau değerlerine göre sonuca ulaşılmaktadır. Hesaplanan tau değerinin mutlak değeri Dickey-Fuller veya MacKinnon kritik tau değerlerinden daha büyük olduğunda ($|\tau_{hes}|\rangle\tau_{DF}$) $|\tau_{hes}|\rangle\tau_{DF}$ boş hipotez reddedilir ve serinin durağan olduğuna karar verilir. Aksine hesaplanan değerin Dickey-Fuller veya MacKinnon kritik tau değerlerinden küçük olması halinde ($|\tau_{hes}|\langle\tau_{DF}$) ise boş hipotez geçerli olacaktır. Ancak kullanılacak tau istatistiği kritik değerlerinin her bir durum için farklı Dickey- Fuller test istatistiğine karşılık geleceği hatırda tutulmamalıdır (Gujarati, 2004: 816, Özşahin, 2011:156).

Dickey-Fuller testinde hata terimlerinin istatistiksel olarak bağımsız ve sabit varyanslı olması gerekmektedir ve bu varsayım serilerde otokorelasyon ve değişen varyansın olmaması anlamı taşımaktadır. Ancak bir zaman serisi AR(p) gibi bir süreç izlerken bu sürecin AR(1) olarak kabul edilmesi, hata teriminde otokorelasyon sorununun ortaya çıkmasına neden olacaktır. Hata terimlerinin otokorelasyonlu olması Dickey-Fuller yönteminin kullanımını geçersiz kılacaktır. Bu sorunun giderilmesi için bağımlı değişkenin gecikmelerinin regresyona eklenmesiyle 3 farklı genişletilmiş Dickey-Fuller(Augmented Dickey Fuller) modeli elde edilmiştir (Enders, 1995: 222; Harris ve Sollis, 2003: 48).

$$\Delta Y_t=\delta Y_{t-1}+\sum_{i=1}^{m}\alpha_i Y_{t-i}+u_t \quad (18)$$

$$\Delta Y_t=\beta_1+\delta Y_{t-1}+\sum_{i=1}^{m}\alpha_i Y_{t-i}+u_t \quad (19)$$

$$\Delta Y_t=\beta_1+\beta_{2t}+\delta Y_{t-1}+\sum_{i=1}^{m}\alpha_i Y_{t-i}+u_t \quad (20)$$

Eşitliklerde yer alan u_t hata terimini, Y_{t-1} ise bağımlı değişkenin bir dönem gecikmeli değerini temsil etmektedir. ADF testinde de birim kökün varlığı bir diğer ifadeyle $\delta=0$ durumu test edilmektedir ve ADF testi, Dickey-Fuller ile aynı asimtotik dağılımı izlediği için aynı kritik değerlere göre durağanlık durumuna karar verilmektedir (Gujarati, 2004: 817). Zaman serilerinin durağanlık şartını taşıması için bir diğer ifadeyle boş hipotezin reddedilerek alternatif hipotezin kabul edilmesi için hesaplanan ADF değerinin kritik tablo değerinden daha küçük olması gerekmektedir (Brockwell ve Davis, 2002: 194-195, Özşahin, 2011:157).

3.5.1.2.1.2. Phillips – Perron Testi

Dickey-Fuller testlerinde hata terimlerinin istatistiki olarak bağımsız, normal dağılıma ve sabit varyansa sahip olduğu kabul edilmektedir. Bu metodoloji kullanılırken hata terimleri arasında korelasyon olmadığına ve sabit varyansa sahip olduklarına emin olmak gerekir. Phillips ve Perron (1988) Dickey-Fuller'ın hata terimleri ile ilgili olan bu varsayımını biraz daha genişletmişlerdir (Kutlar, 2005:321).

ADF testi hata terimlerinin birbirleriyle ilişkisiz olduğunu kabul etmektedir. Ancak bu genelde karşılaşılan bir durum değildir. Philips-Peron (PP) testi ise bu varsayımı kaldırır ve hata terimlerinin dağılımlarının zayıf bağımlı ve heterojen bir yapıya sahip bir süreçte üretildiğini kabul eder. Pozitif hareketli ortalama parametresinin varlığında, PP testinin ADF testine göre daha başarılı sonuçlar verdiği bulunmuştur. Öte yandan parametre negatif olarak tahmin edilirse, sonlu örnek büyüklüğünden kaynaklanan sapmalar oluşmakta ve Philips–Perron testinin gözlemlenebilen avantajı kalmamaktadır. PP testinin kullanılmasını gerektirecek başka bir neden, ADF testlerinde seçilen gecikmeli değişkenlerin sayısının yaratabileceği sorunlardan kaynaklanmaktadır (Demircioğlu, 2009:127). Bu nedenlerden dolayı genellikle hem ADF hem de PP testleri birlikte uygulanır.

DF ve ADF testlerine alternatif olarak geliştirilen bu durağanlık testinde hata terimlerine ilişkin beklenen değerin sıfıra eşit olduğu (Et=0) varsayılmakla birlikte, hata terimlerinin değişen varyanslı hali ele alınmış; başka bir deyişle, ADF testindeki varsayımlar yumuşatılmıştır (Enders, 1995;239). Bu test hareketli ortalama (MA) sürecini de göz önünde tutan (yani ARIMA içerikli) ve parametrik olmayan bir testir. Aynı zamanda, bu test küçük örneklemler için daha iyi sonuç vermektedir (Yavuz, 2006; 967, Üçler, 2011:165).

Regresyon denkleminden elde edilen hata terimlerinin birbiriyle ilişkili olmasını ve değişen varyans sorununu düzelten bir yöntem olan Phillips ve Perron birim kök testinde, şu regresyon dikkate alınır:

$$Y_t = a_0^* + a_1^* y_{t-1} + \mu_t \quad (21)$$

$$Y_t = \tilde{a}_0 + \tilde{a}_1 y_{t-1} + \tilde{a}_2 (t - T/2)\mu_t \quad (22)$$

Bu modellerde, μ_t hata teriminin beklenen değeri, sıfır olmakla birlikte serisel bağımsızlık ve sabit varyans şartı yoktur. T, toplam gözlem sayısıdır. (t-T/2) terimi, t trend değişkenini sıfır etrafında normalize etmektedir. (a_0^* ve a_1^*) trendsiz modelin, ($\tilde{a}_0, \tilde{a}_1, \tilde{a}_2$) trendli modelin sıradan EKK katsayılarını göstermektedir. Fakat burada hata terimleri arasında içsel bağlantının olmadığı veya homojenlik varsayımı gereklidir. Bu açıdan bakıldığında DF testinin bağımsızlık ve homojenite varsayımları PP testinde terk edilmiş hata terimlerinin zayıf bağımlılığı ve heterojen dağılımı kabul edilmiştir. Böylece PP, Dickey Fuller t istatistiklerini geliştirmesinde hata terimlerinin varsayımları konusundaki sınırlamaları dikkate almamıştır.

Sonuç itibariyle, ADF birim kök testine göre düşük frekanslı serilerde daha etkili sonuçlar verdiği ileri sürülen PP testinin, negatif hareketli oralamalarda, birim kök hipotezini red etme eğiliminde olduğu ancak pozitif hareketli ortalama söz konusu olduğunda ise daha iyi sonuçlar verdiği belirtilmektedir (Bozkurt, 2007; 41, Üçler, 2011:166).

3.5.1.2.2. Yapısal Kırılmanın Dikkate Alındığı Birim Kök Testleri: Zivot–Andrews Birim Kök Testi (ZA)

Makro ekonomik değişkenler analiz dönemi içindeki politik sebepler, afetler, savaşlar, krizler ve teknolojik değişikliklerden etkilenirler ve bu etkiler seride yapısal kırılmalara neden olmaktadır. Yapısal kırılmaları dikkate almayan testler, seride sapmaya, değişkenler arasında sahte regresyona neden olur (Elma, 2008:26). Bu sorunları ortadan kaldırmak için serideki yapısal kırılmaları dikkate alan testler geliştirilmiştir. Bu testlerden Perron (1989), Zivot ve Andrews (1992), Perron (1997) birim kök testleri, DF ve ADF testlerine alternatif olarak serideki yapısal kırılmaları dikkate alarak değişkenlerin durağanlıklarını incelemektedir. Perron(1989) kırılmanın dışsal olarak belirlendiğini kabul etmesine rağmen Zivot ve Andrews(1992), Perron(1989)'un kullandığı serilerle aynı analizi yapmış ancak kırılmanın içsel belirlendiğini varsaymasından dolayı farklı sonuçlara ulaşmıştır (Zivot ve Andrews, 1992: 251-254).

Bu çalışmada serilerde yapısal kırılmayı dikkate alan bir birim kök testi olarak Zivot ve Andrews(1992) tarafından geliştirilen yöntemden faydalanılacaktır. Zivot ve Andrews (1992), serideki yapısal kırılma dönemi hakkında öncesinde bir bilgiye sahip olunmadan, kırılma döneminin içsel olarak belirlenebileceği çalışmalarında, yapısal kırılma durumunda durağanlığı incelemişlerdir. Zivot ve Andrews(1992) çalışmasında, kırılma noktasının veriye bağlı bir süreçte gerçekleştiğine dikkati çekerek, yapısal kırılma döneminin olasılıklı kırılma dönemleri arasından seçilebileceğini ifade etmişlerdir. Böylece veri kaybının önlenebileceğini belirtmişlerdir. Ayrıca kırılma noktalarının seçiminin önceki gözlemlere dayandırılması gerektiğini, aksi takdirde ön test ile ilgili problemlerin doğabileceğini öne sürmüşlerdir (Elma, 2008:34)

Ekonometrik yöntemlerin birçoğunda olduğu gibi birim kök testlerinde de, veride meydana gelen bu yapısal değişimlerin dikkate alınmaması eğilimli sonuçlar elde edilmesine neden olabilmektedir. Perron (1989)'da belirtildiği gibi, yapısal kırılmaların varlığı durumunda standart Dickey-Fuller (DF) testi, birim kök temel hipotezini kabul etme yönünde eğilimli olmaktadır. Bu nedenle Perron (1989) yapısal kırılmanın dışsal olarak belirlendiği tek kırılmalı bir birim kök testi geliştirmiştir (Yılancı ve Özcan, 2010:25).

Banarjee vd. (1992) ve Christiano (1992) ise kırılma noktalarının dışsal olarak belirlenmesinin bir tür "veri eşeleme" olarak görülebileceğini vurgulamışlardır. Bu eleştirinin temelinde yatan nokta, kırılma tarihinin gözleme bağlı olması nedeniyle veriden bağımsız olduğu varsayılan test stratejisinin tutarlı olmamasıdır (Libanio, 2005:155). Peron (1989)'un çalışmasında yapısal kırılmanın dışsal olarak belirlenmesinin neden olduğu bu ve benzeri eleştiriler sonrasında, yapısal kırılmanın içsel olarak belirlendiği birçok birim kök testi geliştirilmiştir. Zivot-Andrews (1992) (ZA) birim kök testi için aşağıdaki modeller ele alınır (Zivot ve Andrews, 1992: 254, Yılancı ve Özcan, 2010: 25):

$$y_t = \mu + \beta_t + \delta y_{t-1} + \theta_1 DU(\lambda) + \sum_{i=1}^{k} \delta_i \Delta y_{t-i} + e_t \quad (23)$$

$$y_t = \mu + \beta_t + \delta y_{t-1} + \theta_2 DT(\lambda) + \sum_{i=1}^{k} \delta_i \Delta y_{t-i} + e_t \quad (24)$$

$$y_t = \mu + \beta_t + \delta y_{t-1} + \theta_2 DT(\lambda) + \theta_1 DU(\lambda) + \sum_{i=1}^{k} \delta_i \Delta y_{t-i} + e_t \quad (25)$$

Burada; Model 23 ortalamada, Model 24 eğimde, Model 25 ise hem eğimde hem de ortalamada meydana gelen yapısal değişimi içermektedir. $t = 1,2,\dots,T$ zamanı, T_B kırılma zamanı olmak üzere, $\lambda = T_B / T$ ($\lambda \in (0.15, 0.85)$) nispi kırılma yansımasını göstermektedir. Seride uç noktaların var olması durumunda, istatistiklerin asimptotik dağılımlarının sonsuza ıraksaması nedeniyle (Narayan ve Smyth, 2004: 708, Yılancı ve Özcan, 2010:25), yapısal kırılmanın varlığı sadece λ bölgesinde aranmakta ve bu sayede serinin uç noktaları analize dâhil edilmemektedir. Model sisteminde yer alan *DU* ortalamadaki, *DT* ise trenddeki kırılmayı ifade eden ve şu şekilde tanımlanan kukla değişkenlerdir:

$$DU_t = \begin{cases} 1 & t \rangle TB \text{ iken,} \\ 0 & \text{diğer durumlarda.} \end{cases} \quad (26)$$

$$DT_t = \begin{cases} t - TB & t \rangle TB \text{ iken,} \\ 0 & \text{diğer durumlarda.} \end{cases} \quad (27)$$

Kırılma noktasının tahmini için $t = 2,\dots,(T-1)$ için En Küçük Kareler (EKK) yöntemiyle $(T-2)$ sayıda regresyon kurulur ve y_{t-1} değişkeninin katsayısı olan δ için en küçük t istatistiğini veren modelde bulunan, dolayısıyla birim kök temel hipotezini kabul etmeye yönelik en az kanıtı veren tarih kırılma noktası olarak seçilir (Glynn vd., 2007: 68). Bu testte doğruluğu sınanan hipotez δ =1 hipotezidir. Kırılma tarihinin tespitinden sonra δ 'nın hesaplanan *t* istatistiğinin mutlak değer olarak ZA kritik değerinden büyük olması halinde yapısal kırılma olmadan birim kökün varlığını gösteren sıfır hipotezi reddedilmektedir. Testin alternatif hipotezi ise trend fonksiyonunda meydana gelen bir yapısal kırılmayla birlikte serinin trend durağan olduğunu göstermektedir (Yılancı ve Özcan, 2010:26).

3.5.2. Eşbütünleşme Testleri: ARDL (Sınır Testi) Eşbütünleşme Modeli

Ampirik çalışmalar makroekonomik zaman serilerinin büyük çoğunluğunun durağan olmayan seriler olduğunu ortaya çıkarmıştır. Birim kök içeren bu seriler arasında sahte regresyon sorunuyla karşılaşıldığından bu soruna çözüm bulmak için çeşitli yöntemler önerilmiştir. Bunlardan bir tanesi serilerin farklarının alınıp regresyona sokulmasıdır. Ancak bu durumda da yeni bir problemle karşı karşıya kalınmaktadır. Bu yöntem uzun dönem dengesi için önemli olan bilgilerin kaybedilmesine yol açmaktadır. Çünkü değişkenlerin birinci farkları kullanıldığından, bu değişkenlerin arasında olması muhtemel uzun dönemli ilişkiyi görme olasılığı ortadan kalkmaktadır. Bu, eşbütünleşme analizinin çıkış noktası olmuştur (Karagöl ve Erbaykal, 2007:75, Demircioğlu, 2009:128).

Eşbütünleşmenin iktisadi anlamı şu şekilde açıklanabilir: Eğer iki ya da daha çok seri uzun dönemi kapsayan bir denge meydana getirecek şekilde birbirlerine bağlı iseler, bu seriler trend içerseler dahi (durağan olmasalar bile) zaman içinde çok yakın biçimde birlikte hareket edecekler ve aralarındaki fark istikrarlı bir biçimde devam edecektir, yani durağan olacaktır (Utkulu, 2000:47-48). Eşbütünleşme kavramı ile ilgili çalışmalar, Engle ve Granger'ın (1987) makalesi ile başlamıştır. Bu makale, durağan olmayan değişkenler ile ekonomik analizlerin yapılmasına önemli katkılarda bulunmaktadır. Eşbütünleşme analizi sayesinde zaman serisi ekonometrisi ve ekonomi teorisinin testi alanlarında önemli gelişmeler olmuştur. Eşbütünleşme analizinin literatüre kazandırdıkları ve kullanım alanlarını şu şekilde sıralayabiliriz (Utkulu, 2000:47-48):

- Regresyon analizlerinde trendin neden olduğu "sahte regresyon" sonuçlarını gidermesi,
- Ekonometrik modellemede yeni bir yöntem olması
- Granger nedensellik testinde bir ön aşama olarak kullanılması
- Uzun dönem ekonometrik ilişkilerin yani iktisat teorisinin testine olanak vermesi.

Eşbütünleşme teorisine göre, dengeden sapma olduğunda dengeye tekrar dönebilmesi veya dengeden sapmaların geçici olması ancak eşbütünleşme ilişkisi mevcut olduğunda mümkün olmaktadır. Bu nedenle eğer durağan olmayan değişkenler eşbütünleşik ise, değişkenlerin farklarının alınmaları uygun olmayabilir. Çünkü bu değişkenler, birlikte hareket eden ortak bir trende sahiptir. Farkın alınması, ortak trendi ortadan kaldırır ve istatistiksel bilgi kaybına yol açar (Üçler, 2011:169).

Ancak gerek Engle ve Granger'ın eşbütünleşme testi, gerekse Johansen (1988) ve Johansen ve Juselius (1990) tarafından geliştirilen Johansen eşbütünleşme testi, ele alınan tüm serilerin düzeyde durağan olmamasını ve aynı derecede farkı alındığında durağan hale gelmelerini gerektirmektedir. Kısaca serilerin durağanlık derecelerinin aynı olmaları gerekmektedir. Yukarıdaki birim kök test sonuçlarına göre Engle- Granger ve Johansen eşbütünleşme testlerinin uygulanması mümkün değildir. Bu nedenle modelde yer alan değişkenler arasındaki kısa ve uzun dönem ilişkileri belirlemek amacıyla Pesaran, Shin ve Smith tarafından geliştirilen gecikmesi dağıtılmış otoregresiv (ARDL) yöntemi kullanılmıştır.

ARDL yönteminin en önemli avantajı değişkenlerin durağan olup olmadıklarına bakılmaksızın uygulanabilmesidir. ARDL yöntemi iki aşamada uygulanmaktadır. Önce, modelde yer alan değişkenler arasındaki uzun dönem ilişkinin olup olmadığı araştırılır. Uzun dönem ilişkinin varlığı halinde bu ilişkiden elde edilen hata terimleri kullanılarak yine ARDL yöntemine dayalı değişkenler arasındaki kısa dönem ilişkileri veren bir hata düzeltme modeli tahmin edilmektedir (Takım, 2008:108-109).

Çalışmada kullanılabilecek çeşitli ekonometrik yöntemlerle ilgili olarak yapılan tüm bu araştırmalar sonucunda ortaya çıkan kısıtlar kapsamında, çalışmanın amacına uygun ekonometrik yöntemin, Pesaran, Shin ve Smith (2001) tarafından geliştirilen sınır testi (bound test) olduğuna karar verilmiştir. Bu yöntemin tercih edilmesinin en önemli nedeni, sıralanan diğer ekonometrik yöntemlerin çalışmada kullanılacak zaman serilerinin özellikleri karşısında geçersiz kalmasıdır. Diğer yöntemlerden farklı olarak sınır testi, farklı seviyelerde durağan olan ve kesirli eşbütünleşik serilere dahi uygulanabilmesi yanında küçük örneklemlerde de iyi sonuçlar vermektedir. Aynı zamanda sınır testi, bütünleşme derecelerini dikkate almaksızın değişkenler arasındaki eşbütünleşme ilişkisini araştırmaya olanak veren bir yöntemdir (Pesaran ve Shin, 1999: 371-373; Pesaran vd., 2001: 289).

Farklı değişkenler arası uzun dönemli ilişkinin varlığını sınamak amacıyla geliştirilen Engle ve Granger(1987) yöntemi ve Johansen eşbütünleşme testi, kullanılacak tüm serilerin aynı düzeyde durağan olması koşuluyla kullanılabilmekte ve serilerin farklı durağanlık seviyelerinde olmaları halinde ise geçersiz kalmaktadırlar. Bu durumda Pesaran vd.(2001) tarafından geliştirilen sınır testi ve ARDL yaklaşımı en uygun yöntem olarak karşımıza çıkmaktadır.

Pesaran vd.(2001) tarafından önerilen sınır testi, iki aşamalı bir süreçten oluşmaktadır. Bu aşamalardan ilkinde, modelde yer alan değişkenler arası uzun dönemli ilişkinin varlığı araştırılmakta ve ardından uzun dönem denkleminden elde edilen hata terimleriyle Pesaran ve Shin(1999) tarafından geliştirilen ARDL yöntemiyle değişkenler arası kısa dönem denklemini veren hata düzeltme modeli tahmin edilmektedir.

Sınır testi, bir kısıtlanmamış hata düzeltme modelinin (Unrestricted Error Correction Model-UECM) en küçük kareler yöntemi ile tahmin edilmesine dayanmaktadır. Kısıtlanmamış hata düzetme modeli (6) no.lu denklemdeki gibi ifade edilmektedir.

$$\Delta Y_t = \beta_0 + \sum_{i=1}^{m} \beta_1 \Delta Y_{t-i} + \sum_{i=0}^{m} \beta_2 \Delta X_{t-i} + \beta_3 Y_{t-1} + \beta_4 X_{t-1} + e_t \qquad (28)$$

(28) no'lu denklemde yer alan β_o, sabit terimi, β_3 ve β_4, uzun dönem katsayılarını, Δ değişkenlerin birinci farklarını simgelemektedir. ΔY_t'nin gecikmeli değerleri ile ΔX_t'nin cari ve gecikmeli değerleri (β_1 ve β_2 katsayıları) ise kısa dönem dinamiklerin yansıtılması amacıyla modele eklenmektedir (Keskin, 2008:225).

Sınır testinin uygulanması sırasında ilk olarak (28) no.lu denklemde m olarak gösterilen uygun gecikme uzunluğunun belirlenmesi gerekmektedir. Gecikme uzunluğunun belirlenmesi için Akaike (AIC) veya Schwarz (SBC) gibi model seçim kriterlerinden yararlanılmakta ve en küçük kritik değeri sağlayan gecikme uzunluğu modelin gecikme uzunluğu olarak belirlenmektedir. Ancak sınır testinin sağlıklı sonuç vermesi için, seçilen gecikme uzunluğunda, denklemin hata terimlerinde otokorelasyon (ardışık bağımlılık) olmaması gerekmektedir. Bu nedenle, seçilen kritik değerin en küçük olduğu gecikme uzunluğu ile oluşturulan model otokorelasyon sorunu içeriyorsa, bu durumda ikinci en küçük kritik değeri sağlayan gecikme uzunluğu alınmakta, eğer otokorelasyon sorunu hala devam etmekte ise sorun giderilene kadar bu işleme devam edilmektedir (Karagöl vd. , 2007:76, Keskin, 2008:226).

Değişkenler arasındaki eşbütünleşme ilişkisi, (28) no.lu denklemdeki β_1 ve β_2 katsayılarının F testi (Wald Testi) ile topluca anlamlılığının test edilmesi yoluyla belirlenmektedir (F istatistigi, kısıtsız hata düzeltme modelinde, degiskenlerin gecikmeli düzey degerlerinin katsayılarına sıfır kısıtı getirilerek hesaplanmaktadır). Ancak bu süreçte kullanılan F istatistiğinin asimptotik dağılımı, incelenen değişkenlerin bütünleşme derecesini hesaba katmaksızın eşbütünleşme ilişkisinin olmadığını belirten sıfır hipotezi altında standart F dağılımına uymamaktadır. Bu nedenle Pesaran vd. (2001), çeşitli güven düzeyleri için alt ve üst sınır değerlerinden oluşan kritik değerler seti türetmişlerdir. Alt sınır değeri, değişkenlerin tamamının I(0); üst sınır değeri ise değişkenlerin tamamının I(1) olduğunu varsaymaktadır (Keskin, 2008:226). (28) no.lu kısıtsız hata düzeltme modeline ilişkin sıfır hipotezi, H0: $\beta_3=\beta_4=0$ şeklinde kurulmakta olup, değişkenler arasında eşbütünleşme (uzun dönemli ilişki) olmadığını ifade etmektedir. Eşbütünleşmenin varlığını ifade eden alternatif hipotez ise, H1: $\beta_3\neq\beta_4\neq0$ şeklinde gösterilmektedir. Dolayısıyla, değişkenler arasında eşbütünleşme ilişkisinin varlığından söz edebilmek için, sıfır hipotezinin reddedilmesi gerekmektedir.

Değişkenler arasında eşbütünleşme ilişkisinin olup olmadığına, hesaplanan F istatistiği ile Pesaran vd. (2001)'deki kritik sınır değerlerinin karşılaştırılması sonucunda karar verilmektedir. Bu karşılaştırma yapılırken öncelikle modeldeki değişkenlerin bütünleşme derecelerinin aynı olup olmadığı dikkate alınmaktadır.

Hesaplanan F istatistiği Peseran'ın alt kritik değerinden küçük ise seriler arasında eşbütünleşme ilişkisi yok demektir. Hesaplanan F istatistiği üst kritik değerden büyük ise seriler arasında eşbütünleşme ilişkisi vardır. F değerleri, F istatistiğinin alt ve üst kritik değerlerin arasına düşmesi halinde ise eşbütünleşmenin olup olmadığı hakkında bir karar verilememektedir.

Aralarında eşbütünleşik ilişki olduğuna karar verilen değişkenler arasındaki uzun ve kısa dönemli ilişkiler uygun ARDL modelinin tahmin edilmesi ile elde edilmektedir. Değişkenler arasındaki uzun dönem ilişkinin incelenmesi için kurulan ARDL modeli (29) no.lu denklemdeki gibi ifade edilmektedir.

$$Y_t = \beta_0 + \sum_{i=1}^{p} \beta_1 Y_{t-i} + \sum_{i=0}^{q} \beta_2 X_{t-i} + e_t \qquad (29)$$

(29) no.lu denklemdeki p ve q, ilgili değişkenlere ilişkin uygun gecikme uzunluğunu göstermekte olup, söz konusu gecikme uzunluklarının belirlenmesinde yine AIC veya SBC gibi kriterlerden yararlanılmaktadır. Buna göre tahmin edilecek model ARDL (p,q) olarak ifade edilmektedir. Tahmin edilen ARDL (p,q) modelinden uzun dönem katsayıları hesaplanmakta ve hesaplanan uzun dönem katsayılarının istatistiki olarak anlamlılığına bakılarak söz konusu değişkenler arasındaki uzun dönem ilişkisi hakkında yorum yapılabilmektedir. ARDL modelinde uzun dönem katsayılarını elde etmek için kullanılacak modelin belirlenmesinde $(m+1)^k$ adet denklem tahmin edilmektedir. m, maksimum gecikme uzunluğunu, k ise bağımlı değişken dahil modeldeki değişken sayısını göstermektedir.

Değişkenler arasındaki kısa dönemli ilişki ise, ARDL yönteminde dayalı hata düzeltme modeli ile araştırılmaktadır. ARDL yöntemine dayalı hata düzeltme modeli (30) no.lu denklemdeki gibi ifade edilmektedir

$$\Delta Y_t = \beta_0 + \beta_1 e_{t-1} + \sum_{i=1}^{p} \beta_2 \Delta Y_{t-i} + \sum_{i=0}^{q} \beta_3 \Delta X_{t-i} + u_t \qquad (30)$$

(30) no.lu denklemdeki e_{t-1}, (29) no.lu uzun dönem denkleminden elde edilen hata teriminin bir dönem gecikmeli değeri olup, hata düzeltme terimi olarak adlandırılmaktadır. Hata düzeltme modelinin çalışması için, hata düzeltme teriminin katsayısının negatif (0 ile -1 arasında) ve istatistiki olarak anlamlı olması gerekmektedir. Negatif işaretli ve istatistiki olarak anlamlı bir hata düzeltme terimi, söz konusu değişkenler arasındaki uzun dönem ilişkisinde meydana gelebilecek bir sapmanın ne kadar zamanda düzeleceğini göstermektedir (Keskin, 2008:229).

3.5.3. Nedensellik Kavramı ve Analizi: Granger Nedensellik

Bilindiği gibi, regresyon analizi, değişkenler arasındaki bağımlılık ilişkileri ile uğraşmaktadır. Ancak, değişkenler arasındaki bu bağımlılık, mutlaka bir nedensellik ilişkisi ifade etmez. Yani, mutlaka bağımsız değişken X'in sebep ve bağımlı değişken Y'nin sonuç olduğu anlamına gelmez. İstatiksel olarak, iki değişken arasındaki sıkı bir ilişki, bir birlikteliğin ifadesidir. Değişkenler arasındaki nedensellik ilişkisi ise, iktisat teorisi tarafından doğrulanmalıdır. Regresyon analizinde değişkenler arası bağımlılık ilişkisi araştırılırken, bağımlı ve bağımsız değişken ayırımı ile baştan ilişkilerin yönü hakkında bir ön koşul bulunmaktadır. Fakat nedensellik analizinde böyle bir ön koşul olmayıp, ilişkilerin yönü araştırılmaktadır.

İktisadi değişkenler arasındaki bu sebep-sonuç ilişkileri, nedensellik testleri ile araştırılmaktadır. Granger tarafından 1969 yılında başlatılan iktisatta nedensellik testleri, değişik yazarlar tarafından kullanılan farklı yaklaşımlarla geliştirilerek sürdürülmektedir. Bu testler uzun dönemli zaman serilerine uygulanabilmektedir. Serilerin durağan olmaları gerekmekte fakat aynı mertebeden durağan olma zorunluluğu yoktur. Granger testi örnek büyüklüğünden ve verilerin yıllık veya mevsimlik olma durumundan etkilenir. Ayrıca ilişkilerdeki gecikmeli değişken sayısı da önemlidir (Tarı, 2010:437). Granger nedenselliğin tanımı şu şekilde yapılmaktadır (Elbir, 2010:91).

I_t'nin t döneminde mevcut olan toplam bilgi olduğunu varsayılmaktadır. Bu bilgi seti iki zaman serisi x ve y'yi kapsamaktadır. x*, x'in tüm cari ve geçmiş değerlerinin bir kümesi olsun, yani $x^*:=\{x_t, x_{t-1}, \ldots\ldots x_{t-k}\ldots\ldots\}$. Benzer biçimde y* tanımlayalım. σ2(.) tahmin/öngörü hatalarına denk gelen varyans olsun (öngörü varyansı). Böyle bir durum için x ve y arasındaki Granger nedensellik aşağıdaki gibi tanımlanır.

i. Granger Nedensel: Ancak ve ancak bir optimal, doğrusal öngörü fonksiyonunun uygulanması $\sigma^2(y_{t+1}/I_t, x_{t+1}) \prec \sigma^2(y_{t+1}/I_t)$ sonucuna yol açıyorsa, x, y'ye Granger nedenseldir denilmektedir. Bir başka ifadeyle, x'in cari ve geçmiş değerleri kullanılarak y daha iyi öngörülebiliyorsa, x değişkeni y'ye Granger nedenseldir.
ii. Eşanlı Granger Nedensellik: x ancak ve ancak bir optimal, doğrusal öngörü uygulaması $\sigma^2(y_{t+1}/I_t, x_{t+1}) \prec \sigma^2(y_{t+1}/I_t)$ sonucuna yol açıyorsa, x, y'ye Granger nedenseldir denilmektedir. Bir başka ifadeyle, x'in cari ve geçmiş değerlerine ek olarak gelecek değerleri de kullanılarak y daha iyi öngörülebiliyorsa, x değişkeni y'ye Eşanlı Granger nedenseldir.
iii. Geri Bildirim: x değişkeni y değişkenine ve y'de x'e neden oluyorsa x ve y arasında geri bildirim mevcuttur (Kirchgassner ve Wolters, 2007:95-96).

Değişkenler arasındaki ilişkinin yönünü belirlemek amacıyla Granger nedensellik testi (Granger,1969;424-438) yapılmıştır. X değişkeninin y değişkenine neden olup olmadığını test etmek takip edilecek süreci iki aşamada açıklayabiliriz. Öncelikle "x değişkeni y değişkenine neden olmaz" boş hipotezini aşağıdaki iki regresyon denklemini tahmin ederek test ederiz;

Sınırlanmamış regresyon $$y = \sum_{i=1}^{m} \alpha_i y_{t-i} + \sum_{i=1}^{m} \beta_i x_{t-i} + e_t \qquad (31)$$

Sınırlanmış regresyon $$y = \sum_{i=1}^{m} \alpha_i y_{t-i} + e_t \qquad (32)$$

Burada m gecikme uzunluğunu göstermekte olup, e_t hata terimlerinin birbirinden bağımsız oldukları varsayılmaktadır (Granger, 1969:431). Buradan elde ettiğimiz kalıntı kareleri toplamı kullanılarak F istatistiğini hesaplarız ve β katsayılarının anlamı bir şekilde sıfırdan farklı olup olmadığını test ederiz. Eğer β katsayıları sıfırdan farklı ise "x değişkeni y değişkenine neden olmaz" boş hipotezini reddederiz. İkinci olarak aynı yöntem takip edilerek "y değişkeni x değişkenine neden olmaz" boş hipotezi test edilir. X değişkeninin y değişkenine neden olduğu sonucuna ulaşmak için öncelikle birinci aşamadaki boş hipotez reddedilmeli ve ikinci aşamadaki y değişkeni x değişkenine neden olmaz" boş hipotezi kabul edilmelidir (Pindyck ve Rubinfeld, 1998, 243).

Hesaplanan F istatistiği serbestlik derecesindeki α anlamlılık düzeyindeki tablo değerinden büyükse sıfır hipotezi reddedilmektedir. Bu hipotezin reddedilmesi modelde yer alan katsayıların anlamlı olduğunu ifade etmektedir. Örneğin Xt değişkeninden Yt değişkenine doğru nedenselliğin olması durumunda (*10*) numaralı denkleme dahil edilen değişkenlerin katsayıları istatistiksel anlamlı olacaktır (Granger,1969:431, Yılmaz, 2005:71).

3.6. Ampirik Analiz ve Ekonometrik Bulgular

Metodoloji kısmı ile değişkenler arasındaki uzun dönemli ilişkiyi belirlemek için kullanılacak olan ekonometrik yöntem, sınır testi ve ARDL yaklaşıma ait açıklamalar yapıldı. Bu bölümde ise öncelikle çeyrek dönemli serilerin durağanlık durumları araştırılacak ve daha sonra değişkenler arası ilişkinin belirlenmesinde sınır testi ve ARDL yaklaşımından elde edilen sonuçlar ile Granger nedensellik analizi sonuçları değerlendirme altına alınacaktır.

3.6.1. Birim Kök Test Sonuçları

Bu bölümde öncelikle sırasıyla yapısal kırılmayı göz ardı eden ve yapısal kırılmayı dikkate alan birim kök testlerinin sonuçları rapor edilmektedir. Sonrasında seriler arasındaki uzun dönemli ilişkinin varlığı Bound Testi ve ARDL yöntemi ile test edilecektir. Son olarak seriler arasındaki nedensellik ilişkileri Granger Nedensellik Testi ile incelenecektir.

Tablo-22: ADF ve PP Birim Kök Testi Sonuçları (Seviye Değerleri)

Değişkenler	SEVİYE			
	ADF		PP	
	Sabitli	Sabitli+Trendli	Sabitli	Sabitli+Trendli
LFDI	0.964628 (0,7626)	-2.538589 (0,3093)	-3.099596 (0.0302)	-6.420642 (0,000)
LLABOR	-0.229060 (0,9297)	-2.340377 (0,4079)	-0.193629 (0,9343)	-2.376897 (0,3889)
LBUYUME	-2,913513 (0,480)	0,506122 (0,9992)	-2,347704 (0,1597)	-2,347704 (0,4594)
LOPEN	-2.454723 (0,1303)	-0.558547 (0,9787)	-3.389068 (0.0139)	-0.268478 (0,9904)
LREDK	-1.032611 (0,7386)	-9.174477 (0,0000)	-1.035338 (0,7376)	-1.780770 (0,7058)
LTUFE	-3.106234 (0,0298)	2.323475 (1.000)	-4.526579 (0.004)	1.345646 (1.000)

ADF Kritik Değer	Sabitli	Sabitli ve Trendli	PP Kritik Değer	Sabitli	Sabitli ve Trendli
0,01	-3,621	-4,219	0,01	-3,61	-4,211
0,05	-2,943	-3,533	0,05	-2,938	-3,529
0,10	-2,61	-3,198	0,10	-2,607	-3,196

Değişkenlerin durağanlık sınamasında, geliştirilmiş Dickey Fuller (ADF) ve Phillips-Peron birim kök testleri kullanılmıştır. Tablo-23'de analizde kullanılan değişkenlere ait birim kök testlerinin seviye değerleri yer almaktadır. Tablodan görüldüğü üzere serilerin genel anlamda seviyede durağan olmadıkları söylenebilir. LREDK serisi ADF yöntemine göre sabitli ve trendli modelde durağan çıkmış ancak sabitli modelde ve PP test sonuçlarına göre durağan değildir. Benzer şekilde LOPEN serisi PP testine göre sabitli modelde durağan çıkarken diğer durumlarda durağan değildir. Bu amaçla serilerin farkı alınarak birim kök testleri yapılmış ve sonuçlar Tablo-24'de rapor edilmiştir.

Tablo-23: ADF ve PP Birim Kök Testi Sonuçları (1. Fark Değerleri)

Değişkenler	I.FARK			
	ADF		PP	
	Sabitli	Sabitli+Trendli	Sabitli	Sabitli+Trendli
ΔLFDI	-1.383822 (0,000)	-1,378472 (0,000)	-23,32116 (0,000)	-23.91440 (0,000)
ΔLLABOR	-9,068180 (0,000)	-9.059724 (0,000)	-9.065949 (0,000)	-9.064551 (0,000)
ΔLBÜYÜME	-14,49216 (0,000)	-7,601971 (0,000)	-16,33099 (0,000)	-32,53072 (0,000)
ΔLOPEN	-2,524185 (0,11234)	-4,131047 (0,000)	-12,61549 (0,000)	-14,64466 (0,000)
ΔLREDK	- 9,174477 (0,000)	-9,137091 (0,000)	-9,174469 (0,000)	-9,137055 (0,000)
ΔLTUFE	-0,862767 (0,0075)	-4,146635 (0,008)	-3,520938 (0,009)	-7,413589 (0,000)

ADF Kritik Değer	Sabitli	Sabitli ve Trendli	PP Kritik Değer	Sabitli	Sabitli ve Trendli
0,01	-3,621	-4,219	0,01	-3,61	-4,211
0,05	-2,943	-3,533	0,05	-2,938	-3,529
0,10	-2,61	-3,198	0,10	-2,607	-3,196

Tablo-24'de tüm serilerin 1. Farkında durağan oldukları görülmektedir. ADF ve PP birim kök testleri yapısal kırılmayı dikkate almamaktadır. Bu durumda olası bir yapısal kırılma durumunda aslında durağan olan bir seriyi durağan olmayan bir seri olarak gösterebilmektedir. Bu amaçla çalışmamızın bir sonraki aşamasında yapısal kırılmayı dikkate alan ZA birim kök testleri sonuçlarına yer verilmiştir.

Tablo-24: ZA (A Modeli) Birim Kök Değerleri

Değişkenler	ZA Seviye Değerleri	Sonuç	ZA 1. Fark Değerleri	Sonuç
LBUYUME	4.514161	Durağan Değil	-14.95343	Durağan
LFDI	-8.803634	Durağan	-14.49519	Durağan
LREDK	-12.13524	Durağan	-9.432441	Durağan
LLABOR	-5.725239	Durağan	-9.455538	Durağan
LOPEN	-2.680756	Durağan Değil	-14.14735	Durağan
LTUFE	-1.608621	Durağan Değil	-9.429765	Durağan
		ZA Kritik Değerleri		
0,01	-5,57		-5.34	
0,05	-5,08		-4.80	
0,10	-4,82		-4.58	

İlgili kritik değerler için *bkz* Zivot ve Andrews 1992: 256, 257. İlgili testler yapılırken seviyede gecikme sayısı 5(beş), birinci fark işleminde 4(dört) olarak alınmıştır. Hata terimlerinin tüm modellerde seviyede durağan olmamaları nedeniyle 1 (bir) gecikmesi modele dahil edilmiştir.

ZA (Zivot & Andrews) birim kök test sonuçlarını ADF (Genişletilmiş Dickey Fuller) ve PP (Phillips-Peron) Birim Kök test sonuçları ile kıyasladığımızda, ZA Birim Kök testinde seviyede durağan çıkan LFDI serisi PP Birim Kök testinde de durağan çıkmıştır. Benzer şekilde ZA Birim Kök Testinde seviyede durağan çıkan LREDK serisi ADF Birim Kök testi sabitli ve trendli modelde seviyede durağan çıkmıştır. Serilerdeki birim kök sonuçları belirsizliği nedeniyle birim kök testlerinin tamamında serilerin farkları alınarak tekrar teste tabi tutulmuştur ve tüm serilerin farkında durağan oldukları görülmektedir. Bu nedenle seriler arasındaki eşbütünleşme ilişkisinin sınır testi yöntemi ile incelenmesi aşamasına geçilmiştir.

3.6.2. Sınır Testi ve ARDL Yaklaşımı Sonuçları

Değişkenler arası uzun dönemli ilişkilerin varlığını araştırmak için geliştirilen Engle ve Granger(1987) ve Johansen eşbütünleşme testleri, analizde kullanılacak değişkenlerin aynı düzeyde durağan olmasını gerektirmektedir. Bu koşulun sağlanmadığı durumlarda ise seriler arası uzun dönemli ilişkinin varlığı sınır testi ve ARDL yöntemi ile araştırılabilmektedir.

Pesaran vd.(2001) tarafından geliştirilen sınır testinin, seriler arası uzun dönemli ilişkinin var olduğuna yönelik sonuçlar vermesi halinde Pesaran ve Shin(1999)'in geliştirdiği ARDL yöntemi, değişkenlerin kısa dönemli katsayılarını hesaplamaktadır. Bu çalışmada reel döviz kuru, doğrudan yabancı yatırımlar ve ekonomik büyüme arasındaki ilişki, 1989-Q1-2011Q1 döneminde iki ve üç ana değişkenin kullanıldığı regresyonlarla araştırılacağı için analiz sonuçları toplamda üç başlık altında açıklanacaktır. Ekonometrik analiz sonuçlarında öncelikle ekonomik büyüme oranının bağımlı, reel döviz kuru ve doğrudan yabancı yatırımların bağımsız değişkenler olduğu regresyon denklemine yer verilecektir. İkinci olarak reel döviz kurunun bağımlı, doğrudan yabancı yatırımların bağımsız olduğu model ve son olarak ise doğrudan yabancı yatırımların bağımlı, reel döviz kurunun bağımsız değişken olduğu modeller tahmin edilecektir. Her bir modelde ayrıca ticari dışa açıklık, enflasyon oranı ve toplam işgücü miktarı değişkenleri açıklayıcı kontrol değişkenler olarak analizlere dahil edilmiştir.

3.6.2.1. Ekonomik Büyüme İle Doğrudan Yabancı Yatırımlar ve Reel Döviz Kuru Arasındaki İlişki (Model 1)

Ekonomik büyümenin bağımlı değişken, doğrudan yabancı yatırımlar ve reel döviz kurunun bağımsız değişkenler olduğu ve ticari dışa açıklık, toplam istihdam ve enflasyon oranının kontrol değişkenler olduğu regresyon Eşitlik 33'de ifade dilmiştir.

$$BUYUME_t = \beta_0 + \beta_1 FDI_t + \beta_2 REDK_t + \beta_3 OPEN_t + \beta_4 LABOR_t + \beta_5 ENF_t + \varepsilon_t \qquad (33)$$

Pesaran vd.(2001)'nin geliştirdiği sınır testi, değişkenler arası uzun dönemli ilişkinin varlığını araştırmak amacıyla öncelikle bağımlı değişkene göre uyarlanan sınırlandırılmamış bir hata düzeltme modeli tahmin etmektedir. Tahmin edilecek ilk modelin bağımlı değişkeni olan büyüme oranına göre düzenlenen sınırlandırılmamış koşullu hata düzeltme modeli Eşitlik 34'de gösterilmiştir.

$$\begin{aligned}\Delta BUYUME_t = {} & c_0 + c_1 t + \delta_1 BUYUME_{t-1} + \delta_2 FDI_{t-1} + \delta_3 REDK_{t-1} \\ & + \delta_4 OPEN_{t-1} + \delta_5 LABOR_{t-1} + \delta_6 ENF_{t-1} + \sum_{i=1}^{p} \lambda_i \Delta BUYUME_{t-i} \\ & + \sum_{i=0}^{p} \omega_i \Delta FDI_{t-i} + \sum_{i=0}^{p} \varphi_i \Delta REDK_{t-i} + \sum_{i=0}^{p} \gamma_i \Delta OPEN_{t-i} \\ & + \sum_{i=0}^{p} \theta_i \Delta LABOR_{t-i} + \sum_{i=0}^{p} \eta_i \Delta ENF_{t-i} + u_t\end{aligned} \qquad (34)$$

Değişkenler arası uzun dönemli ilişkinin var olup olmadığına karar verebilmek için tahmin edilen regresyonlara ait F istatistiğinin Pesaran vd.(2001) tarafından verilen kritik değerlerle karşılaştırılması gerekmektedir. Sınır testi bulgularının uzun dönemli ilişkinin varlığına işaret ettiği durumlarda ise uzun ve kısa dönemli regresyon denklemlerini verecek uzun dönem ARDL modeli Eşitlik 35'de ifade edilmiştir.

$$\begin{aligned}BUYUME_t = {} & c_0 + \sum_{i=1}^{p_1} \alpha_i BUYUME_{t-i} + \sum_{i=0}^{q_1} \theta_{1i} FDI_{t-i} \\ & + \sum_{i=0}^{q_2} \theta_{2i} REDK_{t-i} + \sum_{i=0}^{q_3} \theta_{3i} OPEN_{t-i} \\ & + \sum_{i=0}^{q_4} \theta_{4i} LABOR_{t-i} + \sum_{i=0}^{q_5} \theta_{5i} ENF_{t-i} + u_t\end{aligned} \qquad (35)$$

Değişkenlerin kısa dönemli katsayılarının elde edileceği hata düzeltme denklemi ise Eşitlik 36'da yer almaktadır. Her bir değişkenin başında yer alan simgeler, değişkenlerin kısa dönem katsayılarını temsil ederken ϑ terimi modelin hata düzeltme katsayısını vermektedir.

$$\Delta BUYUME_t = \mu + \sum_{i=1}^{p} \lambda_i \Delta BUYUME_{t-i} + \sum_{i=0}^{p} \omega_i \Delta FDI_{t-i}$$
$$+ \sum_{i=0}^{p} \varphi_i \Delta REDK_{t-i} + \sum_{i=0}^{p} \gamma_i \Delta OPEN_{t-i} \qquad (36)$$
$$+ \sum_{i=0}^{p} \theta_i LABOR_{t-i} + \sum_{i=0}^{p} \eta_i ENF_{t-i} + \vartheta ECM_{t-1} + u_t$$

Değişkenler arası uzun dönemli ilişkilerin varlığının sınanmasında kullanılacak olan sınır testinin uygulanabilmesi için ihtiyaç duyulan ve p olarak ifade edilen uygun gecikme uzunluğunun seçiminde ise genellikle Akaike ve Schwarz bilgi kriterlerinden faydalanılmaktadır. Ayrıca bu bilgi kriterleri tarafından önerilen gecikme uzunlukları ile tahmin edilen modellerde otokorelasyon sorununun olup olmadığı, Breusch-Pagan Lagrange çarpanı(LM) yardımıyla kontrol edilmiş ve LM test sonuçları Tablo-26'da özetlenmiştir.

Tablo-25: Uygun Gecikme Uzunluğunun Belirlenmesi (Model 1)

Deterministik trendli				Deterministik trendsiz			
p	AIC	SCH	LM(1)	p	AIC	SCH	LM(1)
1	-1.076	-0.738	1.81(0.17)	1	-1.053	-0.687	1.74(0.18)
2	-2.095	-1.584	7.23(0.00)	2	-2.096	-1.557	6.88(0.00)
3	-2.216	-1.531	0.88(0.34)	3	-2.235	-1.522	2.11(0.14)
4	-2.150	-1.288	3.75(0.05)	4	-2.213	-1.322	1.35(0.24)
Not: p, uygun gecikme uzunluğunu, parantez içindeki değerler ise olasılık değerlerini vermektedir.							

Tablo-26'da yer alan sonuçlara göre gecikme uzunluklarına göre tahmin edilen modeller kontrol edildiğinde akaike kriterine göre 3, schwarz kriterine göre ise 2'nin uygun gecikme uzunlukları olduğu belirlenmiş ve bu gecikme uzunluklarının otokorelasyon sorunu taşımadığı görülmüştür.

Tablo-27'de ise trendli ve trend içermeyen modellere ait sınır testi sonuçları yer almaktadır.

Tablo-26: Sınır Testinden Elde Edilen F istatistikleri ve Pesaran vd.(2001)'a Ait Kritik Değerler (Model 1)

Trendli model		Trendsiz model	Sonuç
F-iv	F-v	F-iii	
27.150	29.966	31.110	Eşbütünleşme var.

	Pesaran vd.(2001) alt sınır kritik değerler			Pesaran vd.(2001) üst sınır kritik değerler		
	%10	%5	%1	%10	%5	%1
F-iii	2.26	2.62	3.41	3.35	3.79	4.68
F-iv	2.49	2.81	3.50	3.38	3.70	4.63
F-v	2.75	3.12	3.93	3.79	4.25	5.23
Not: Kritik değerler Pesaran vd.(2001) çalışmasından elde edilmiştir.						

Tablo-27'de yer alan bulgular Pesaran vd.(2001) çalışmasında verilen alt ve üst kritik değerleriyle karşılaştırıldığında doğrudan yabancı yatırımlar ve reel döviz kuru arasında uzun dönemli ilişki olduğu sonucuna ulaşılabilir. Buradan hareketle değişkenlerin uzun dönem katsayılarının elde edilmesi için tahmin edilecek ARDL yöntemine geçilmiştir ve sonuçlar Tablo-28'de özetlenmiştir.

Tablo-27: Uzun Dönem Katsayıları (Model 1)

	Sabitli model		Trendli model	
	Katsayı	t istatistiği	Katsayı	t istatistiği
FDI	0.0001	1.42(0.15)	0.0006	0.32(0.74)
REDK	-0.0146	-2.15(0.03)	-0.0212	-1.82(0.07)
OPEN	0.0640	-1.06(0.29)	0.2235	1.15(0.25)
LABOR	0.0218	-0.29(0.77)	0.0497	0.36(0.71)
TUFE	1.0256	22.1(0.00)	1.4039	6.07(0.00)
C	3.6385	5.76(0.00)	1.7564	1.30(0.19)

Tablo-28'de verilen uzun dönem katsayıları incelendiğinde doğrudan yabancı yatırımlar, ticari dışa açıklık, toplam işgücü ve enflasyon oranının ekonomik büyümeyi pozitif yönde etkilediği, reel döviz kurunun ise ekonomik büyüme oranını negatif yönde etkilediği tespit edilmiştir. Agenor (1991), Ahmed vd. (2002), Kandil vd. (2007), Direkçi ve Özçiçek (2010) yaptıkları çalışmalarda bu yönde sonuçlar bulmuştur. Bilgili (2000)'e göre; ulusal paranın reel değer kaybı, Türkiye'de üretimi artırmayacak, ancak dışa bağlı üretim yapısı nedeniyle ithal fiyatlarını ve dolayısıyla da enflasyonu artıracaktır.

Değişkenler arası kısa dönemli ilişkileri açıklayan katsayılar ise ARDL denklemi temelinde kurulan hata düzeltme modeli yardımıyla elde edilebilecektir. Tablo-29'da değişkenler arası kısa dönemli ilişkileri veren katsayı bulguları açıklanmaktadır.

Tablo-28: ARDL Modeli Hata Düzeltme Modeli Sonuçları ve Kısa Dönem Katsayıları (Model 1)

	Sabitli model		Trendli model	
	Katsayı	t istatistiği	Katsayı	t istatistiği
$BUYUME_{t-1}$	0.360	7.10(0.00)	-0.063	-0.63(0.53)
$BUYUME_{t-2}$	-0.480	-8.72(0.00)	-0.625	--11.58(0.00)
$BUYUME_{t-3}$			-0.294	-3.78(0.00)
FDI	0.0007	1.37(0.17)	0.000	0.68(0.49)
REDK	0.001	0.31(0.75)	-0.001	-0.33(0.73)
OPEN	0.246	-6.96(0.00)	0.153	-3.75(0.00)
LABOR	0.003	0.06(0.95)	0.010	0.19(0.84)
TUFE	-0.0001	-0.00(0.99)	0.162	0.84(0.40)
$TUFE_{t-1}$			-0.006	-0.02(0.97)
$TUFE_{t-2}$			0.708	3.47(0.00)
$TUFE_{t-3}$			0.472	2.23(0.02)
C	-0.0023	-0.16(0.87)	-0.006	-0.49(0.62)
ECM	-0.545	-7.50(0.00)	-0.334	-4.61(0.00)

Hata düzeltme katsayısını veren ECM teriminin işareti beklenildiği gibi negatif işaretli ve istatistiksel olarak anlamlı çıkmıştır. Doğrudan yabancı yatırımlar ve ekonomik büyüme arasındaki ilişki ise kısa dönemde incelendiğinde, uzun dönemde olduğu gibi kısa dönemde de pozitif yönlüdür. De Soysa ve Oneal (1999), Assanie ve Singleton (1999), Lensink ve Morrissey (2001), Ayashagba ve Abachi (2002), Kumar ve Pradhan (2002), Erdal ve Tatoğlu (2002), Alfaro vd. (2003), Batmaz ve Tunca (2005), Ledyaeva ve Linden (2006), Udo ve Obiora (2006), Roy ve Berg (2006), Prasad vd. (2007), Şen ve Ozan (2010), Ekinci (2011) yaptıkları çalışmada doğrudan yabancı yatırımların ekonomik büyüme üzerinde olumlu etkisi olduğu sonucuna ulaşmışlardır. Ticari dışa açıklık değişkeni de uzun dönemde olduğu gibi kısa dönemde de ekonomik büyüme oranını pozitif yönde etkilemektedir.

Aşağıda yer alan Tablo-30'da da değişkenler arası nedensellik ilişkisi sonuçlarına yer verilmiştir. Bu sonuçlara göre kısa dönemde ticari dışa açıklık ekonomik büyüme arasında çift yönlü nedensellik ilişkisi mevcutken enflasyon oranlarından ekonomik büyümeye doğru bir nedensellik ilişkisi vardır. Ayrıca tablodaki sonuçlara göre, toplam işgücü miktarı da doğrudan yabancı yatırımların nedeni olmaktadır. Literatür açıklamalarında değinildiği üzere, doğrudan yabancı yatırımların ev sahibi ülkeye giriş yapmasının önemli bir faktörü olarak görülen ucuz ve bol işgücü, bu sonuçlarla da desteklenmiştir. Bu durum, Yılmazer (2010)'in, çalışmasında ülkelerin bazı koşulları sağladığı ölçüde yabancı sermayeden fayda sağladığı yönündeki düşüncesini destekler niteliktedir. Ayrıca reel döviz kurundan doğrudan yabancı yatırımlara doğru kısa dönemli %5 önem düzeyinde bir nedensellik ilişkisinden de bahsedilebilir.

Tablo-29: Granger Nedensellik Analizi Sonuçları (Model 1)

	FDI	REDK	OPEN	LABOR	TUFE	BUYUME	ECM
FDI	-	3.41 (0.02)	0.77 (0.51)	6.96 (0.00)	0.08 (0.96)	0.13 (0.94)	0.03 (0.97)
REDK	0.05 (0.98)	-	0.31 (0.81)	7.91 (0.00)	0.12 (0.94)	0.25 (0.85)	-0.05 (0.95)
OPEN	0.25 (0.85)	0.64 (0.58)	-	0.43 (0.73)	9.36 (0.00)	10.6 (0.00)	-3.05 (0.00)
LABOR	0.16 (0.92)	0.23 (0.86)	1.49 (0.22)	-	0.33 (0.79)	0.68 (0.56)	-0.03 (0.96)
TUFE	0.11 (0.95)	0.27 (0.84)	4.90 (0.00)	0.35 (0.78)	-	2.85 (0.04)	-1.04 (0.30)
BUYUME	0.12 (0.94)	0.20 (0.88)	3.14 (0.03)	0.02 (0.99)	4.68 (0.00)	-	-0.99 (0.32)

3.6.2.2. Reel Döviz Kuru ve Doğrudan Yabancı Yatırım Arasındaki İlişki (Model 2)

Reel döviz kurunun bağımlı değişken, doğrudan yabancı yatırımların bağımsız değişken olduğu ve ticari dışa açıklık, toplam istihdam ve enflasyon oranının kontrol değişkenleri olduğu regresyon Eşitlik 37'de ifade dilmiştir.

$$REDK_t = \beta_0 + \beta_1 FDI_t + \beta_2 OPEN + \beta_3 LABOR_t + \beta_4 ENF_t + \varepsilon_t \qquad (37)$$

Bu modelin bağımlı değişkeni olan büyüme oranına göre düzenlenmiş sınırlandırılmamış koşullu hata düzeltme modeli ise Eşitlik 38'de gösterilmektedir.

$$\begin{aligned}\Delta REDK_t &= c_0 + c_1 t + \delta_1 REDK_{t-1} + \delta_2 FDI_{t-1} + \delta_3 OPEN_{t-1} + \delta_4 LABOR_{t-1} \\ &+ \delta_5 ENF_{t-1} + \sum_{i=1}^{p} \lambda_i \Delta REDK_{t-i} + \sum_{i=0}^{p} \omega_i \Delta FDI_{t-i} + \sum_{i=0}^{p} \varphi_i \Delta OPEN_{t-i} \\ &+ \sum_{i=0}^{p} \gamma_i \Delta LABOR_{t-i} + \sum_{i=0}^{p} \theta_i \Delta ENF_{t-i} + u_t\end{aligned} \qquad (38)$$

Değişkenler arası uzun dönemli ilişkinin var olup olmadığına karar verebilmek için tahmin edilen regresyonlara ait F istatistiğinin Pesaran vd.(2001) tarafından verilen kritik değerlerle karşılaştırılması gerekmektedir. Sınır testi bulgularının uzun dönemli ilişkinin varlığına işaret ettiği durumlarda ise uzun ve kısa dönemli regresyon denklemlerini verecek uzun dönem ARDL modeli Eşitlik 39'da ifade edilmiştir.

$$\begin{aligned}REDK_t &= c_0 + \sum_{i=1}^{p_1} \alpha_i REDK_{t-i} + \sum_{i=0}^{q_1} \theta_{1i} FDI_{t-i} + \sum_{i=0}^{q_2} \theta_{2i} OPEN_{t-i} \\ &+ \sum_{i=0}^{q_3} \theta_{3i} LABOR_{t-i} + \sum_{i=0}^{q_4} \theta_{4i} ENF_{t-i} + u_t\end{aligned} \qquad (39)$$

Değişkenlerin kısa dönemli katsayılarının elde edileceği hata düzeltme denklemi ise Eşitlik 40'da yer almaktadır.

$$\Delta REDK_t = \mu + \sum_{i=1}^{p} \lambda_i \Delta REDK_{t-i} + \sum_{i=0}^{p} \omega_i \Delta FDI_{t-i} + \sum_{i=0}^{p} \varphi_i \Delta OPEN_{t-i} + \sum_{i=0}^{p} \gamma_i \Delta LABOR_{t-i} + \sum_{i=0}^{p} \theta_i ENF_{t-i} + \vartheta ECM_{t-1} + u_t \quad (40)$$

Eşitlik 40'da her bir değişkenin önünde yer alan katsayılar değişkenlerin kısa dönem katsayıları iken ϑ terimi modelin hata düzeltme katsayısını temsil etmektedir.

Değişkenler arası uzun dönemli ilişkilerin varlığının sınanmasında kullanılacak olan sınır testinin uygulanabilmesi için ihtiyaç duyulan ve p olarak ifade edilen uygun gecikme uzunluğunun seçiminde ise genellikle Akaike ve Schwarz bilgi kriterlerinden faydalanılmaktadır. Ayrıca bu bilgi kriterleri tarafından önerilen gecikme uzunlukları ile tahmin edilen modellerde otokorelasyon sorununun olup olmadığı, Breusch-Pagan Lagrange çarpanı(LM) yardımıyla kontrol edilmiş ve LM test sonuçları Tablo-31'de özetlenmiştir.

Tablo-30: Uygun Gecikme Uzunluğunun Belirlenmesi (Model 2)

Deterministik trendli				Deterministik trendsiz			
p	AIC	SCH	LM(1)	p	AIC	SCH	LM(1)
1	3.31	3.59	0.23(0.62)	1	3.26	3.57	0.08(0.77)
2	3.19	3.62	0.45(0.49)	2	3.21	3.66	0.10(0.74)
3	3.22	3.79	0.91(0.33)	3	3.24	3.84	1.22(0.26)
4	3.33	4.05	2.91(0.08)	4	3.35	4.10	1.77(0.18)
Not: p, uygun gecikme uzunluğunu, parantez içindeki değerler ise olasılık değerlerini vermektedir.							

Tablo-31'de yer alan sonuçlara göre gecikme uzunluklarına göre tahmin edilen modeller kontrol edildiğinde akaike kriterine göre 2, schwarz kriterine göre ise 1 uygun gecikme uzunlukları olarak belirlenmiş ve bu gecikme uzunluklarının otokorelasyon sorunu taşımadığı görülmüştür.

Tablo-32'de ise trendli ve trend içermeyen modellere ait sınır testi sonuçları yer almaktadır.

Tablo-31: Sınır Testinden Elde Edilen F istatistikleri ve Pesaran vd.(2001)'a Ait Kritik Değerler (Model 2)

Trendli model		Trendsiz model	Sonuç
F-iv	F-v	F-iii	
3.839	4.480	3.399	Eşbütünleşme yok.

	Pesaran vd.(2001) alt sınır kritik değerler			Pesaran vd.(2001) üst sınır kritik değerler		
	%10	%5	%1	%10	%5	%1
F-iii	2.45	2.86	3.74	3.52	4.01	5.06
F-iv	2.68	3.05	3.81	3.53	3.97	4.92
F-v	3.03	3.47	4.40	4.06	4.57	5.72
Not: Kritik değerler Pesaran vd.(2001) çalışmasından elde edilmiştir.						

Tablo-32'de yer alan bulgular Pesaran vd.(2001) çalışmasında verilen alt ve üst kritik değerleriyle karşılaştırıldığında, hesaplanan hiçbir F istatistiğinin Pesaran vd.(2001) üst kritik değerlerini aşmadığı ve bu nedenle de reel döviz kuru ve doğrudan yabancı yatırım arasında uzun dönemli ilişki olduğuna yönelik kesin bir çıkarım yapmanın mümkün olmadığı görülmektedir. Sınır testinin bu bulgusu değişkenler arası uzun dönemli ilişki olduğuna yönelik bir sonuç vermediği için bundan sonraki aşamada yer alan ARDL yöntemi ile uzun dönemli katsayı tahmini aşamasına geçilmemiş ve bundan sonraki aşamalar yapılmamıştır.

3.6.2.3. Doğrudan Yabancı Yatırımlar ve Reel Döviz Kuru Arasındaki İlişki (Model 3)

Doğrudan yabancı yatırımların bağımlı değişken, reel döviz kurunun bağımsız değişken olduğu ve ticari dışa açıklık, toplam istihdam ve enflasyon oranının kontrol değişkenleri olduğu regresyon Eşitlik 41'de ifade dilmiştir.

$$FDI_t = \beta_0 + \beta_1 REDK_t + \beta_2 OPEN + \beta_3 LABOR_t + \beta_4 ENF_t + \varepsilon_t \qquad (41)$$

Bu modelin bağımlı değişkeni olan büyüme oranına göre düzenlenmiş sınırlandırılmamış koşullu hata düzeltme modeli ise Eşitlik 42'de gösterilmektedir.

$$\Delta FDI_t = c_0 + c_1 t + \delta_1 FDI_{t-1} + \delta_2 REDK_{t-1} + \delta_3 OPEN_{t-1} + \delta_4 LABOR_{t-1}$$
$$+ \delta_5 ENF_{t-1} + \sum_{i=1}^{p} \lambda_i \Delta FDI_{t-i} + \sum_{i=0}^{p} \omega_i \Delta REDK_{t-i} + \sum_{i=0}^{p} \varphi_i \Delta OPEN_{t-i}$$
$$+ \sum_{i=0}^{p} \gamma_i \Delta LABOR_{t-i} + \sum_{i=0}^{p} \theta_i \Delta ENF_{t-i} + u_t \qquad (42)$$

Değişkenler arası uzun dönemli ilişkinin var olup olmadığına karar verebilmek için tahmin edilen regresyonlara ait F istatistiğinin Pesaran vd.(2001) tarafından verilen kritik değerlerle karşılaştırılması gerekmektedir. Sınır testi bulgularının uzun dönemli ilişkinin varlığına işaret ettiği durumlarda ise uzun ve kısa dönemli regresyon denklemlerini verecek uzun dönem ARDL modeli Eşitlik 43'de ifade edilmiştir.

$$FDI_t = c_0 + \sum_{i=1}^{p_1} \alpha_i FDI_{t-i} + \sum_{i=0}^{q_1} \theta_{1i} REDK_{t-i} + \sum_{i=0}^{q_2} \theta_{2i} OPEN_{t-i}$$

$$+ \sum_{i=0}^{q_3} \theta_{3i} LABOR_{t-i} + \sum_{i=0}^{q_4} \theta_{4i} ENF_{t-i} + u_t \qquad (43)$$

Değişkenlerin kısa dönemli katsayılarının elde edileceği hata düzeltme denklemi ise Eşitlik 44'de yer almaktadır.

$$\Delta FDI_t = \mu + \sum_{i=1}^{p} \lambda_i \Delta FDI_{t-i} + \sum_{i=0}^{p} \omega_i \Delta REDK_{t-i} + \sum_{i=0}^{p} \varphi_i \Delta OPEN_{t-i} + \sum_{i=0}^{p} \gamma_i \Delta LABOR_{t-i}$$

$$+ \sum_{i=0}^{p} \theta_i ENF_{t-i} + \vartheta ECM_{t-1} + u_t \qquad (44)$$

Eşitlik 44'de her bir değişkenin önünde yer alan katsayılar değişkenlerin kısa dönem katsayıları iken ϑ terimi modelin hata düzeltme katsayısını temsil etmektedir.

Değişkenler arası uzun dönemli ilişkilerin varlığının sınanmasında kullanılacak olan sınır testinin uygulanabilmesi için ihtiyaç duyulan ve p olarak ifade edilen uygun gecikme uzunluğunun seçiminde ise genellikle Akaike ve Schwarz bilgi kriterlerinden faydalanılmaktadır. Ayrıca bu bilgi kriterleri tarafından önerilen gecikme uzunlukları ile tahmin edilen modellerde otokorelasyon sorununun olup olmadığı, Breusch-Pagan Lagrange çarpanı(LM) yardımıyla kontrol edilmiş ve LM test sonuçları Tablo-33'de özetlenmiştir.

Tablo-32: Uygun Gecikme Uzunluğunun Belirlenmesi (Model 3)

Deterministik trendli				Deterministik trendsiz			
p	AIC	SCH	LM(1)	p	AIC	SCH	LM(1)
1	2.52	2.80	0.00(0.93)	1	2.54	2.85	0.41(0.51)
2	0.89	1.31	7.50(0.00)	2	0.64	1.09	0.12(0.72)
3	0.84	1.41	0.63(0.42)	3	0.62	1.22	3.39(0.06)
4	0.62	1.34	0.47(0.49)	4	0.58	1.33	0.49(0.48)
Not: p, uygun gecikme uzunluğunu, parantez içindeki değerler ise olasılık değerlerini vermektedir.							

Tablo-33'de yer alan sonuçlara göre gecikme uzunluklarına göre tahmin edilen modeller kontrol edildiğinde akaike kriterine göre 4, schwarz kriterine göre ise 2 uygun gecikme uzunlukları olarak belirlenmiş ve bu gecikme uzunluklarının otokorelasyon sorunu taşımadığı görülmüştür.

Tablo-34'te ise trendli ve trend içermeyen modellere ait sınır testi sonuçları yer almaktadır.

Tablo-33: Sınır Testinden Elde Edilen F istatistikleri ve Pesaran vd.(2001)'a Ait Kritik Değerler (Model 3)

Trendli model		Trendsiz model	Sonuç
F-iv	F-v	F-iii	
59.814	71.437	51.851	Eşbütünleşme var.

	Pesaran vd.(2001) alt sınır kritik değerler			Pesaran vd.(2001) üst sınır kritik değerler		
	%10	%5	%1	%10	%5	%1
F-iii	2.45	2.86	3.74	3.52	4.01	5.06
F-iv	2.68	3.05	3.81	3.53	3.97	4.92
F-v	3.03	3.47	4.40	4.06	4.57	5.72

Not: Kritik değerler Pesaran vd.(2001) çalışmasından elde edilmiştir.

Tablo-34'de yer alan bulgular Pesaran vd.(2001) çalışmasında verilen alt ve üst kritik değerleriyle karşılaştırıldığında doğrudan yabancı yatırımlar ve reel döviz kuru arasında uzun dönemli ilişki olduğu sonucuna ulaşılabilir. Buradan hareketle değişkenlerin uzun dönem katsayılarının elde edilmesi için tahmin edilecek ARDL yöntemine geçilmiştir ve sonuçlar Tablo-35'de özetlenmiştir.

Tablo-34: Uzun Dönem Katsayıları (Model 3)

	Sabitli model		Trendli model	
	Katsayı	t istatistiği	Katsayı	t istatistiği
OPEN	0.382	1.49(0.13)	0.447	3.52(0.00)
REDK	-0.042	-1.25(0.21)	-0.070	-4.50(0.00)
LABOR	1.039	3.31(0.00)	1.753	8.49(0.00)
TUFE	0.303	1.42(0.15)	0.701	4.59(0.00)
C	-5.653	-2.69(0.00)	-11.69	-6.97(0.00)

Tablo-35'te verilen uzun dönem katsayıları incelendiğinde işgücü değişkeninin doğrudan yabancı yatırımları hem sabitli hem de trendli modellerde %5 istatistiksel önem düzeyinde pozitif yönde etkileyen bir değişken olduğu sonucuna ulaşılmıştır. Ayrıca trendli modellerde %5 önem düzeyinde ticari dışa açıklık ve enflasyon oranı değişkenlerinin doğrudan yabancı yatırımları pozitif yönde; reel döviz kurunun ise doğrudan yabancı yatırımları negatif yönde etkileyen değişkenler olduğu bulgusu elde edilmiştir. Reel döviz kurunun doğrudan yabancı yatırımları negatif yönde etkileyen değişkenler olduğu yönündeki Chakrabarti ve Scholnick (2002), Yapraklı (2006) ve Kar ve Tatlıöz (2008)'ün çalışmasını desteklemektedir. Öte yandan doğrudan yabancı yatırımlar ile reel döviz kuru arasındaki negatif ilişki, bazı çalışmalarda

(Yapraklı (2006), Uzun (2010)), Türkiye'de faaliyet gösteren yabancı firmaların yüksek miktarda ithal girdi kullandıklarının bir göstergesi olarak kabul görmektedir.

Değişkenler arası kısa dönemli ilişkileri açıklayan katsayılar ise ARDL denklemi temelinde kurulan ve Eşitlik 44'te ifade edilen hata düzeltme modeli yardımıyla elde edilebilecektir. Tablo-36'da değişkenler arası kısa dönemli ilişkileri veren katsayı bulguları açıklanmaktadır.

Tablo-35: ARDL Modeli Hata Düzeltme Modeli Sonuçları ve Kısa Dönem Katsayıları (Model 3)

	Sabitli model		Trendli model	
	Katsayı	t istatistiği	Katsayı	t istatistiği
FDI_{t-1}	-0.314	-3.34(0.00)		
FDI_{t-2}	-0.110	-2.54(0.01)		
OPEN	0.260	1.90(0.06)	0.358	2.75(0.00)
REDK	-0.020	-0.77(0.44)	-0.009	-0.32(0.74)
$REDK_{t-1}$	-0.551	-20.87(0.00)	-0.552	-22.02(0.00)
$REDK_{t-2}$	0.121	1.98(0.05)	0.043	0.73(0.46)
$REDK_{t-3}$	0.210	3.65(0.00)	0.091	3.62(0.00)
LABOR	0.234	0.88(0.38)	0.394	1.57(0.12)
$LABOR_{t-1}$			-1.285	-4.00(0.00)
TUFE	0.246	0.46(0.64)	0.244	0.49(0.62)
C	-0.001	-0.002(0.98)	-0.011	-0.20(0.84)
ECM	-0.494	-4.27(0.00)	-0.938	-9.87(0.00)

Hata düzeltme katsayısını veren ECM teriminin işareti beklenildiği gibi negatif işaretli ve istatistiksel olarak anlamlı çıkmıştır. Reel döviz kuru ve doğrudan yabancı yatırımlar arası kısa dönemli ilişkiler incelendiğinde, uzun dönemli bulguları destekler nitelikte negatif yönlü bir ilişki olduğunu göstermektedir. Ticari dışa açıklık değişkeni de uzun dönemde olduğu gibi kısa dönemde de doğrudan yabancı yatırımları pozitif yönde etkilemektedir. Ticari dışa açıklık değişkenin doğrudan yabancı yatırımları pozitif yönde etkilemesi, dış ticaret hacminin artmasının daha fazla doğrudan yabancı yatırım girişini teşvik edeceği anlamına gelmektedir. Türkiye'nin doğrudan yabancı yatırım girişlerini etkileyen unsurları belirlemesi ve önlemlerini ona göre alması; doğrudan yabancı yatırımların olumlu etkilerinden bir politika aracı olarak yararlanabilmesi bakımından önem taşımaktadır.

Tablo-36: Granger Nedensellik Analiz Sonuçları (Model 3)

	OPEN	REDK	LABOR	TUFE	FDI	ECM
OPEN	-	1.81 (0.13)	0.21 (0.93)	3.93 (0.00)	0.72 (0.58)	-0.59 (0.55)
REDK	0.23 (0.91)	-	5.23 (0.00)	0.84 (0.50)	0.65 (0.62)	0.44 (0.65)
LABOR	0.99	0.47	-	0.40	0.52	0.39

	(0.41)	(0.75)		(0.80)	(0.72)	(0.69)
TUFE	6.16 (0.00)	0.87 (0.48)	0.71 (0.58)	-	0.38 (0.81)	-0.28 (0.77)
FDI	0.89 (0.47)	107.4 (0.00)	7.63 (0.00)	0.95 (0.43)	-	-3.45 (0.00)

Yukarıdaki tabloda yer alan Granger nedensellik testi sonuçlarına baktığımızda ise kısa dönemde reel döviz kuru ve toplam işgücü miktarının doğrudan yabancı yatırımların %1 anlamlılık düzeyinde nedeni olduğu görülmektedir. Modelde %1 önem düzeyinde uzun dönemli nedensellik ilişkisi de mevcut görünmektedir.

3.7. Genel Değerlendirme ve Sonuç

1990'lı yıllardan itibaren küreselleşme olgusunun hızlanması ile birlikte, dünya genelinde yabancı sermaye akımları büyük önem kazanmış, özellikle gelişmekte olan ülkelere yönelik yabancı sermaye akımları artmıştır. Aynı zamanda, sermayenin niteliğinde de önemli değişiklikler yaşanmıştır. Bu dönemde, yabancı sermaye spekülatif nitelikli sıcak para şeklinde piyasalara giriş yapmış ve bu girişler ağırlıklı olarak özel sektör kanalıyla gerçekleşmiştir. Yabancı sermaye akımlarının dünya genelindeki dağılımına bakıldığında, 1990'lı yıllardan sonra gelişmekte olan ülkelere yönelik doğrudan yatırımların giderek arttığı, buna karşılık net portföy yatırımlarının giderek azaldığı gözlenmektedir. Türkiye ise, küreselleşme trendine uyarak, 1980 yılında ekonomik liberalizasyon sürecini başlatmış ve 1989 yılında kambiyo kısıtlamalarını kaldırarak sermaye hareketlerini serbestleştirmiştir. Türkiye'nin yabancı sermaye profiline bakıldığında, özellikle son yıllarda, sermaye girişlerinin ağırlıklı kısmının portföy yatırımları ve dış krediler yoluyla elde edildiği anlaşılmaktadır. Buna karşılık, doğrudan yatırımların payının düşük seviyelerde kaldığı söylenebilir. 1990'lı yıllardan sonra yapılan akademik çalışmalarda, yabancı sermayenin dünya ekonomisinin gelişiminde önemli bir paya sahip olması nedeniyle, yabancı sermaye akımlarının yurtiçi tasarruf ve ekonomik büyüme üzerindeki etkileri en çok analiz edilen konular arasında yer almıştır. Yine de, her iki değişken arasındaki bağlantı ve nedenselliğin yönü tam olarak netlik kazanamamıştır.

Öte yandan, ülkeler için ekonomik kalkınmanın önünde engel teşkil eden en önemli faktör sermaye yetersizliğidir. Bu nedenle gelişmekte olan birçok ülke, kalkınmalarını hızlandırmak, ileri teknoloji ve yatırımlardan faydalanmak, dolayısıyla da refahı yükseltmek için ülkelerine yönelik sermaye hareketlerini teşvik edici düzenlemeler yapmıştır. Ekonomik sistemleri farklı olmakla birlikte hemen hemen birçok ülke kalkınmalarını hızlandırmak, refahı yükseltmek, ileri teknoloji ve yatırım tecrübelerini değerlendirmek amacıyla yabancı sermayeden faydalanma yoluna başvurmuştur. Öncelikle kambiyo rejimlerindeki kısıtlamalar kaldırılarak serbest kambiyo rejimi benimsenmiş böylelikle ulusal paraların konvertibilite derecesinde artış gözlenmiştir. Bundan sonra uluslararası sermaye hareketleri ve işlemleri üzerindeki tüm sınırlandırmalar kaldırılarak ülkede serbest piyasa koşullarının işlemesine ve ülkeye yönelik sermaye hareketlerinin artışına olanak sağlanmıştır.

Dünyada doğrudan yabancı sermaye stokunun büyük çoğunluğunun gelişmiş ülkelerde bulunmasında siyasal istikrarın önemi büyüktür. Doğrudan yabancı sermaye yatırımlarının istikrarlı ve iktisadi krizlerden arındırılmış ülkeleri tercih etmesi göz önüne alındığında Türkiye'nin ekonomik sorunlarını çözerek istikrarlı bir ekonomiye kavuşmasıyla birlikte dünya yabancı sermaye stoku içindeki payını artıracaktır. Türkiye dünyada hızla gelişen ülkeleri yakalayabilmek için mutlaka büyüme hızını arttırmak durumundadır. Bu konudaki kaynak açığını da, doğrudan yabancı sermaye ile kapatabilecek bir konuma sahiptir. Tüm sorun, Türkiye'de ekonomik ve siyasi istikrarı sağlamaktır. Hiç şüphesiz, son yıllarda ekonomi yönetiminin almış olduğu kararlar ile ekonomik istikrarı sağlamada kazanılacak başarı, siyasi istikrar ve demokrasi ile pekiştirilecek olursa, Türkiye'ye yakın bir gelecekte çok önemli boyutlarda yabancı doğrudan sermaye girişinin gerçekleşmesi muhtemeldir.

Türkiye'de 1980 öncesinde ithal ikameci büyüme modeli benimsenmiş ve korumacı dış ticaret politikası uygulanmıştır. Bu dönemde dışa kapalı bir ekonomik yapı üzerinde, resmi kurumlar vasıtasıyla sınırlı miktarda sermaye girişi olmuştur. 24 Ocak 1980 kararları ile ekonomi, liberalizasyon sürecine girmiştir. Bununla birlikte dışa açık bir ekonomi ve serbest bir dış ticaret politikasına geçilmiştir. 1989 yılının Ağustos ayında çıkarılan 32 Sayılı Kanun Hükmündeki kararname ile sermaye hareketleri serbestleştirilmiştir. 1990'lı yıllarda Türkiye ekonomisi, diğer gelişmekte olan ülkelerde olduğu gibi yoğun sermaye giriş ve çıkışlarına sahne olmuştur. Sermaye ihracatçısının en önemli hedefi tartışmasız kâr elde etmektir. Bu doğrultuda yatırımcının yatırım yapacağı ülkeyi belirlerken değerlendireceği hususlar da söz konusudur. Yatırım yapılacak ülkenin ekonomik ve politik istikrarı, yabancı sermayeye karşı tutumu, yatırım yapılacak ürünün veya hizmetin piyasa durumu, ülkenin alt yapısı gibi konular yatırım kararını etkilemektedir.

Aynı zamanda, Türkiye'de döviz kurlarının hareketliliği döviz piyasasında istikrarı tayin eden ve doğrudan yabancı yatırımları etkileyen önemli bir makro ekonomik değişken özelliğini korumaktadır. Doğrudan yabancı sermaye yatırımlarının ekonomik büyüme üzerindeki olumlu veya olumsuz etkisinde, ülkedeki reel döviz kurunun seyrinin önemli olduğu düşünülmektedir. Reel döviz kuru, doğrudan yabancı sermaye yatırımlar ile ekonomik büyüme arasındaki en önemli etkileme kanallarından birisidir. Buna göre sermaye hareketlerinde serbestleşmeye gidildikten hemen sonra reel kurda hızlı bir değerlenme gözlemlenmektedir. Yerli paranın değer kazanması ile reel gelirde artış olmakta ve bu da tüketimi arttırmaktadır. Yatırım harcamalarında ise tüketimde canlanma ve bankalar tarafından özel sektöre tahsis edilen krediler vasıtalarıyla artış olmaktadır. Reel kurdaki değerlenme aynı zamanda ithalatı ucuzlatmakta ihracatı ise pahalı hale getirmektedir. Reel kurdaki değerlenme reel efektif döviz kurundan izlenmektedir. Reel efektif döviz kuru, nominal efektif döviz kurunun fiyat endeksleriyle deflate edilmiş hali olup, uluslar arası fiyat rekabetinin önemli bir göstergesidir. Endeksteki artış ulusal paranın reel olarak değer kazandığını gösterirken, azalış ulusal paranın reel olarak değer kaybettiğini ifade etmektedir. Bunun sonucunda da reel kurdaki değerlenme ithalatın artmasına ve cari işlemler dengesinin bozulmasına neden olmakta böylece ekonomi ciddi döviz sıkıntısına girmektedir.

Doğrudan yabancı sermaye yatırımı literatüründe rekabet gücünün göstergesi olarak kabul edilen döviz kuru, doğrudan yabancı sermaye yatırımlarını iki şekilde etkilemektedir. Döviz kurlarının yükselmesi durumunda üretimi ihracata yönelik olan yabancı yatırımcının, üretiminde yerel girdi kullanımını artırması, yatırımcının ihracatını ve kârını artmasına imkân sağlayacaktır. Bu durumda döviz kurunun yükselmesi o ülkeye yapılacak doğrudan yabancı sermaye yatırımlarını olumlu etkileyecektir. Bunun yanında döviz kurunun yükselmesi durumunda ihracata yönelik yatırımcının üretimde ithal girdi kullanması ve ithal girdi bağımlılığının yüksek olması yatırımcının ihracatının ve kârının düşmesine neden olabilecektir. Bu durumda döviz kurunun yükselmesi doğrudan yabancı sermaye yatırımlarını olumsuz etkileyecektir. Reel döviz kurunun doğrudan yabancı sermaye yatırımları üzerindeki net etkisi, bu iki etkinin birbirine göre nisbi büyüklüğü sonucu ortaya çıkacaktır. Literatürdeki çoğu çalışmada para biriminin değer kaybetmesi sonucu o ülkeye yapılan doğrudan yabancı sermaye yatırımlarının arttığı ortaya konmuştur. Buna karşılık MacDermott (2008), 1980-1997 yıllarında 55 ülke için panel veri analizi yapmış ve ev sahibi ülke kurunun değer kaybetmesinin doğrudan yabancı sermaye yatırımlarını azalttığı sonucuna ulaşmıştır. Ayrıca döviz kuru oynaklığının yüksek olması da doğrudan yabancı sermaye yatırımı girişlerini azaltmaktadır. Ancak belirli bir ülkede yatırım yapmış çokuluslu şirketler o ülkedeki zayıf kurlar nedeniyle yatırımlarından hızlıca vazgeçmemektedirler.

Türkiye ekonomisi için önemli makro ekonomik değişkenlerden üçü olan reel döviz kuru, doğrudan yabancı yatırımlar ve ekonomik büyüme arasında ilişkinin ekonometrik yöntemlerle analiz edildiği bu çalışmada, etkileşimin yönünü tayin edebilmek için üç farklı model tahmin edilmiştir. Her bir modelde, 1989Q1-2011Q1 dönemleri çerçevesinde çeyrek dönemlik veriler kullanılarak ve kontrol değişkenler olarak ticari dışa açıklık, enflasyon oranı ve toplam işgücü miktarı baz alınarak reel döviz kuru, doğrudan yabancı yatırımlar ve ekonomik büyüme arasında ilişki araştırılmaya çalışılmış ve ekonometrik uygulamaya tabi tutulmuştur. Bu çalışmanın bir zaman serisi niteliği taşımasından dolayı değişkenler arası uzun dönemli ilişkinin belirlenmesinde sınır testi ve ARDL yaklaşımı ile kısa ve uzun dönem katsayıları elde edilmiş ve değişkenler arası olası nedensellik ilişkilerinin tayinin de ise Granger nedensellik testinden faydalanılmıştır. Ekonomik büyüme ile doğrudan yabancı yatırımlar ve reel döviz kuru arasındaki kısa ve uzun dönemli etkileşim ile nedensellik ilişkilerinin belirlenmesi amacıyla, ekonomik büyüme verilerinin bağımlı değişken olduğu ilk model tahmin edilmiştir. Reel döviz kuru ile doğrudan yabancı yatırımlar arasındaki kısa ve uzun dönemli etkileşim ile nedensellik ilişkilerinin belirlenmesi amacıyla da, reel döviz kurunun bağımlı değişken olduğu ikinci model ve doğrudan yabancı sermaye yatırımların bağımlı değişken olduğu üçüncü model tahmin edilmiştir.

Çalışmanın ekonometrik uygulama bölümünde çeyrek dönemli serilerden faydalanılmıştır. Bu doğrultuda öncelikle değişkenlerde olası bir yapısal kırılmanın varlığı önemsenmeden ADF ve PP birim kök testleri uygulanmış ve ardından yapısal kırılmanın dikkate alındığı Zivot-Andrews birim kök testi yardımıyla serilerin durağanlık sınaması yapılmıştır. Serilerin karma durağanlık düzeylerine sahip olması dolayısıyla değişkenler arası uzun dönem seviye ilişkilerinin belirlenmesi için farklı düzeylerde durağanlık gösteren serilerde uygulanabilirliğe imkan tanıyan sınır testi ve ARDL yaklaşımları ile kısa ve uzun dönem katsayı tahminlerine ulaşılmıştır. Elde edilen sonuçlar değerlendirildiğinde tahmin edilen modellerin literatürle uyumlu sonuçlara işaret ettikleri görülmüştür.

Sınır testi ve ARDL yönteminden elde edilen bulgular, birinci modelde doğrudan yabancı yatırımlar, ticari dışa açıklık, toplam işgücü ve enflasyon oranının ekonomik büyümeyi pozitif yönde etkilediği, reel döviz kurunun ise ekonomik büyüme oranını negatif yönde etkilediği tespit edilmiştir. Bu bulgu, reel döviz kuru ile ekonomik büyüme arasındaki etkileşimi konu edinen Agenor (1991), Bilgili (2000), Ahmed vd. (2002), Kandil vd. (2007), Direkçi ve Özçiçek (2010) gibi birkaç örnek verebileceğimiz çalışmaları destekler niteliktedir. Doğrudan yabancı yatırımlar ve ekonomik büyüme arasındaki ilişki ise kısa dönemde incelendiğinde, uzun dönemde olduğu gibi kısa dönemde de pozitif yönlüdür. De Soysa ve Oneal (1999), Assanie ve Singleton (1999), Lensink ve Morrissey (2001), Ayashagba ve Abachi (2002), Kumar ve Pradhan (2002), Erdal ve Tatoğlu (2002), Alfaro vd. (2003), Batmaz ve Tunca (2005), Ledyaeva ve Linden (2006), Udo ve Obiora (2006), Roy ve Berg (2006), Prasad vd. (2007), Şen ve Ozan (2010), Ekinci (2011) yaptıkları çalışmada doğrudan yabancı yatırımların ekonomik büyüme üzerinde olumlu etkisi olduğu sonucuna ulaşmışlardır.

Doğrudan yabancı yatırımların reel döviz kuru üzerindeki etkisine bakıldığı ikinci modelde, hesaplanan hiçbir F istatistiğinin Pesaran vd.(2001) üst kritik değerlerini aşmadığı ve bu nedenle de reel döviz kuru ve doğrudan yabancı yatırım arasında uzun dönemli ilişki olduğuna yönelik kesin bir çıkarım yapmanın mümkün olmadığı görülmektedir. Sınır testinin bu bulgusu değişkenler arası uzun dönemli ilişki olduğuna yönelik bir sonuç vermediği için bundan sonraki aşamada yer alan ARDL yöntemi ile uzun dönemli katsayı tahmini aşamasına geçilmemiş ve bundan sonraki aşamalar yapılmamıştır.

Üçüncü modelde ise, ticari dışa açıklık ve enflasyon oranı değişkenlerinin doğrudan yabancı yatırımları pozitif yönde; reel döviz kurunun ise doğrudan yabancı yatırımları negatif yönde etkileyen değişkenler olduğu bulgusu elde edilmiştir. Bu sonuçlar literatürde yapılan pek çok çalışmayı destekler niteliktedir. Reel döviz kurunun doğrudan yabancı yatırımları negatif yönde etkileyen değişkenler olduğu yönündeki Chakrabarti ve Scholnick (2002), Yapraklı (2006) ve Kar ve Tatlıöz (2008)'ün çalışmasını desteklemektedir. Öte yandan doğrudan yabancı yatırımlar ile reel döviz kuru arasındaki negatif ilişki, bazı çalışmalarda (Yapraklı (2006), Uzun (2010)), Türkiye'de faaliyet gösteren yabancı firmaların yüksek miktarda ithal girdi kullandıklarının bir göstergesi olarak kabul görmektedir.

Granger nedensellik testi ile değişkenler arası nedensellik ilişkileri incelendiğinde ise tahmin edilen birinci modelde doğrudan yabancı yatırımlar ile ekonomik büyüme arasında uzun dönemde olduğu gibi kısa dönemde de pozitif yönlü bir ilişkinin olduğu, reel döviz kurunun ise ekonomik büyümeyi kısa dönemde negatif etkilediği görülmüştür. Üçüncü modelde ise, reel döviz kuru ve doğrudan yabancı yatırımlar arası kısa dönemli ilişkiler incelendiğinde, uzun dönemli bulguları destekler nitelikte negatif yönlü bir ilişki olduğunu göstermektedir.

Öte yandan elde edilen bulguların birbirlerini desteklediği bazı değişkenler de mevcuttur. Örneğin, ithalat ve ihracat serbestisinin doğrudan yabancı yatırımların ihtiyaç duyabileceği ara mallarını ithal etme ve ürettiklerini ihraç etme konusunda yabancı firmaya hareket kolaylığı sağlayacağı, sürdürülebilir büyümenin en önemli unsurlarından biri kabul edilen ve reel döviz kurunu etkilediği kabul edilen ticari dışa açıklığın, hem ekonomik büyüme hem de doğrudan yabancı yatırımlar üzerindeki etkisi pozitif çıkmıştır. Buna göre, yatırımların ticaret edilebilir sektörlere yöneleceği varsayımıyla, dışa daha fazla açık olan ülkelerin doğrudan yabancı yatırım çekeceği düşünülebilir. Ayrıca, ticari dışa açıklık değişkenin doğrudan yabancı yatırımları pozitif yönde etkilemesi, dış ticaret hacminin artmasının daha fazla doğrudan yabancı yatırım girişini teşvik edeceği anlamına gelmektedir. Türkiye'nin doğrudan yabancı yatırım girişlerini etkileyen unsurları belirlemesi ve önlemlerini ona göre alması, doğrudan yabancı yatırımların olumlu etkilerinden bir politika aracı olarak yararlanabilmesi bakımından önem taşımaktadır.

Ayrıca uygulama sonuçlarına göre; kısa dönemde ticari dışa açıklık ekonomik büyüme arasında çift yönlü nedensellik ilişkisi mevcutken enflasyon oranlarından ekonomik büyümeye doğru bir nedensellik ilişkisi vardır. Toplam işgücü miktarı da doğrudan yabancı yatırımların nedeni olmaktadır. Literatür açıklamalarında değinildiği üzere, doğrudan yabancı yatırımların ev sahibi ülkeye giriş yapmasının önemli bir faktörü olarak görülen ucuz ve bol işgücü, bu sonuçlarla da desteklenmiştir. Bu durum, Yılmazer (2010)'in, çalışmasında ülkelerin bazı koşulları sağladığı ölçüde yabancı sermayeden fayda sağladığı yönündeki bulgusunu destekler niteliktedir. Ayrıca reel döviz kurundan doğrudan yabancı yatırımlara doğru kısa dönemli %5 önem düzeyinde bir nedensellik ilişkisinden de bahsedilebilir.

Uygulama sonuçlarından hareketle, Türkiye ekonomisi için reel döviz kuru, doğrudan yabancı yatırımlar ve ekonomik büyüme arasında farklı derecelerde de olsa, bir ilişkinin var olduğunu söylemek mümkündür. Bu çerçevede Türkiye, diğer gelişmiş ve gelişmekte olan ülkeler gibi doğrudan yabancı yatırımlardan azami faydayı sağlayacak politikalar geliştirmeli ve hedefler belirlemelidir. Bu politikalar çerçevesinde döviz piyasasında dengeyi sağlayacak ve ticari dışa açıklığı olumlu etkileyecek politikaların izlenmesi gerektiğini, doğrudan yabancı yatırımların ekonomik büyümeye olan etkisinin ülkedeki reel döviz kurunun seyrinin belirlediği söylenebilir. Ayrıca reel döviz kurunun, doğrudan yabancı yatırımlar ve ekonomik büyüme üzerindeki etkisinin daha çok ülkenin dış ticaretteki konumuna bağlı olduğu söylenebilir. Çünkü döviz kuru bir ülkenin uluslararası alandaki rekabet gücünü ortaya çıkaran çok önemli bir değişkendir. Düşük reel döviz kurunun ithalatı körüklediği, yüksek reel döviz kurunun ise ihracatı artırdığı ve bunun kısmen doğrudan yabancı yatırımları teşvik ettiği, doğrudan yabancı yatırımların ise ülkenin özellikle fiziksel sermaye stokuna ve istihdamına yapmış olduğu katkılardan dolayı ekonomik büyümeyi desteklediği söylenebilir. Bu yüzden, önemli bir büyüme potansiyele sahip olan Türkiye'nin, bu potansiyeli harekete geçirebilmesi için; makroekonomik ve siyasi istikrarın sürekli ve kalıcı bir şekilde sağlanması, sermaye birikiminin hızlandırılması, bilimsel ve teknolojik faaliyetlerin derinleştirilerek yaygınlaştırılması gerekmektedir.

Özetle, bir ülkeye yabancı sermaye, girerken de çıkarken de ülkenin döviz piyasalarında dalgalanmalara yol açabilir. Özellikle, portföy yatırımları şeklinde ülkeye giriş yapan yabancı sermaye, ülkenin döviz arzını artırarak, ulusal paranın aşırı değerlenmesine sebep olabilir. Bu ise ithalatı teşvik edip ihracatı caydırarak dış ticaret bilançosunu olumsuz yönde etkileyebilecektir. Portföy yatırımlarının beklenmedik bir durumda ülkeyi terk etmesi durumunda ise ülkenin döviz rezervlerindeki ani azalış, dış ödemeler bilançosunda bir krize yol açabilir. Ayrıca, doğrudan yabancı yatırımların ev sahibi ülkenin sermaye stokunu artırdığı, yeni teknolojilerin kullanımına imkan tanıdığı, yönetim ve bilişim alanlarında ülkeye katkı sağladığı ve bütün bunların da ülkenin üretim kapasitesini artırdığı dikkate alındığında, ekonomik büyüme ve ekonomik istikrara sağlayacağı olumlu etki göz ardı edilemeyecektir.

KAYNAKÇA

Acar, M. Sadık (2002). *Uluslararası Reel Ticaret Teori, Politika*. İzmir: Dokuz Eylül Üniversitesi Yayınları.

Adelman, Irma ve Yeldan, Erinç (2000). The End of the Developmental State? *Structural Change and Economic Dynamics*, 11, 95-109.

Agarwal, Jamuna P. (1980). Determinants of Foreign Direct Investment: A Survey. *Review of World Economics,* 116 (4).

Agenor, Pierre-Richard (1991). Output, Devaluation and the Real Exchange Rate in Developing Countries. *Welwirtschaftliches Archive*, 127, 18-41.

Agenor, Pierre-Richard, McDermott, C. John ve Uçer, E. Murat (1997). Fiscal Imbalances, Capital Inflows, and the Real Exchange Rate: The Case of Turkey International Monetary Fund, Research and European I Departments. *IMF Working Pape*r, 18, 1-12.

Aizenman, Joshua (1992). Exchange Rate Flexibility, Volatility, and Domestic and Foreign Direct Investment. *IMF Staff Papers*, 39 (4), 890-922.

Aizenman, Joshua (1997). Controlled Openness and Foreign Direct Invesment. *NBER Working Paper Series*, Working Paper 6123.

Aktan, Reşat (1999). *Türkiye İktisadi Tarihi* (3. Baskı). İstanbul: Der Yayınları.

Akdiş, Muhammet (1988). Dünya'da ve Türkiye'de Yabancı Sermaye Yatırımları ve Beklentiler. İnceleme Yarışması-Mansiyon, İstanbul: YASED Yayınları, 33, 61-90.

Akçacı, Taner (2006). *Reel Döviz Kuru-Cari İşlemler İlişkisi, Türkiye Ekonomisi Açısından Bir Analiz: (1991-2005)*, Doktora Tezi, Dumlupınar Üniversitesi Sosyal Bilimler Enstitüsü, Kütahya.

Akıncı, Merter (2010). *Türkiye'de Doğrudan Yabancı Yatırımlar ve Ekonomik Büyümeye Etkisi (1980-2008)*, Yüksek Lisans Tezi, Atatürk Üniversitesi Sosyal Bilimler Enstitüsü, Erzurum.

Alagöz, Mehmet, Erdoğan, Savaş ve Topallı, Nurgül (2008). Doğrudan Yabancı Sermaye Yatırımları ve Ekonomik Büyüme: Türkiye Deneyimi 1992-2007. *Gaziantep Üniversitesi Sosyal Bilimler Dergisi*, 7(1), 79-89.

Albeni, Mesut, Demir, Yusuf ve Demirgil, Hakan (2003). Döviz Kurlarındaki Değişim ve Kur Sistemlerinin İhracat Üzerindeki Etkisi – Türk İmalat Sanayiinde Bir Uygulama. *Review of Social, Economic & Business Studies*, 7 (8), 191-215.

Alfaro, Laura, Chanda, Areendam, Özcan, Şebnem K.,ve Sayek, Selin (2003). FDI and Economic Growth: The Role of Local Financial Markets. *Forthcoming Journal of International Economics*. 56-78.

Algan, Neşe (1988). *Dünya'da ve Türkiye'de Yabancı Sermaye Yatırımları ve Beklentiler*. Ankara: Yased Yayınları.

Allen, Roy G. D. (1964). Statics for Economists. Mc-Millan,UK, 133-152.

Altınok, Serdar ve Çetinkaya, Murat (2003). Devalüasyon ve Türkiye'de Devalüasyon Uygulamaları ve Sonuçları. *Selçuk Üniversitesi Sosyal Bilimler Enstitüsü Dergisi*, 47–64.

Arat, Kürşat (2003). *Türkiye'de Optimum Döviz Kuru Rejimi Seçimi ve Döviz Kurlarından Fiyatlara Geçiş Etkisinin İncelenmesi*, Uzmanlık Yeterlik Tezi, TCMB Yayınları, Ankara.

Arıkan, Deniz (2006). *Türkiye'de Doğrudan Yabancı Sermaye Yatırımları*. İstanbul: Arıkan Yayınları.

Ay, Ahmet ve Karaçor, Zeynep (2006). 2001 Sonrası Dönemde Türkiye Ekonomisinde Krizden Büyümeye Geçiş Üzerine Bir Tartışma. *Selçuk Üniversitesi Sosyal Bilimler Enstitüsü Dergisi*, 16, 67-86.

Ay, Ahmet (2007a). *Türkiye'de Dış Ticaret ve Kur Politikaları Uygulamaları* (1. Baskı). Konya: Çizgi Kitabevi.

Ay, Ahmet (2007b). *Türkiye Ekonomisi* (1. Baskı). Konya: Çizgi Kitabevi.

Baillio, Jeannine, Lafrance, Robert and Perrault, J.François (2003). Does Exchange Rate Policiy Matter For Growth? *International Finance*, 6, 387.

Bal, Harun (1993). Kambiyo Politikaları, Dış Ticaret ve Enflasyon. *İktisat İşletme ve Finans Dergisi*, 85-86, 34.

Başol, Koray (2001). *Türkiye Ekonomisi*. İzmir: Anadolu Matbaası.

Batmaz, Nihat ve Tunca, Halil (2005). *Doğrudan Yabancı Sermaye Yatırımları ve Türkiye* (1. Baskı). İstanbul: Beta Yayınları.

Batmaz, Nihat ve Tekeli, Sevinç (2009). *Doğrudan Yabancı Sermaye Yatırımlarının Ekonomik Büyüme Üzerindeki Etkileri, Polonya, Çek Cumhuriyeti, Macaristan ve Türkiye Örneği (1996-2006)* (1. Baskı). Bursa: Ekin Yayınları.

Bayraktar, Fulya (2003). *Dünya'da ve Türkiye'de Doğrudan Yabancı Sermaye Yatırımları*. Türkiye Kalkınma Bankası Genel Araştırmalar, Ankara. www.tbb.org.tr/turkce/kutuphane/yeni%20yayinlar/Şubat%202003.doc, Erişim Tarihi: 12.06.2011.

Begg, David, Fischer, Stanley ve Dornbusch, Rudiger (1994). *Economics* (4th edition). England: The McGraw-Hill.

Berber, Metin ve Artan, Seyfettin (2004). *Enflasyon ve Ekonomik Büyüme İlişkisi: Türkiye Örneği*. Tartışma Metni. Türkiye Ekonomi Kurumu. Yayın No. 2004/21.

Berksoy, Taner ve Doğruel, A. Suat (1989). *Türkiye'de Yabancı Sermaye*. Ankara.

Berument, Hakan (2002). Döviz Kuru Hareketleri ve Enflasyon Dinamiği: Türkiye Örneği. *Bilkent Üniversitesi Yayınları*.

Berument, Hakan ve Paşaoğulları, Mehmet (2003). Effects of the Real Exchange Rate on Output and Inflation: Evidence from Turkey. *Developing Economies*, 41(4), 401–35.

Berument, Hakan ve Dincer, Nergiz (2004). The Effects of Exchange Rate Risk on Economic Performance: the Turkish Experience. *Applied Economics*, 36, 2429-2441.

Bilgili, Emine (2000). Reel Döviz Kuru ve Ekonomik Büyüme. *İktisat İşletme ve Finans Dergisi*, 176, 56-73.

Blonigen, Bruce (1997). Firm-Specific Assets and the Link between Exchange Rates and Foreign Direct Investment. *American Economic Review*, 87 (3), 447-465.

Borenzstein, Eduardo, Gregorio, Jose De ve Jong-Wha Lee (1988). How Does Foreign Direct Invesment Affect Economic Growth. *Journal of Internatıonal Economics*, 45,115-135.

Bornschier, Volker (1980). Multinational Corporations and Economic Growth: A Cross-National Test of the Decapitalisation Thesis. *Journal of Development Economics*, 7, 191-210.

Bornschier, Volker ve Christopher Chase-Dunn (1985). *Transnational Corporations and Underdevelopment*, New York: Praeger.

Bozkurt, Ünal (1985). *Ekonomide Yabancı Sermayenin Yeri ve Önemi*. İstanbul: Yased Yayınları.

Bozkurt, Hilal (2007). *Zaman Serileri Analizi* (1. Baskı). Bursa: Ekin Kitabevi.

Bulut, Erol (2005). *Döviz Ekonomisi* (1. Baskı). Ankara: Platin Yayınları.

Bulutoğlu, Kenan (2000). *100 Soruda Türkiye'de Yabancı Sermaye*. İstanbul: Gerçek Yayınevi.

Büyükakın, Figen, Cengiz, Vedat ve Türk, Armağan (2008). Türkiye'de Para Politikası Aktarım Mekanizması: Döviz Kuru Kanalı Üzerine Bir Değerlendirme. 2. Ulusal İktisat Kongresi.

Candemir, Aykan (2009). Doğrudan Yabancı Sermaye Yatırımlarını Etkileyen Faktörler. *Ege Akademik Bakış*, 9 (2), 659-675.

Caves, Richard (1989). *Exchange Rate Movements and Foreign Direct Investment in the United States*. In D. Audretsch and M. Claudon (eds.), The Internationalization of US Markets. New York: New York University Press.

Cebecican, Gürkan (1999). *Atatürk Döneminde Para-Kredi Siyaseti ve Kurumlaşma Hareketleri*. Ankara.

Chakrabarti Avik (2001). The determinants of foreign direct ınvestment: sensitivity analayses of cross-country regressions. *Kyklos*, 54, 89-113.

Chakrabarti, Rajesh ve Scholnick, Barry (2002). Exchange Rate Expectations and Foreign Direct Investment Flows. *Review of World Economics* (Weltwirtschaftliches Archiv), Springer, 138(1), 1-21.

Çiçek, Serdar (2006). *Türkiye'de Döviz Kuru Sistemleri ve Politikalarının İhracata Etkileri (1980-2004)*, Yüksek Lisans Tezi, Dokuz Eylül Ünivertesi Sosyal Bilimler Enstitüsü, İzmir.

Ciğerlioğlu, Oğuz (2007). *Reel Döviz Kuru ve İthalat-İhracat Arasındaki İlişki: Türkiye Örneği 1982–2005*, Yüksek Lisans Tezi, Atatürk Üniversitesi, Sosyal Bilimler Enstitüsü, Erzurum.

Combes, Jean-Louis, Kinda, Tidiane ve Plane, Patrick (2011). Capital Flows, Exchange Rate Flexibility, and the Real Exchange Rate. *IMF Working Paper*, 1-11.

Connelly, Matthew (1983). *İrlanda'da Yabancı Sermaye Tecrübesi ve Elde Edilen Sonuçlar*. İstanbul: YASED Yayınları.

Cushman, David (1985). Real Exchange Rate Risk, Expectations, and the Level of Direct Investment. *The Review of Economics and Statistics*, 67 (2), 297-308.

Çalışkan, Özgür (2003). *Dünya Yatırım Raporu: Doğrudan Yabancı Yatırımlar Üzerine Değerlendirmeler*. Ekonomik Araştırmalar ve Değerlendirme Genel Müdürlüğü. www.dtm.gov.tr/ead/DTDERGI/OCAK2003/dünya.htm-123k, Erişim Tarihi: 02.02.2010.

Çağlar, Ünal (2003). *Uluslararası Para Sistemi ve Ekonomik İstikrar* (1. Baskı). İstanbul: Alfa Yayınları.

Çarıkçı, Emin (1983). Esnek Kur Politikaları ve Dış Ticarete Etkileri. *HÜ İİBF Dergisi*, 2, 94.

Çetinkaya, Murat (2004). *Türkiye Ekonomisinde Doğrudan Yabancı Sermaye Yatırımlarının Sektörel Dağılımının Önemi*, Doktora Tezi, Selçuk Üniversitesi Sosyal Bilimler Enstitüsü, Konya.

Çetinkaya, Murat (2005). Türkiye'de Yabancı Sermaye Yatırımların Dünü ve Bugünü. *Selçuk Üniversitesi Sosyal Bilimler Dergisi*, Konya.

De Mello, R. Luiz (1997). Foreign Direct Invesment in Developing Countries and Growth: A Selective Survey. *Journal of Development Studies*, 34, 1-34.

De Soysa, Indra ve Oneal, John (1999). Boon or Bane? Reassessing the Effects of Foreign and Domestic Capital on Economics Growth. *American Sociological Review*, 65, 766-782.

Demircioğlu, Mehtap (2009). *Döviz Kuru Politikaları ve Dış Ticaret 1980 Sonrası Türkiye Örneği, Yüksek Lisans Tezi*, Dokuz Eylül Üniversitesi, İzmir.

Demirel, Onur (2006). *Doğrudan Yabancı Yatırımlar, Ekonomik Büyümeye Etkileri ve Türkiye Uygulaması*, Yüksek Lisans Tezi, Süleyman Demirel Üniversitesi Sosyal Bilimler Enstitüsü, Isparta.

DEİK (Dış Ekonomik İlişkiler Kurulu) (2000). *Türkiye'nin Yabancı Sermaye Ortamının Değerlendirilmesi Engeller – Öneriler*. İstanbul: Türk–Japon İş Konseyi.

Diebold, Francis X. ve Sendhadji, Abdelhak S. (2002). Deterministik vs Stochastic Trend in US GNP, Yet Again. *NBER Working Series*, Working Paper 5481.

Dickey, David A. ve Fuller, Wayne A. (1979). Distribution of the estimators for autoregressive time series with a unit root. *Journal of the American Statistical Association*, 74 (366), 427-431.

Dinler, Zeynel (2008). *İktisada Giriş* (13. Baskı). Bursa: Ekin Yayın Dağıtım.

Direkçi, Tuba ve Özçiçek, Ömer (2010). Reel Kurun Türkiye'de Ekonomik Faaliyetler Üzerindeki Etkisi. *Marmara Üniversitesi İİBF Dergisi*, 2, 99-109.

Dixit, Avinash (1989). Hysteresis, Import Penetration and Exchange Rate Pass-Through. *Quarterly Journal of Economics*, 104 (2), 205-228.

Domaç, İlker (1997). Are Devaluations Contractionary? Evidence from Turkey. *Journal of Economic Development*, 22(2), 145-163.

Domaç, İlker ve Shabsigh, Ghiath (1999). Real Exchange Rate Behaviorand Economic Growth: Evidence from Egypt, Jordan, Morocco, and Tunisia. *IMF Working Paper*, WP, 99, 40.

Dornbusch, Rudiger (1988). *Open Economy Macroeconomics* (2nd edition). New York. McGraw-Hill.

Dornbusch, Rudiger., Fischer, Stanley ve Starts, Richard (1998). *Macroeconomics* (Seventh Edition). NewYork: McGraw-Hill.

DPT (Devlet Planlama Teşkilatı). (2002). *2002 Yılı Katılım Öncesi Ekonomik Programı: Makroekonomik Çerçeve*. Ankara: DPT.

DPT (Devlet Planlama Teşkilatı). (2011). Katılım Öncesi Ekonomik Program 2012-2014.http://www.dpt.gov.tr/DocObjects/view/13700/KEP%282012-2014%29.pdf. Erişim Tarihi: 01.01.2011.

DPTM (Devlet Planlama Teşkilatı Müsteşarlığı) (2005). Temel Ekonomik Göstergeler.

Dunning, John (1977). Trade, Location of Economic Activity and the MNE: A Search for an Eclectic Approach, in Ohlin et al.

Dunning, John (1988). Explaining International Production . Unwin Hyman.

Dursun, Gülten ve Bozkurt, Hilal (2007). *Reel Döviz Kurunun GARCH Modeli ile Tahmini ve Yabancı Doğrudan Yatırım İlişkisi: Türkiye Analizi*. 8. Türkiye Ekonometri ve İstatistik Kongresi, İnönü Üniversitesi, Malatya.

Duygulu, Aylin A. (1998). Döviz Kurlarının Ekonomik İstikrar Açısından Değerlendirilmesi. *Dokuz Eylül Üniversitesi İİBF Dergisi*, 1, 115.

Ekinci, Alper (2005). *Çin,Yabancı Sermaye ve Türkiye* (1. Baskı). Ankara: Turhan Kitabevi Yayınları.

Ekonomi Ansiklopedisi (1984). İstanbul: Paymaş Yayınları.

Elbir, Cafer (2010). *Yabancı Sermaye Hareketlerinin Ekonomik Büyümeye Etkisi: Türkiye Üzerine Bir Uygulama*, Yüksek Lisans Tezi, Çukurova Üniversitesi Sosyal Bilimler Enstitüsü, Adana.

Elma, Çiğdem Ayşin (2008). *Yapısal Kırılmalar Altında Birim Kök Testler ve Eşbütünleşme Analizi: Para Talebi İstikrarı*, Yüksek Lisans Tezi, Gazi Üniversitesi, Sosyal Bilimler Üniversitesi, Ankara.

Emil, M. Ferhat ve Vehbi, M. Tuğrul (2003). Uluslararası Sermaye Hareketleri ve Kalkınma: Türkiye Örneği. *Ekonomik Yaklaşım Dergisi*, 14 (48).

Enders,Walter (1995). *Applied Econometric Time Series*. New York: John Wiley & Sons.

Engle, Robert F. ve Granger, Clive W.J. (1987). Co-integration and error correction: representation, estimation and testing. *Econometrica*, *55*(2), 251-276.

Erçakar, Emin ve Karagöl, Erdal (2011). Türkiye'de Doğrudan Yabancı Yatırımlar. Siyaset, Ekonomi ve Toplum Araştırmaları Vakfı.

Erdal, Fuat, Tatoğlu, Ekrem (2002). Locational Determinants of Foreign Direct Investment in an Emerging Market Economy: Evidence from Turkey. *Multinational Business Review*, 10, 1-7

Erdem, Hüseyin (1984). Türkiye'de Yabancı Sermayeyi Teşvik Mevzuatı ve Uygulaması.

Erdikler, Şaban (2003). Türkiye'nin Yabancı Sermaye Performansının İyileştirilmesinin Önündeki Vergisel Engeller ve Alınabilecek Önlemler. *Active Bankacılık ve Finans Dergisi*, 30.

Erdoğan, Salih Y. (2008). *Döviz Kuru Rejimleri ve Türkiye'de Uygulanan Döviz Kuru Rejimlerinin Ekonomik Büyümeye Etkisi*, Yüksek Lisans Tezi, İstanbul Üniversitesi Sosyal Bilimler Enstitüsü, İstanbul.

Ertan, Zeynep S. (2010). *Doğrudan Yabancı Sermaye Yatırımlarının Ekonomik Büyüme Üzerindeki Etkisi: Gelişmekte Olan Ülkeler İçin Bir Uygulama*, Yüksek Lisans Tezi, Hacettepe Üniversitesi Sosyal Bilimler Enstitüsü, Ankara.

Ertek, Tümay (1996). *Ekonometriye Giriş* (2. Baskı). İstanbul: Beta Yayınları.

Erten, Rıfat (2005). *Doğrudan Yabancı Yatırımlar Kanununun Türk Yabancılar Hukuku Sistemi İçindeki Yeri ve Rolü* (1. Baskı). Ankara: Ankara Üniversitesi Yayınları.

Eşiyok, B. Ali (2002). Türkiye İmalat Sanayiinde ve Ülke Rekabet Gücündeki Gelişmeler. *İktisat İşletme ve Finans Dergisi*, 196, 56-69.

Frait, Jan ve Komarek, Lubos (2001). Real Exchange Rate Trends in Transitional Countries. Warwick Economic Research Papers No: 596, The University of Warwick Department of Economics.

Froot, Kenneth ve Jeremy, Stein (1991). Exchange Rates and Foreign Direct Investment: An Imperfect Capital Markets Approach. *Quarterly Journal of Economics*, 106 (4), 1191-1217.

Glynn, John, Perera, Nelson ve Verma, Reetu (2007). Unit Root Tests and Structural Breaks: A Survey with Applications. *Journal of Quantitative Methods for Economics and Business Administration*, 3 (1), 63-79.

Goldberg, Linda ve Kolstad, Charles (1995). Foreign Direct Investment, Exchange Rate Variability and Demand Uncertainty. *International Economic Review*, 36 (4), 855-873.

Göçer, Hamza (2007). *Türkiye'de Uygulanan Döviz Kuru Politikaları Ve Bu Politikaların 2001 Şubat Krizine Etkileri (1995-2006)*, Yüksek Lisans Tezi, Cumhuriyet Üniversitesi Sosyal Bilimler Enstitüsü, Sivas.

Gövdere, Bekir (2003). Doğrudan Yabancı Sermaye Yatırımlarının Belirleyicilerinin Günümüzdeki Geçerliliği. *Dış Ticaret Dergisi*, 28, 26-42.

Gözet, Behçet (1989). *Türkiye'de Uygulanan Liberal Politika ve Yabancı Sermaye İlişkisinin Avrupa Topluluğu'na Girişteki Rolü*. Ankara: YASED Yayınları.

Granger, Clive W.J. (1969). Investigating Causal Relations By Econometric Models and Cross- Spectral Methods. *Econometrica*, 37.

Granger, Clive W.J. ve Newbold, Paul (1974). Spurious regressions in econometrics. *Journal of Econometrics, 2*(2), 111-120.

Gujarati, Damador N. (2006). *Temel Ekonometri*. (Çevirenler: Ümit Şenesen ve Gülay Günlük Şenesen). İstanbul: Literatür Yayıncılık.

Güran, Nevzat (1987). *Döviz Kuru Sistemleri ve Ekonomik Denge* (1. Baskı). İzmir: Dokuz Eylül Üniversitesi Yayınları.

Gürbüz, Osman (1989). Yabancı Portföy Yatımları ve Borsa. *Para ve Sermaye Piyasası Dergisi*.

Güvercin, Deniz (2007). *Doğrudan Yabancı Sermaye Yatırımları Ekonomik Büyüme İlişkisi*, Yüksek Lisans Tezi, İstanbul Teknik Üniversitesi Sosyal Bilimler Enstitüsü, İstanbul.

Haris, Richard ve Sollis, Robert (2003). *Applied Times Series Modelling and Forecasting*, John Willey & Sons Ltd., England.

HMYSGM (Hazine Müsteşarlığı Yabancı Sermaye Genel Müdürlüğü). (2003). Yabancı Sermaye Raporu. www.hazine.gov.tr/duyuru/basin/rapor_turkce.pdf, Erişim Tarihi: 17.12.2011.

HMYSGM (Hazine Müsteşarlığı Yabancı Sermaye Genel Müdürlüğü). (2006). Uluslararası Doğrudan Yatırımlar 2005 Yılı Raporu. Yabancı Sermaye Genel Müdürlüğü.www.treasury.gov.tr/guncelduyuru/AB_20060805_UluslararasiDogrudanYatirim_Rapor.pdf Erişim Tarihi: 01.01.2012.

HMYSGM (Hazine Müsteşarlığı Yabancı Sermaye Genel Müdürlüğü). (2007). Uluslararası Doğrudan Yatırım Verileri Bülteni. Yabancı Sermaye Genel Müdürlüğü. www.hazine.gov.tr/stat/yabser/Bulten_şubat06.pdf, Erişim Tarihi: 12.12.2011.

Healy, Paul ve Palepu Krishna (1993). *International Corporate Equity Associations: Who, Where and Why?* In K. Froot (ed.), Foreign Direct Investment. Chicago: University of Chicago Press.

Hymer, Stephen H. (1976). *The International Operations of National Firms: a Study of Direct Foreign Investment*. MIT monographs in Economics, 14, MIT Press, Cambridge, Mass.

Işığıçok, Erkan (1994). *Zaman Serilerinde Nedensellik Çözümlemesi*. Uludağ Üniversitesi Güçlendirme Vakfı Yayın No:94. Bursa: Uludağ Üniversitesi Basımevi.

Itagaki, Takao (1981). The Theory of the Multinational Firm under Exchange Rate Uncertainty. *Canadian Journal of Economics*, 14 (2), 276-297.

İlkin, Erdoğan (1981). *Uluslararası Ekonomik İlişkiler*. İstanbul: İstanbul Üniversitesi İktisat Fakültesi Yayınları.

İnandım, Şeyda (2005). *Kısa Vadeli Sermaye Hareketleriyle Reel Döviz Kuru Etkileşimi: Türkiye Örneği*, Uzmanlık Tezi, TCMB, Ankara.

İTO (İstanbul Ticaret Odası). (2003). *Türkiye'den Yurtdışına Doğrudan Sermaye Yatırımları ve Türk Yatırımcıları*. İstanbul: İTO.

Johansen, Soren (1988). Statistical Analysis of Cointegration Vectors. *Journal of Economic Dynamics and Control*, 12, 231-254.

Johansen, Soren ve Juselius, Katarina (1990). Maximum Likelihood Estimation and Inference on Cointegration. *Oxford Bulltein of Economics and Statistics*, 52, 169-210.

Kamin, Steve ve Rogers, John (2000). Output and the Real Exchange Rate in Developing Countries: An Application to Mexico. *Journal of Development Economics*, 61, 85-109.

Kandil, Magda (2000). The Asymmetric Effects of Exchange Rate Fluctuations: Theory and Evidence from Developing Countries. *IMF Working Paper*, WP/00/184.

Kandil, Magda, Berument, Hakan ve Dinçer, Nergiz (2007). The Effects Of Exchange Rate Fluctuations On Economic Activity In Turkey. *Journal Of Asian Economics*, No:18, 466–489.

Kansu, Aydan (2004). *Döviz Kuru Sistemleri, Döviz Krizleri, Türkiye 1994 ve 2001 Krizleri*. İstanbul: Derin Yayınları.

Kar, Muhsin ve Kara, Mehmet Akif (2004). Gelişmekte Olan Ülkelere Yönelik Sermaye Hareketleri ve Krizler. Finans-Politik ve Ekonomik Yorumlar Dergisi, 481, 70-84.

Kar, Muhsin ve Tatlısöz, Fatma (2008). Türkiye'de Doğrudan Yabancı Sermaye Hareketlerini Belirleyen Faktörlerin Ekonometrik Analizi. *KMU İİBF Dergisi*, 14.

Karaca, Orhan (2003). Türkiye'de Enflasyon-Büyüme İlişkisi: Zaman Serileri Analizi. *Doğuş Üniversitesi Dergisi*, 4 (2), 247-255.

Karacan, Rıdvan (2010). Faiz, Döviz Kuru İlişkisinin Makro Ekonomik Performansa Etkisi Üzerine Bir Değerlendirme. *Kocaeli Üniversitesi Sosyal Bilimler Enstitüsü Dergisi*, 20 (2), 72-92.

Karagöl, Mehmet (2002). *Beşeri Sermayenin İktisadi Gelişmedeki Rolü ve Türkiye Boyutu*. Afyon: Afyon Kocatepe Üniversitesi Yayınları.

Karagöl, Erdal, Erbaykal, Erman ve Ertuğrul, Murat (2007). Türkiye'de İktisadi Büyüme ile Elektrik Tüketimi İlişkisi; Sınır Testi Yaklaşımı. *Doğuş Üniversitesi Dergisi*, 8 (1), 72-80.

Karagöz, Kadir (2007). Türkiye'de Doğrudan Yabancı Yatırım Girişlerini Belirleyen Faktörler: 1970-2005. 16. İstatistik Araştırma Sempozyumu Bildirisi, Ankara.

Karluk, Rıdvan (1983). *Türkiye'de Yabancı Sermaye Yatırımları*. İstanbul: İstanbul Ticaret Odası Ekonomik Yayınları Dizisi.

Karluk, Rıdvan (1998). *Uluslararası Ekonomi*. İstanbul.

Karluk, Rıdvan (2001). Türkiye'de Yabancı Sermaye Yatırımların Ekonomik Büyümeye Katkısı: Ekonomik İstikrar, Büyüme ve Yabancı Sermaye. Ankara: TCMB Yayınları.

Karluk, Rıdvan (2002). *Türkiye Ekonomisi*. İstanbul: Beta Yayınları.

Kazgan, Gülten (1988). *Ekonomide Dışa Açık Büyüme*. İstanbul: Altın Kitaplar Yayınevi.

Keskin, Huzur (2006). *Doğrudan Yabancı Sermaye Yatırımlarının Türkiye'de Ekonomik Büyümeye Etkisi*, Doktora Tezi, Marmara Üniversitesi Bankacılık ve Sigortacılık Enstitüsü, İstanbul.

Keskin, Nagehan (2008). *Finansal Serbestleşme Sürecinde Uluslar arası Sermaye Hareketleri ve Makro Ekonomik Etkileri: Türkiye Örneği*, Doktora Tezi, Dokuz Eylül Üniversitesi Sosyal Bilimler Enstitüsü, İzmir.

Kıpıcı, Ahmet ve Kesriyeli, N. Mehtap (1997). Reel Döviz Kuru Tanımlama ve Hesaplama Yöntemleri. TCMB Araştırmalar Genel Müdürlüğü. Yayın No. 1997/1.

Kibritçioğlu, Aykut (1998). İktisadi Büyümenin Belirleyicileri ve Yeni Büyüme Modellerinde Beşeri Sermayenin Yeri. *Ankara Üniversitesi Siyasal Bilgiler Fakültesi Dergisi,* 53 (1-4), 207-230.

Klein, Michael ve Rosengren Eric (1994). The Real Exchange Rate and Foreign Direct Investment in the United States: Relative Wealth vs. Relative Wage Effects. *Journal of International Economics*, 36 (3/4), 373-389.

Kohlhagen, Steven (1977). Exchange Rate Changes, Profitability and Direct Foreign Investment. *Southern Economic Journal*, 44 (1), 43-52.

Kotler, Philip (1997). *Ulusların Pazarlanması* (Ulusal Refahı Oluşturmada Stratejik Bir Yaklaşım). (Çeviren: Ahmet Buğdaycı). İstanbul: İş Bankası Kültür Yayınları.

Kovacı, Nef'i (1982). *Türkiye'de Dış Ticaret ve Yabancı Sermaye Politikaları*. İstanbul: İTO Yayınları.

Kovancılar, Birol (2003). Ülkemizde Yatırım Ortamının İyileştirilmesi, Yatırımların Teşviki ve Avrupa Birliği Uygulamaları Çerçevesinde Alternatif Modeller. Tügiad Ekonomi Ödülleri 2003: Bilimsel Eser Yarışması Birincilik Ödülü, İnovasyon Odaklı, İhracat Yönelimli Yatırım Hedefleme Modeli.

Koyuncu, Fatma Turan (2010). Türkiye'de Seçilmiş Makroekonomik Değişkenlerin Doğrudan Yabancı Sermaye Yatırımları Üzerindeki Etkisinin Yapısal Var Analizi: 1990-2009 Dönemi. *Ekonomi Bilimleri Dergisi*, 2 (1), 53-62.

Krugman, Paul ve Taylor, Lance (1978). Contractionary Effects of Devaluation. *Journal of International Economics*, 8, 445-456.

Krugman, Paul R. ve Maurice, Obstfeld (2000). *International Economics: Theory and Policy* (5th edition). Reading, MA, Addison Wesley Longman.

Kutlar, Aziz (2005). *Uygulamalı Ekonometri* (2. Baskı). Ankara: Nobel Yayınları.

Libanio, Gilberto A. (2005). Unit Roots in Macroeconomic Time Series: Theory, Implications, and Evidence. *Nova Economia*, 15 (3), 145-176.

MacDermott, Raymond (2008). Linking Exchange Rates to Foreign Direct Investment. *The International Trade Journal*, 22 (1).

Mangır, Fatih (2008). *Küreselleşme Sürecinde Gelişmekte Olan Ülkelerde Uluslararası Sermaye Hareketleri ve Makroekonomik Etkileri: 2001-2006 Türkiye Örneği*, Doktora Tezi, Selçuk Üniversitesi Sosyal Bilimler Enstitüsü, Konya.

Mankiw, Gregory ve Matthew, Shappiro (1985). Random Walks and Tests of The Permenant Income Hypothesis. *Journal of Monetary Economics*, 16 (2), 165-174.

MBSGB (Maliye Bakanlığı Strateji Geliştirme Başkanlığı). (2003). 2002 Yıllık Ekonomik Rapor. www.sgb.gov.tr. Erişim Tarihi: 12.06.2011.

MBSGB (Maliye Bakanlığı Strateji Geliştirme Başkanlığı). (2004). 2003 Yıllık Ekonomik Rapor. www.sgb.gov.tr. Erişim Tarihi: 12.06.2011.

MBSGB (Maliye Bakanlığı Strateji Geliştirme Başkanlığı). (2005). 2004 Yıllık Ekonomik Rapor. www.sgb.gov.tr. Erişim Tarihi: 12.06.2011.

MBSGB (Maliye Bakanlığı Strateji Geliştirme Başkanlığı). (2006). 2005 Yıllık Ekonomik Rapor. www.sgb.gov.tr. Erişim Tarihi: 12.06.2011.

MBSGB (Maliye Bakanlığı Strateji Geliştirme Başkanlığı). (2007). 2006 Yıllık Ekonomik Rapor. www.sgb.gov.tr. Erişim Tarihi: 12.06.2011.

MBSGB (Maliye Bakanlığı Strateji Geliştirme Başkanlığı). (2008). 2007 Yıllık Ekonomik Rapor. www.sgb.gov.tr. Erişim Tarihi: 12.06.2011.

MBSGB (Maliye Bakanlığı Strateji Geliştirme Başkanlığı). (2009). 2008 Yıllık Ekonomik Rapor. www.sgb.gov.tr. Erişim Tarihi: 12.06.2011.

MBSGB (Maliye Bakanlığı Strateji Geliştirme Başkanlığı). (2010). 2009 Yıllık Ekonomik Rapor. www.sgb.gov.tr. Erişim Tarihi: 12.06.2011.

MBSGB (Maliye Bakanlığı Strateji Geliştirme Başkanlığı). (2011). 2010 Yıllık Ekonomik Rapor. www.sgb.gov.tr. Erişim Tarihi: 12.06.2011.

MBSGB (Maliye Bakanlığı Strateji Geliştirme Başkanlığı). (2012). 2011 Yıllık Ekonomik Rapor. www.sgb.gov.tr. Erişim Tarihi: 12.06.2011.

McCulloch, Rachel (1989). Japanese Investment in the United States. In D. Audretsch and M. Claudon (eds.), The Internationalization of U. S. Markets. New York: New York University Press, 171-197.

McPherson, Malcolm (2001). Sustaining Trade and Exchange Rate Reform in Africa: Lessons for Macroeconomic Management. African Economic Policy, Discussion Paper Number 66.

Morgil, Orhan (2004). 2004 Yılının İlk Yarısında Türkiye Ekonomisindeki Gelişmeler. TİSK İşveren Dergisi.

Mucuk, Mehmet ve Demirsel, Tahir (2009). Türkiye'de Doğrudan Yabancı Yatırımlar ve Ekonomik Performans. *Selçuk Üniversitesi Sosyal Bilimler Enstitüsü Dergisi*, 21, 365-373.

Narayan, Paresh Kumar ve Smyth, Russell (2004). Is South Korea's Stock Market Efficient? *Applied Econometrics Letters*, 11 (11), 707-710.

Newbold, Paul (2000). *İşletme ve İktisat İçin İstatistik*. (Çeviren: Ümit Şenesen). İstanbul: Literatür Yayınları.

Oksay, Kazım (1967). *Türkiye'de Yabancı Sermaye Yatırım Klavuzu*. İstanbul: Doğan Kardeş Yayınları.

Oksay, Suna (2000). Çokuluslu Şirketler Teorileri Çerçevesinde, Yabancı Sermaye Yatırımlarının İncelenerek Değerlendirilmesi. *Dış Ticaret Müsteşarlığı Dergisi*.

Osinubi, Tokunbo S. ve Amagghionyeodiwe, Lloyd A. (2010). Foreign Private Investment and Economic Growth in Nigeria. 3 (1), 105-127.

Ökçün, A. Gündüz (1971). 1920-30 Yılları Arasında Kurulan Türk Anonim Şirketlerinde Yabancı Sermaye. Ankara.

Örnek, İbrahim (2005). Yabancı Sermaye Akımlarının Yurtiçi Tasarruf ve Ekonomik Büyüme Üzerine Etkisi: Türkiye Örneği. *Ankara Üniversitesi SBF Dergisi*, 63 (2).

Özdemir K., Alim ve Şahinbeyoğlu, Gülbin (2000). Alternatif Döviz Kuru Sistemleri Tartışma Tebliği. TCMB Araştırma Genel Müdürlüğü. Yayın No. 2000/1-6.
Özel, Saruhan (2000). *Türkiye'de Enflasyon, Devalüasyon ve Faiz*. İstanbul: Alkım Yayıncılık.
Özkan, Funda (2003). *Denge Reel Kur Hesaplama Yöntemleri ve Reel Kur Dengesizliklerinin Ölçülmesi: Türk Lirası Üzerine Bir Çalışma*, Uzmanlık Yeterlik Tezi, TCMB Piyasalar Genel Müdürlüğü, Ankara.
Özlale, Ümit ve Yeldan, Erinç (2004). Measuring Exchange Rate Misalignment in Turkey. *Applied Economics*, 36 (16), 1839 – 1849.
Özşahin, Şerife (2011). *Türkiye Ekonomisinde Finansal Liberalizasyon ve Ekonomik Büyüme Etkileşimi Üzerine Ekonometrik Bir Analiz*, Doktora Tezi, Selçuk Üniversitesi Sosyal Bilimler Enstitüsü, Konya.
Parasız, İlker (1997). *Modern Büyüme Teorileri: Dinamik Makro Ekonomiye Giriş* (1. Baskı). Bursa: Ezgi Kitabevi Yayınları.
Parasız, İlker (1998). *Makro Ekonomi* (7. Baskı). Bursa: Ezgi Kitabevi Yayınları.
Parasız, İlker (2000). *Banka ve Finansal Piyasalar*. Bursa: Ezgi Kitabevi Yayınları.
Parente, Stephen L. ve Prescott, Edward C. (1993). Changes in the Wealth of Nations. *Federal Reserve Bank of Minneapolis Quarterly Review*, 17 (2), 3-16.
Perron, Pierre (1989). The great crash, the oil price shock and the unit root hypothesis. *Econometrica, 57*(6), 1361-1401.
Perron, Pierre (1990). Testing for a Unit Root in a Time Series With a Changing Mean. *Journal of Business&Economic Statistics* , 8 (2), 63-153.
Perron, Pierre ve Vogelsang, Timothy J. (1993). The Great Crash, the Oil Price Shock and the Unit Root Hypothesis: Erratum. *Econometrica,* 61.
Peseran, Hashem ve Shin, Yongcheol (1999). An Autoregressive Distributed Lag Modelling Approach to Cointegration Analysis. in (ed) S. Storm, Econometrics and Economic Theory in the 20th Century, The Ragnar Frisch Centennial Symposium, Chapter 11, Cambridge: Cambridge Univ. Press.
Pesaran, Hashem, Shin, Yongcheol ve Smith, Richard (2001). Bounds testing approaches to the analysis of level relationship. *Journal of Applied Econometrics, 16*(3), 289-326.
Phillips, Peter C.B. (1987). Time series regression with a unit root. *Econometrica,* 55(2), 277-301.
Phillips, Peter ve Perron, Pierre (1988). Testing for a unit root in time series regression. *Biometrica, 75*(2), 335-346.
Poffet, Edgar ve Hornfeld A. (1984). Dış Sermaye Konusunda Gelişmeler. *Banka ve Ekonomik Yorumlar Dergisi*, 21 (11), 1984.
Prasad, Eswar, Rajan, Raghuram G. ve Subramanian, Arvind (2007). Foreign Capital and Economic Growth. *NBER Working Papers* 13619, 10(02), 277-280.

Ray, Edward (1989). *The Determinants of Foreign Direct Investment in the United States 1979-85*. In R. Feenstra (ed.), Trade Policy for International Competitiveness. Chicago: University of Chicago Press.

Rodrik, Dani (2007). *The Real Exchange Rate and Economic Growth: Theory and Evidence*. John F. Kennedy School of Goverment Harvard University Cambridge MA 02138.

Root, Franklin R. (1997). *International Trade and Investment* (7th Edition). Cincinnati: South-Western Public.

Rostow, Eugene V. (1975). *The Multinational Corporation and The Future Of The World Economy*. Global Companies: Ed. George W. Ball New Jersey.

Roy, Atrayee Ghosh ve Van, Hendrik F. (2006). Foreign Direct Investment and Economic Growth:A Time-Series Approach. *Global Economy Journal*, 6, 7-20.

Saatçioğlu, Cem (2003). Doğrudan Yabancı Sermaye Yatırımları. http://www.ismmmo.org.tr/docs/malicozum/61%20MAL%DD%20%C7%D6Z%DCM/18-61%20CEM%20SAAT%C7%DDO%D0LU.doc Erişim Tarihi: (12.03.2011).

Sağlam, Yıldız ve Yıldırım, Mehmet (2007). 2001 Krizi Sonrası Uygulanan Faiz ve Kur Politikalarının Türkiye Ekonomisine Etkileri. Adnan Menderes Üniversitesi ve Avrupa Araştırmalar Merkezi. Güncel Ekonomik Sorunlar Kongresi.

Salvatore, Dominick (1988). *International Economics*. John Wiley & Sons, New York.

Samuelson, Paul (1973). *İktisat*. (Çeviren: Demir Demirgil). Ankara: Menteş Kitabevi.

Samuelson, Paul A. ve William, D. Nordhaus (1989). *Economics* (13. Basım). Singapore: McGraw-Hill Book Company.

Saygılı, Şeref, Cihan, Cengiz ve Yurtoğlu, Hasan (2005). Türkiye Ekonomisinde Sermaye Birikimi, Verimlilik ve Büyüme (1972-2003): Uluslararası Karşılaştırma ve AB'ye Yakınsama Süreci (2014). DPT TÜSİAD Ortak Yayını.

Selamoğlu, Ahmet (1985). *Yabancı Sermaye*. Ankara: Türkiye İş Bankası İktisadi Araştırmalar Müdürlüğü.

Serin, Vildan (1998). *İktisat Politikası*. İstanbul: Alfa Yayınları.

Seyidoğlu, Halil (1982). *Türkiye'de Sanayileşme ve Dış Ticaret Politikası*. Ankara.

Seyidoğlu, Halil (2000). *Ekonomik Terimler Sözlüğü*. İstanbul.

Seyidoğlu Halil (2003). *Uluslararası İktisat: Teori, Politika ve Uygulama* (15. Baskı). İstanbul: Güzem Can Yayınları.

Seyidoğlu Halil (2009). *Uluslararası İktisat: Teori, Politika ve Uygulama* (17. Baskı). İstanbul: Güzem Can Yayınları.

Shaghil, Ahmed, Gust, Christopher, Kamin, Steven ve Huntley, Jonathan (2002). Are Depreciations as Contractionay as Devaluations? A Comparison of Selected Emerging and Industrial Economies. Board of Governors of the Federal Reserve System International Finance Division.

Sloman, John (2004). *İktisat Makro* (1. Basım). (Çeviren: Ahmet Çakmak). İstanbul: Bilim Teknik Yayınevi.

Soytürk, Muammer (1988). *Dünyada ve Türkiye'de Yabancı Sermaye Yatırımları ve Beklentiler*. Ankara: Yased Yayınları.

Swenson, Deborah (1994). Impact of U. S. Tax Reform on Foreign Direct Investment in the United States. *Journal of Public Economics*, 54 (2), 243-266.

Şahin, Hüseyin (2002). *Türkiye Ekonomisi* (7. Baskı). Bursa: Ezgi Kitabevi Yayınları.

Şatıroğlu, Kadir (1984). *Çok Uluslu Şirketler*. Ankara: Ankara Üniversitesi Siyasal Bilimler Fakültesi Yayınları.

Şen, Ali ve Karagöz, Murat (2005). Türkiye'deki Doğrudan Yabancı Sermaye Yatırımlarının Büyüme ve İhracata Etkisi. *Sosyal Siyaset Konferansları*, 50. Kitap, Prof. Dr. Nevzat Yalçıntaş'a Armağan Özel Sayısı, 1063-1076.

Şen, Ali ve Saray, M. Ozan (2010). Türkiye'de Doğrudan Yabancı Sermaye Yatırımlarının Ekonomik Büyümeye Etkisi: Panel Veri Analizi. *Akademik Araştırmalar ve Çalışmalar Dergisi*, 22-30.

Şenyıl, Hüseyin (1980). Türkiye'de Yabancı Sermaye Yatırımları Teşvikler ve Teşviklerin Etkinliği.

Şimşek, Muammer (2004). Türkiye'de Reel Döviz Kurunu Belirleyen Uzun Dönemli Etkenler. *CÜ İİBF Dergisi*, 2, 113.

Taban, Sami ve Altıntaş, Hilal (2004). Döviz Kuru Rejimlerinin Enflasyon ve Büyüme Üzerindeki Etkileri ve Türkiye. *Finans-Politik Ekonomik Yorumlar*, 486, 55–71.

Takım, Abdullah (2008). *Yabancı Sermaye Hareketlerinin Ekonomik Büyüme Üzerine Etkileri, Türkiye Üzerine Bir Uygulama: 1992-2006*. Doktora Tezi, Atatürk Üniversitesi Sosyal Bilimler Enstitüsü. Erzurum.

Tanrıkulu, Kenan (1983). *Türkiye'de Ekonomik Büyüme ve Dış Borç İlişkisinin Değerlendirilmesi*, Uzmanlık Tezi, Başbakanlık Devlet Planlama Teşkilatı Müsteşarlığı, İktisadi Planlama Başkanlığı Uzun Vadeli Planlar Dairesi, Ankara.

Tarı, Recep ve Kumcu, Funda Sera (2005). Türkiye'de İstikrarsız Büyümenin Analizi: 1983-2003 Dönemi. *Kocaeli Üniversitesi Sosyal Bilimler Enstitüsü Dergisi,* 9, 1.

Tarı, Recep (2010). *Ekonometri* (6. Baskı). Kocaeli: Umuttepe Yayınları.

Taymaz, Erol ve Suiçmez, Halil (2005). *Türkiye'de Verimlilik, Büyüme ve Kriz*. Tartışma Metni. Türkiye Ekonomi Kurumu. Yayın No. 2005/16.

TEK (2003). *Büyüme Stratejileri*. Tartışma Metni. Türkiye Ekonomi Kurumu.

Terzi, Harun (2004). Türkiye'de Enflasyon ve Ekonomik Büyüme İlişkisi(1924-2002). *Gazi Üniversitesi İktisadi İdari Bilimler Fakültesi Dergisi*, 6 (3), 59-75.

Tezel, Yahya Sezai (1986). *Cumhuriyet Döneminin İktisat Tarihi (1923-1950)*. Ankara: Yurt Yayınları.

Tokgöz, Erdinç (1992). *İktisadi Gelişme Tarihi (1923-1980) - Türkiye Ekonomisi Sektörel Gelişmeler*. Ankara: Türkiye Ekonomi Kurumu.

Tokgöz, Erdinç (2000). Türkiye İktisat Kongresi mi? İzmir iktisat kongresi mi? Hangisi Doğru? *Hacettepe Üniversitesi İktisadi İdari Bilimler Fakültesi Dergisi*, Cilt:18, Sayı:1, 339-340.

Tuncer, Baran (1968). *Türkiye'de Yabancı Sermaye Sorunu*. Ankara: Ankara Üniversitesi Siyasal Bilimler Fakültesi Yayınları.

TÜSİAD (Türk Sanayicileri ve İşadamları Derneği). (2011). Türkiye Ekonomisi 2012: TÜSİAD Ekonomik Araştırmalar Bölümü (Yayın No: TÜSİAD-T / 2011-12 / 525). www.tusiad.org Erişim Tarihi: 02.03.2011.

Türkyılmaz, Murat (2004). Türkiye'de Yabancı Sermayeye İlişkin Hukuksal Düzenlemelerin Tarihsel Gelişimi ve Konuya İlişkin Siyasal ve Ekonomik Nedenler. www.turkhukuksitesi.com/makale_142.htm - 97k, Erişim Tarihi: 12.12.2006.

Udo, Eli A. ve Obiora, Isitua K. (2006). Determinants of Foreign Direct Investment and Economic Growth in the West African Monetary Zone: A System Equations Approach. University of Ibadan.

Uğurlu, Erginbay (2006). *Reel Döviz Kuru ve Ekonomik Büyüme: Türkiye*, Yüksek Lisans Tezi, İstanbul Teknik Üniversitesi Sosyal Bilimler Enstitüsü, İstanbul.

Uludağ, Ramazan (1999). *Türkiye'de Yabancı Sermaye Uygulaması*. Ankara.

UNCTAD (United Nations Conference on Trade and Development). (1998). World Investment Report 1998-Trends and Determinants. New York and Cenova: United Nations.

UNCTAD (United Nations Conference on Trade and Development). (1999). World Investment Report. Foreign Direct Investment and The Challenge of Development. New York: United Nations.

UNCTAD (United Nations Conference on Trade and Development). (2004). World Investment Report. Cenevre: United Nations Publications.

Upadhyaya, Kamal (1999). Currency Devaluation, Aggregate Output, and the Long Run: an Empirical Study. *Economic Letters*, 64, 197–202.

Uras, Güngör (1979). *Türkiye'de Yabancı Sermaye Yatırımları*. İstanbul: İktisadi Yayınlar.

Utkulu, Utku (1997). How to Estimate Long-Run Relationships in Econometrics: An Overwiev of Recent Developments. *Dokuz Eylül Üniversitesi İİBF Dergisi*, 12 (2), 39-48.

Utkulu, Utku (2000). *Türkiye'de Dış Açıkların Belirleyicileri: Uzun Dönem Yaklaşımı Çerçevesinde Karşılaştırmalı ve Uygulamalı Bir İnceleme*, Doçentlik Tezi, İzmir.

Uzun, Sevcan (2010). *Türkiye'de Doğrudan Yabancı Sermaye Yatırımlarının Belirleyicileri: AB'ye Üyelik Sürecinin Etkisi*, Ankara Üniversitesi, Sosyal Bilimler Enstitüsü, Ankara .

Uzunoğlu, Sadi (2003). Para ve Döviz Piyasaları (2. Baskı). İstanbul: Literatür Yayınları.

Üçler, Gülbahar (2011). *Kamu Harcama Çeşitleri ve Ekonomik Büyüme İlişkisi: Türkiye Ekonomisi İçin Ekonometrik Bir Analiz (1970-2009)*, Doktora Tezi, Selçuk Üniversitesi Sosyal Bilimler Enstitüsü, Konya.

Ünsal, Erdal (2007). *Makro İktisat* (7. Baskı). Ankara: İmaj Yayınevi.

Vergil, Hasan ve Çeştepe, Hamza (2006). Döviz Kuru Değişkenliği ve Yabancı Doğrudan Yatırım Akımları: Türkiye Örneği. *İstanbul Üniversitesi İktisat Fakültesi Mecmuası*, 55 (1), 976-986.

Yalçın, Ebru (2005). *İktisadi Büyüme ve Dış Krediler: Ampirik Bir Çalışma*, Uzmanlık Yeterlilik Tezi, Türkiye Cumhuriyet Merkez Bankası Dış İlişkiler Genel Müdürlüğü, Ankara.

Yalçınkaya, Hakan (1989). Yabancı Sermayenin Türk Borsasına Etkinlikleri. *Para ve Sermaye Piyasası Dergisi*. 7, 23-127.

Yapraklı, Sevda (2006). Türkiye'de Doğrudan Yabancı Yatırımların Ekonomik Belirleyicileri Üzerine Ekonometrik Bir Analiz. *Dokuz Eylül Üniversitesi İktisadi İdari Bilimler Fakültesi Dergisi*, 21 (2), 23-48.

Yardımcı, Pınar (2006). İçsel Büyüme Modelleri ve Türkiye Ekonomsinde İçsel Büyümenin Dinamikleri. *Selçuk Üniversitesi Karaman İİBF Dergisi*, 10, 96-115.

Yaşa, Memduh (1966). *İktisadi Meselelerimiz*. İstanbul.

Yavuz, Nilgül (2006). Türkiye'de Turizm Gelirlerinin Ekonomik Büyümeye Etkisinin Testi: Yapısal Kırılma ve Nedensellik Analizi. *Doğuş Üniversitesi Dergisi*, 7 (2), 162-171.

Yeldan, Erinç (2004). Büyümenin Kaynakları Üzerine. http://www.sendika.org/yazi.php?yazi_no=398, Erişim Tarihi: 05.10.2007.

Yentürk, Nurhan (1997). Finansal Serbestlik ve Makro Ekonomik Dengeler Üzerindeki Etkileri. *Ekonomik Yaklaşım Dergisi*, 8 (27), 131-156.

Yılancı, Veli ve Özcan, Burcu (2010). Yapısal Kırılmalar Altında Türkiye İçin Savunma Harcamaları İle GSMH Arasındaki İlişkinin Analizi. *C.Ü. İktisadi İdari Bilimler Dergisi*, 11 (1), 21-33.

Yıldırım, Kemal ve Kahraman, Doğan (2003). *Makro Ekonomi* (3. Baskı). Eskişehir: Eğitim, Sağlık ve Bilimsel Araştırma Çalışmaları Vakfı.

Yılmaz, Özlem G. (2005). Türkiye Ekonomisinde Büyüme İle İşsizlik Oranları Arasındaki Nedensellik İlişkisi. *İstanbul Üniversitesi İktisat Fakültesi Ekonometri ve İstatistik Dergisi*, 2, 11-29.

Yılmazer, Mine (2010). Doğrudan Yabancı Yatırımlar, Dış Ticaret ve Ekonomik Büyüme İlişkisi: Türkiye Üzerine Bir Deneme. *Celal Bayar Üniversitesi Sosyal Bilimler Enstitüsü*, 8 (1), 241-260.

Yüksekdağ, Sabri (2008). *Yabancı Sermaye Hareketlerinin Büyüme Üzerine Etkileri,* Yüksek Lisans Tezi, Marmara Üniversitesi Sosyal Bilimler Enstitüsü, İstanbul.

Zivot, Eric ve Wang, Jiahui (2005). Modeling Financial Time Series with S-Plus. Springer.

Zivot, Eric ve Andrews, Donald W.K. (1992). Further evidence on the great crash, the oil-price shock and the unit-root hypothesis. *Journal of Business and Economic Statistic,* 10(3), 251-270.

Zengin, Ahmet (2000). Reel Döviz Kuru Hareketleri ve Dış Ticaret Fiyatları (Türkiye Ekonomisi Üzerine Ampirik Bulgular). *C.Ü. İktisadi ve İdari Bilimler Fakültesi Dergisi,* 2 (2), 27-41.

FSC
www.fsc.org
MIX
Papier | Fördert gute Waldnutzung
FSC® C083411

Kolibri 360 GmbH
Ferdinand-Jühlke-Straße 7
99095 Erfurt, Deutschland
produktsicherheit@kolibri360.de

Druck:
CPI Druckdienstleistungen GmbH
im Auftrag der
Kolibri 360 GmbH
Ferdinand-Jühlke-Str. 7
99095 Erfurt